JN156185

EMMANUEL LEVINAS: ŒUVRES 3
EROS, LITTÉRATURE ET PHILOSOPHIE
Essais romanesques et poétiques, notes philosophiques sur le thème d'éros

レヴィナス著作集 3

エロス・文学・哲学

ジャン＝リュック・ナンシー／ダニエル・コーエン＝レヴィナス［監修］
渡名喜庸哲／三浦直希／藤岡俊博［訳］

法政大学出版局

レヴィナス著作集 **3**

エロス・文学・哲学

"EMMANUEL LEVINAS: ŒUVRES 3:
EROS, LITTÉRATURE ET PHILOSOPHIE
Essais romanesques et poétiques, notes philosophiques sur le thème d'éros"
Volume publié sous la responsabilité de Jean-Luc NANCY et de Danielle COHEN-LEVINAS,
Établissement du texte et annotations matérielles par Danielle COHEN-LEVINAS,
assistée de David STIDLER, Textes russes transcrits, traduits et présentés par Leonid KHARLAMOV
Préface de Jean-Luc NANCY

目次

はしがき

現代出版記憶研究所（IMEC）に保存されているエマニュエル・レヴィナスの未刊原稿のなかには、フランス語およびロシア語の文学テクストがいくつかある。『未刊著作集』第一巻の序およびメモにすでにこれらのテクストへの言及はあるが、その特殊な性質からしてそれ自体を公刊することが求められた。二つの小説の草案のモティーフは「エロス」である（おそらくこれは第一の小説にとってはその表題であろう）。このモティーフについては、一まとまりの哲学ノートが書かれている。ロシア語のテクストは、若きレヴィナスの文学的な嗜好や意図を証言するものである。以上が本巻の内容である。

ロシア語のテクストについて自身の経験を活かして協力してくれたミシェル・オクチュリエ氏には感謝を申し上げたい。ヘブライ語のテクストの翻訳についてはダヴィッド・ブレジスとレア・ゼハヴィが、タルムードへの言及についてはルネ・ギュットマン、ダヴィッド・ブレジスおよびダニエル・コーエン＝レヴィナスが、イディッシュ語への言及についてはエヴリーヌ・グリュンベールが協力してくれた。

序　レヴィナスの文学的な〈筋立て〉

一

レヴィナスの書き方、叙述の身振りないしその契機について、さらに、語られたものを廃位しそこから身を離し、これを語ることの闖入へと開こうとするその努力についてはかなりの数の研究がなされてきた。その数はここで数え上げることができないほどであるし、それぞれに注釈を加えることはなおさらできない。そうしたことは独立した研究の対象となるだろう。ただし、最もはっきりとした一まとまりのものとして捉えた場合、文学的な事柄に対する明白な関係が薄い哲学的な営為に関して、それがもっている文学的な性格や文学への関係についてこれまで指摘がなされ、研究がなされてきたこと自体は注目すべきことである。もちろん、レヴィナスはプルースト、ブランショ、ツェラン等々についていくつもの論を書いてきた。もちろん、おそらくはプルーストとドストエフスキーをその筆頭とすべきだろうが、幾人かの作家たちにもしばしば言及してきた。しかし、レヴィナスにおいて文学はそれ自体としてはほとんど主題化されていない――これが、彼の同時代人のサルトルや、もう一人、もう少し後になってから常連となるデリダと異なるところであり、さらに、まったく別の差異であるが、リクールとも異なるところである。リクールにとって、物語についての省察は行動についての倫理的思考を育むために不可欠なものであった[a]。

しかし、真の差異は、文学に対するこの哲学者の関心をめぐるものではない。それは、文学的実践があったかどうかに関わっている。レヴィナスの文学的実践はかなり短く、荒削りであって、無視しうるものに見えるかもしれないが、とはいえ確かに存在しているのである。これは、デリダやリクールといった多くの事例にはあてはまらないし、フッサール、ハイデガー、ローゼンツヴァイク、さらにレヴィナスの時代および知的状況から連想されるその他の哲学者の事例にもあてはまらない。ごく単純に言えば、とりわけ長編小説の時代にあって、概して哲学者の事例にはあてはまらないのである。

逆に、第二次世界大戦よりも前の時代には、サルトルという、その後も特筆すべきものであり続けている事例があった。サルトルの一九三八年の『嘔吐』をレヴィナスは賞賛していた（同じ名をもつモティーフが、それよりも二年前の「逃走について」のなかで現れていた[b]。疑いなく、この哲学者－小説家（さらにまもなくこれに劇作家が付け加わる）の例外的な成功は羨むべき範例となったはずだ。さらに、この場合には何よりも劇作家であるが、ガブリエル・マルセルという事例もあったし、ジョルジュ・バタイユという事例もあった――ただしレヴィナスは戦前にはおそらくバタイユのことは知らなかっただろうが[c]。

二

サルトルを筆頭に、以上の人々は、哲学的ないし文学的風景のなかに（マルクスが哲学者について述べた言葉を使うならば）「キノコのように」突飛なかたちで出てきたわけではない。だが、そうであるにしても、これらのきわめて近しい範例にとどまっていては十分ではないだろう。この点でなされるべき研究をここで展開することは望むべくも能うべくもないが、当時の小説文学の性質およびその地位について考慮することを忘れてはなるまい。複雑かつすでに古い（言い換えれば、教養小説、「大きな通りに沿って運ばれる鏡」、「人間喜劇」および「感情教育」

にさかのぼるような）多くの理由から、小説が——神話やピカレスク的な寓話から離れ——今日のわれわれにとっていまなおかなり広くそう思われているようなものになるには、歴史的および社会的な現実について、独特なかたちの認識ないし把握が企てられる必要があった。ここで、ギリシア人にとってはホメロス自身が知識の貯蔵所とみなされることもあったと指摘しても無駄だろう。このような知識は、事実の収集という意味でのヒストリアに属するものだった。逆に、文学、とりわけ近代小説を生み出したときにそれが同時に手にした意味における文学は、テオーリア〔観照〕ではないにせよ、ソフィア〔叡智〕と肩を並べ、目的、運命ないし行き先についての把握を担うことになる。哲学が〈歴史〉について思索するとき——その概念を考えようとするためであれ、概念のもとで作動させようとするためであれ——、具体的な多様性や特異なさまざまな形象を含んだカウンターウェイトとして、物語（イストワール）のある種の実践——語り、生、連鎖——が必要となるように思われる。

（a）さらに、「筋立て」については、リクールが広い意味で理解された「筋立て」の観念に対し、かなりはっきりとした関心を寄せていることを指摘することができる。ただし、リクールはレヴィナスにおけるこの用語の非常に特殊な用法にはまったく言及していない。

（b）このような情勢については、当時の情感的、文学的および知的な布置をめぐる個別の研究がなされるべきだろう。サルトルはレヴィナスの論文を読むことができたが、それより前からみずからの小説を書き始めていた。他方で、「吐き気」——存在の同語反復によるむかつき——は、ハイデガーの『存在と時間』には現れていない。レヴィナスの「存在」の意味についてのそもそもの問いかけはここからくるのだが。とはいえ、吐き気が「不安」を練り上げなおしたものを表しているということはありうるかもしれない。そこには、ハイデガーに対して（さらには、その上流にいるキルケゴールに対して）距離をとろうと探っているという特徴と、そして、それに相関した文学的運動の特徴とを同時に見てとることができるだろう。吐き気は、不安ないし気遣いよりもいっそう感性的でいっそう出来事的なモティーフを最初から示しているからである。つまり、こうした細かい点だけから出発したとしても、レヴィナスにおける文学の問いは彼の哲学的な歩みから切り離しがたいということだ。それはおそらく、本巻への一介の序文ではその筋立てをすべて解きほぐすとか、その争点をすべて開陳すると述べたてることはもちろんできないほどだろう。

（c）バタイユの最初の小説は一九二一年の日付をもつ（偽名による『眼球譚』）。これは、一九三一年の『太陽肛門』と同様、むしろ告白的な著作である。『マダム・エドワルダ』は一九四一年である。明白な差異はあるが、エロスに対するこれらの二つの関心がこの時代に出会っていたことは注目に値する。

同時に、初期ロマン主義の詩は、知へのもう一つの通り道を試そうとしていた。それは、発話そのものおよび語句による芸術を通じて、有限な目的よりも無限を——歴史の外部の永遠性を——把握しようとする道である。若きレヴィナスのロシア語の詩の一つには、この遺産が幾分共有されていることのかすかな反響が認められる。[a] 意図はかなり異なっているとはいえ、両者は一つの特徴によってつながっている。それは、具体的なもの、実際的なものを目指すこと——感覚的な現実と同時に現在の瞬間を目指すこと、出来事および邂逅を目指すことである。

事態は、ランボーが詩を他所へといたらしめ、プルーストが小説をさらに別な他所へといたらしめるまでに展開してゆくだろう。しかもそれは最初から、小説の変容というよりは、一種の社会的な習俗の分析と捉えられるほどのものとなるだろう。とはいえ、実際そうだったのであり、一九二〇年代から三〇年代にかけては皆がそれに影響を受け、心を奪われ、気を払うようになっていたのだった（『失われた時を求めて』の最終巻は死後出版のかたちで一九二七年に公刊された）——皆というのは、作家たちだけでなく、哲学者もということだ。[b]

こうした一種の「文学」と「私」の共同かつ相互の再生という形態に配慮してかどうかはともかく、一九二〇年代から三〇年代の小説は、実存、世界内存在、共存在、他者、責任ないし有責性、使命の可能性、さらには人間性の可能性等々、戯れ抜きでそう呼ぶことが許されるものについて、多くの観点から、思想を、ときには主張を、場合によっては問いをもたらすことになった。いくつかの目印として、ジッドやベルナノス、フォンタマーラ、マンやムージルのことを考えることができる。哲学的な特徴をもった用語に依拠しても戯れにはなるまい。というのも、もしかすると、フッサールの標語である「事象そのものへ！」には、決然としたかたちではないとはいえ、洞察力のある歴史家であればその理由をいくつも見つけることのできるようなかたちで、一種の文学的な現象学が付随していたと考えても荒唐無稽ではないだろうからだ。すなわち、実存を、さらにはレヴィナスが一九四七年以降そう書くように、実存者を、いやいっそう正確に言えば、実存者たちを、その事実性において現れさせようとする努力のことである。

『実存から実存者へ』の終わり付近で、その結論の主要な契機として、次のような一節を読むことができる。

「主体の真の実体性は、その実詞性に存する。すなわち、単に無名のかたちで存在一般があるだけではなく、名詞を受け入れうるもろもろの存在があるということである。瞬間は存在一般の無名性を断ち切る。それは、演者なく演じられる存在の演技のなかに演者が生じるような、実存において実存者たちが生じるような、そうした出来事である〔…〕」[c]。

三

その七年前、戦争と捕囚生活が始まる少し前、レヴィナスは、「エドムント・フッサールの業績」についての紹介を締めくくるとき——いっそう正確に言えば『デカルト的省察』という他我に関する分析を通過し終えるとき——、次のように書いていた。

「他人との交流は志向の働きにおいて構成される。具体的、歴史的な人間としての私自身、思考に対して構成されるドラマの登場人物なのである」。

ところで、この「思考に対する〔だけの〕構成」をめぐって、レヴィナスはフッサールのもとを離れ、ハイデガーを頼るようになる。ハイデガーにとって、「私の生は単に、結局思考に対して演じられるような劇なのではない。私が実存に巻き込まれているその仕方は、ノエマがノエシスに対してもつ意味には還元されない、根源的な意味を有しているのである」[d]。

(a)「詩人、現実主義者、神」。
(b) この点についても、まるごと一つの研究が必要となるだろう。
(c) *De l'existence à l'existant*, Vrin, 1978, p. 169.
(d) *En découvrant l'existence avec Husserl et Heidegger*, Vrin, 2006, p. 69. このテクストは他のテクストともに一九四九年に同書に再録された。

劇と巻き込み（アンガジュマン）——それは、「演者の出現」のなかに巻き込まれる仕方、その振る舞い方としての劇であると同時に、「登場人物」の——お望みであれば「現象」の——具体的で、露骨な把握の必要性としての劇のことである。たんにノエシス的であるばかりでなく、結局のところそれ自身が実存的な「構成」であろうとする欲望としての劇だ。文学は、いっそうはっきりと言えば小説は、この欲望に応答することができるかもしれないのだ。

現象学のプリズムを通して言うならば、ただし、ただ単にフッサールおよびハイデガーの顰に倣うのではなくいっそう広く言うならば、サルトル、メルロ＝ポンティ、ジッド、カミュ、マルロー、セリーヌ、ベンヤミン、バタイユ、コジェーヴの時代が証言しているのは、おそらくもはや世界がいかなる「ヴィジョン」のもとでも、いかなる概念、イメージないし象徴のもとでも現れないように思われるその場所で、世界を——少なくともヨーロッパ的世界を——出現させようという欲望である。ただ一つ具体化したように思われるヴィジョンは共産主義というヴィジョンだが（そしてのちに見るように、『捕囚手帳』の場合と同様、これに対する言及は本著作集のテクストのなかに不在ではない）、これはつねにいっそう重々しい問題を惹起するものである。もう一つ提起されるヴィジョンは、世界の命運を人種のそれと同一視するようなヴィジョンだ。一九三四年に、レヴィナスは「ヒトラー主義哲学に関する若干の考察」を書いていた。ヒトラーの「原初的な」思想に対してレヴィナスが肯定するのは精神主義でも合理主義でもない。そうではなく、実存の具体的な運動のなかで、身体を起点とした精神および理性を求めるのである。ナチスの生物学主義およびそれが予告している隷属化に対して、今日のわれわれにとっては単純には解読できない仕方で——バタイユとのアナロジーがないわけではないようなかたちで——、レヴィナスが探っているのは、抽象的な普遍ではなく、生きた具体性、そのうちで具体的な意味が決められるような実存的な具体性である。「彼〔人間〕にとって、真理はもはや、異質な光景を観想することではない——それは、人間自身が役者となるようなドラマのうちに存しているのである」[a]。

この文章に含まれているのは、次のものである。ヨーロッパで始まった抗争のなかに思想家が巻き込まれていること、この抗争を、キリスト教的、精神的およびヒューマニズム的と想定された文明の意味そのものが賭けられている「ドラマ」として理解すること、そして真理の「光景（スペクタクル）」から身を解き放ち、逆に、現実的な争点に賭けることの必要性である。逆説的ではあるが、文学もまたここから呼び求められていると言うこともできるだろう。軽薄なだましという意味での文学ではなく[b]、真のものを、その具体化において、その行為および生において示すものという意味での文学である。

このかぎりにおいて、啓蒙であれキリスト教であれ、ヒューマニズムであれ民主主義であれ、美しきヨーロッパという表象が失われる戦争の時代としての一つの時代全体、つまり崩壊としての時代こそが、他なる真理、いっそう生（なま）の真理、いっそう耐えがたいけれども同時にいっそう生き生きとした、いっそう剝き出しの真理を生じさせている。そして、このことこそレヴィナスの二つの小説の試みのなかで問題となっているものだ。すなわち、この真理を示すこと、あるいはむしろ、カテゴリーのもとで把持するのではなくおのれを示すものを示しうるという点で言説とは区別される仕方――すなわち、虚構的な叙述――によって、おのれを示すがままにさせることである。

この観点からすると、『捕囚手帳』において幾度も言及される「アランソンの場面」――これは本書の小説『エ

（a）この論文は一九三四年に『エスプリ』に公表され、一九九七年にミゲル・アバンスールの論考とともに再刊行された（Payot/Rivages 版）。引用はこの版の二一頁からである。ここで興味深いのは、かなり後の一九六〇年に、サルトルがこう述べていることだ。「今日、私は哲学は演劇的だと思います。もはや問題は、実体がそうであるところのその不動性を観想するのでも、もろもろの現象の継起の規則を見出すことでもありません。問題は、みずからのドラマを生み出し演じる人間――これは行為者であると同時に役者です――なのです」（*Les Écrivains en personne*, entretien avec Madeleine Chapsal, Julliard, 1960.「今日」ということでサルトルが言わんとしているのは、一九三〇年には彼は哲学を非活性的で精彩を欠いた言説と見ていたということである。今引用した対談の前の箇所を参照）。

（b）この意味は『著作集』第一巻『捕囚手帳』一六一頁〔邦訳一九〇頁〕に見られる。さらに、『ヴェプラー家の奥方』の数頁にも見られる。これらの場合のいずれにおいても、この意味は、われわれがこれからもう一度語るつもりである「小説」の意味と対照をなしている。レヴィナスは「文学」という実体についての考察というよりは、小説に対するはっきりとした注意のうちに身を置いているのである。

ロス』のテクストが頂点に達する場面である――は明快である。[a] レヴィナス自身、『捕囚手帳』において、なかでも次のような表現でこの場面について注釈を加えている。[b]「いまや公的な飾り布なしに現れる人間たちは、いかにして裁き、刑を宣告しえたのか、など。〔…〕私が描きたいのは価値の逆転という状況ではなく――権威の変更という状況ではなく――むしろ権威の不在という人間の裸性の状況である」。

小説とともに問題になるのは、思念(ヴィゼ)の相関項としての現象性からはきっぱりと手を切った裸性を現れさせること、そして／あるいは、現れるがままにすることである。現象というよりは経験、視野に入れるというよりは感覚、接触である。経験、感覚があるところには、筋立て (*intrigue*) がある。言い換えれば、錯綜ないし内含や関係、言い換えれば、出会い、襲来、告知や応答、さらには責任〔応答可能性〕がある。この「筋立て」という語を、その後のレヴィナスはそれ自体として多様なかたちで用いることになるが、これは小説についての含みのあるカテゴリーにもなっている。それが示しているのは、かなり後年のテクストが語るように、「近さという、ノエシス－ノエマ的な構造には置換しえない接触」の「関係の結び目」である。[c] こうも言えるかもしれない。「文学的」筋立ては、観想的視野にとってかわるのだと。[d]

一九六七年に、レヴィナスは次のように書くようになる。「モノの近さとは、詩である。〔…〕世界の詩は、比類なき近さ、あるいは比類なき隣人の近さから分離できない」。[e] ここで「詩」ということで理解されているものが何かを見定めるのは容易ではないが、のちにレヴィナスがツェランにおいて出会うものと関係がないわけではないことははっきりしている。すなわち、出会いとしての詩である。[f] いっそうはっきりと言えば、レヴィナスがつねにエロスに関係づける出会いである。「歌唱は、贈与すること、〈他者に対する一者〉、意義 (signification) の意味するこど (signifiance) そのものへと上昇してゆく。存在論、存在についての思想よりも古い意義、知も欲望も、哲学もリビドーも前提としているような意義である」。[g]

(a)『エロス』あるいはおそらく『悲しき豪奢』。この表題に関する揺らぎについては後に立ち戻りたい。後者の表現は、遺棄された

城の壁から飾り布が落ちるというアランソンの場面に直接関係している。レヴィナスは『固有名』のなかでこの場面に言及している。フランソワ＝ダヴィッド・セバーは、この場面について一つの論考を寄せており、レヴィナスの思想におけるその特徴的な位置づけを強調している（«La débâcle ou le réel sous réduction — la scène d'Alençon», dans *Les Inédits de Levinas. La genèse d'une œuvre*, actes du colloque codirigé par Rodolphe Calin et Emmanuel Housset, IMEC/Université de Caen Basse-Normandie, 2011）。ここで最後にもう一度、『捕囚手帳』を通じて現れている小説の手稿についてのロドルフ・カランとカトリーヌ・シャリエによる『著作集』第一巻の序における紹介を参照すべきだろう。本巻による公刊に先立って、J＝L・ナンシーとD・コーエン＝レヴィナスはすでに二〇一一年のシンポジウムでこれらの文学的テクストについての研究に着手していた（*Levinas et l'expérience de la captivité — les Inédits d'Emmanuel Levinas*, présenté par Danielle Cohen-Levinas, éd. Parole et Silence/Collège des Bernardins, Paris, 2011）。

（b）『著作集』第一巻、一四六頁〔邦訳一七四頁〕。

（c）«Langage et proximité», dans *En découvrant l'existence avec Husserl et Heidegger*, *op. cit.*, p. 319. このテクストは文学的な欲望という見地から全体にわたり再読すべきである。

（d）リクールがその物語理論において筋立てという観念に非常に重要な場を与えているのは、筋を込み入ったものにするわけではないが、注記すべきことである。リクールはこの観念の意味をかなり広く拡張しているが、――まちがっていなければ――レヴィナスにおけるこの語の特異な用法には言及していない。リクールは、エドガー・ポーの長編散文詩『ユリイカ』で言及されたことで有名になった、世界ないし人間に対する神の構想（plot）を指し示すためにアングロ＝サクソンのプロテスタントにおいてしばしば用いられるプロット（筋立て、構想）という用語を引き継いでいると考えるべきだろうか。しかし、レヴィナス自身がこのような用法――これは根底的にはパウロにおける神の摂理の等価物にほかならない――に出会っていたと考えない理由はあろうか。パウロの神の摂理については、ユダヤ教において対応するものがありうるだろうか（ここで提起しているのは、概念についてというよりも、語および語の用法についての問いである）。この点について踏み込むことはしないが、「筋立て」という語の（プロットについても同様に）明らかな文学的価値を指摘しておけば十分だろう。レヴィナスを注釈ないし延長している多くの論者がこの用語に触れているが、最も最新のものに以下がある。Miguel Abensour, *Emmanuel Levinas, l'intrigue de l'humain*, Hermann, 2012.

（e）«Langage et proximité», *op. cit.*, p. 318.

（f）ロシア語の詩篇および短編から、詩の意味についてのいくつかの解釈の糸口を引き出すことができるかもしれない。しかしそうしてしまうと、あまりに前の時期のテクストに対して濫用的に訴えかけるおそれもでてくる。いずれにしても、こうした作業についてはいっそう十分な資格のある論者に委ねなければならない。

（g）*Paul Celan de l'être à l'autre*, Fata Morgana, 2002, p. 36.

四

大戦期の、さらに（いくつかの伝記的な指標によって、彼が自分の小説の企てを続けようとしていたことが理解されるがゆえに）戦後のレヴィナスにおいて、このような性向があったこと、このような欲動が文学に向けられていたことは疑いない。彼はもちろん、非常に散発的かつ控え目にそうしていたのだった。しかし、レヴィナスについては、このこと自体が、一つの欲望、期待ないし誘惑が一貫したものであったことを際立たせてくれる。もちろんレヴィナスは、自分がそのほかの下書き、覚書や手稿と同じくらい気を配ってとっておいていたものを近親者にすら打ち明けてはいなかったのだが、その理由は、完成を待つことにこだわっていたか、あるいは完成がますます可能ではなくなっていることに気づいていたかのどちらかであろう。しかし、自分に特殊な才能が欠けていると気づいたとしても、その魅力が消えるわけではない。レヴィナスはもしかすると結局自分が小説家にはなれないことに失望していたのかもしれない。とはいえ、それでもやはり、彼が、書くという筋道をたどり続けていたことにかわりはない。このことについては以下で述べなければならないだろう。彼は、エマニュエル・レヴィナスと、文学と、哲学と、そして、まったく疑いなく、文字との接触たる言語の意味とのあいだにある、一つの筋立て全体に賭けていたのだ[a]。

しかし、まずは文学的欲望がどれほど捕囚の時期に存在していたのかについてはっきりさせておこう。この時期のかなり初期に、レヴィナスは次のように記している。

「私がなすべき仕事

哲学：⑴ 存在と無

⑵ 時間

(3) ローゼンツヴァイク
(4) ローゼンベルク

文学：
悲しき豪奢
非現実性と愛

批評：
「プルースト」[b]

このような作業計画について注釈を加える必要はあるまい。三つの欄それぞれに、まずもって「仕事」が課せられているわけだ。これらの欄の関連は——共犯関係や筋立てとは言わないにせよ——、それを構想した者の頭のなかでは明らかに明晰に響いていただろう。

この計画を素描しているとき、レヴィナスはすでに二つの小説のうちの一つ目を手がけていた。これはその付近に書かれた覚書が証言しているとおりだ。手帳の続く部分では、「小説」という言及に続いて、場面や登場人物についての描写に繰り返し出会う。[c] さらに、多くの読書をしていたことを物語る文学についての多量のメモ書きにも

(a) この点については、『著作集』第一巻「ユダヤ的捕虜体験」、二一四頁〔邦訳二四八—二四九頁〕を参照。これは前注で引用したテクストと関連づける必要がある。

(b) 『著作集』第一巻、七四頁〔邦訳八八—八九頁〕（「ローゼンベルク」については、この箇所に付けられている注を参照）。ここに見られる第二の表題「文学」については、これが『ヴェプラー家の奥方』にとってかわったと想定できるかもしれない。

(c) たとえば『著作集』第一巻、九八頁、一〇〇頁、一〇一頁、一〇二頁（二回）〔邦訳一二〇頁、一二三頁、一二四頁、一二五頁〕。こうした描写が増えていることからして、書き手は、いくつかのテーマを——登場人物のいる筋立てを——探り、一つないし二つに決めようとし始めていたと考えることができる。

出くわす[a]。ジロドゥー、チャールズ・モーガン、プルースト、プーシキン、パール・バック、マラルメ、モンテルラン、イプセン、ドストエフスキー、アリオスト、コナン・ドイル、ローレンス、シェイクスピア、ボードレール、バルベー、ラビッシュ、アナトール・フランス、トルストイ、ラブレー、セリーヌ、ゾラ、ユゴー、ポー、ディケンズ、サルトル、ランボー、ネルヴァル、ゲーテ、ラマルティーヌ、モーリス・ベアリング、ダンテ、ブランショ等々。このような幅広い多様性は単に収容所の図書室の環境を物語っているばかりではない(それに、より頻繁に言及されたり、あるいは記憶を頼りに引用されたりしている哲学者たちのことも忘れてはいけない)。それはまた、書物の消費者の貪欲さばかりでなく、文学の方法についての観察者にして批評家の貪欲さを物語ってもいる。

こうした強い文学的な興味関心の源流をさかのぼると、レヴィナスが最初に育ったロシア文化に言及しなければなるまい。このことを証言しているのが、本巻に収められた、彼の青年期の言語で書かれたテクストである。その大部分は詩であるが、さらには道徳的な短編、物語のバラバラの断片とおぼしきものすらある。後で翻訳者による紹介があるが、これらのテクストは、一方で、教養のある若い青年のかなり日常的な鍛錬に属するものである。しかし、他方で、これらは書くことへの欲望を証言してもいる。レヴィナスをして、その手帳に次のように書かしめた欲望だ。

「斧――斧を振るうという私の意図を指示している。

書くこと――(明示的には)表現するという私の意図を指示しているが、しかしまた書くことは記号を描くという私の意図にも差し向けている[b]」。

「記号を描く」ことは、不足のためであれ、過度のためであれ、明示化を経由する。「記号を描く」こと、それは「文字通り」読む読書、言い換えれば描かれた記号を一切の解釈なしに読む読書の運動になぞらえるべき、固有な運動のなかに入ってゆくことだ。書くことへの欲望は、「はっきりとした」意味作用を割り当てながらではなく、意味が出来上がってゆく運動のなかで思考しようとする欲望である。「書くこと」は(斧を振るうこと、表現することといった)他動詞的な動作からはとりわけ区別される。というのも「記号を描く」ことは、特定の行為遂行の対象ではなく、身体と思考の全体的行為だからだ。

この文句を書いた者は、書くという運動——出来事や感覚に合わせて、描き、語るという運動に入ること——が、身を引くという観想的思考よりも優位にあるような文化からやって来た（あるいはユダヤ的かつロシア的という二重の文化から、と言うべきかもしれない）。ロシアの思想家たちはまずもって作家だった——そして彼らの痕跡は、レヴィナスにおいてはあちらこちらできわめて明白である。周知のように、レヴィナスはドストエフスキーにおいて、「われわれは皆罪を負っている。他の皆以上に私が」というみずからにとってある種の格言となるものを見出した。「すべては許される」（「もし神が存在しないならば」）は、小説のなかでも決定的な役割を担っている。この点については後述しよう。

したがって、レヴィナスは、哲学に入るまえに、言ってみれば文学と（聖なる？）書物に向けて生まれたのだ。彼は軽率に作家になろうとしたわけではない。「私の仕事」の計画を書いていたのだし、仮に「私の哲学」と何度か記しているにしても、[c] 少なくとも一度は「私の文学の方法」と書いているのだ。それに続けて、五つの点が明白に挙げられているが、これは書かれた小説と対照させなければならないだろう[d]。

（a）捕虜収容所での読書については、『著作集』第一巻の序、二四頁〔邦訳三〇頁〕を参照。

（b）同書、三〇四頁〔邦訳三四六—三四七頁〕。

（c）たとえば一四〇頁、一八六頁〔邦訳一六七頁、二一八頁〕。

（d）ここではそれをする余地はない。この場にふさわしくないこともあるが、さらに文学史家のノウハウも必要になるからだ。ちなみに指摘しておけば、五つ目の点は飾り立てという観念に関わるものである。この点については、その巻の編者たちが有益な注記を書いている。ところで、この観念は『ヴェプラー家の奥方』のテクストのなかでも技法を指示するものとして現れている。

五

一つの書きものを終えるのを断念したのは、いずれにしてもそれを公刊するのを断念したのは、その目的自体が拒まれたためだと考えるのが正しいとすれば（われわれが本書でしているようにそれを公刊することは、テクストを破壊することにはならないとはいえ、自分のことを「著者」とみなしてはいない者の慎みをなんらかの点で侵害することになる――だからこそ、この侵害は、作品全体のなんらかの深い動きによりよく接近させることができる場合にしか認められないわけだ）――レヴィナスは結局のところ作家にはならなかったことになるが、そうだとしても、文学的な欲動ないし動機が彼のもとで哲学的な企てと内密に混じり合っていたことにかわりはあるまい。彼が自分の文学的な才能をあまりに限定的なものとみなしていたということもありうるだろう――実際、レヴィナスが哲学ノートでは自在さを発揮していたのに比べ、小説の試みの方では困難に直面していたことは無視できない。このことは、ロシア語での詩や散文の場合にはあてはまらない。これらはあらかじめ作られたモデルにいっそう合わせているということもあるが、そこでは、ジュリアン・グラックが小説の実践の「視界なき航海」と呼んだものに身を投じる必要がなかったためである。[a]

レヴィナスは、文学のなかに、他者および関係の筋立て、接近および接触の筋立てを提示するのにおそらく最もふさわしいと思われる場を見た。[b] このような特徴づけのための銘句として、『固有名』に見られるプルーストについての分析の全体を置くことができるかもしれない。[c]（意図的であるかどうかはともかく）サルトルとは逆に、レヴィナスがプルーストに見ているのは、内向的な自我ではなく、「自己への異質性」、つまり、それを通じて、そしてそこにおいて、他者の他性それ自体への関係の可能性が開かれる「自己への異質性」である。同時に、プルーストは「彼の感覚の貴族的性質」に関する師でもある。[d] ところで、感覚とは――「文学の方法」の第一では「感覚の水準ですべてを描く」と言われていた――、近さおよび瞬間の秩序を、言い換えれば「実存との関係」の秩序を形成するものだ。[e] 感覚は——当時のレヴィナスにとって——まさしく思念（ヴィゼ）の相関項としての現象の彼岸をなしている。それは出会いおよび経験であり、出会いおよび経験をなす。しかし、プルースト的感覚の卓越した「嗜好」は、いかに感覚が体感されているかを感じさせるものである。プルーストは「こう言えるのであれば、彼の魂の魂を与える」。[f] あたかもプルーストが、自己について書くために必要な距離を開きながら、他者が絶対的に先行するがゆえに——私に先行し、「自己」となることができるものとしてのみずからにも先行するがゆえに——、同じ身振りでもって、他者への関係を開いているかのようなのだ。これこそがあらゆる筋立てのなかの筋立てである。一人の他者／他なる女性がやってきて、私を彼へ／彼女へと開き、そうすることで「私」へと開く。「私」が到来するとすれば、この開けにおいて、あるいはむしろこの開けとして到来するほかはないのである。

このような私に先行する到来においてこそ、——（おそらくは）小説の一つと同様に「エロス」という題のついた「哲学ノート」の言葉では——「それぞれの他性の無関心の不可能性」においてこそ、「〈私〉の主たる出来事」が生じるのである。以上の短い指摘をしておけば、小説の部分と（後に見るように）それに結びついた哲学ノート[g]

（a） Julien Gracq, « En lisant, en écrivant », *Œuvres*, II, Pléiade, p. 644. ジャン＝ピエール・ドマールの指摘に感謝する。

（b） レヴィナスにおける文学的特徴ではないが、小説の構想におけるその思想の意義についての分析が少なくとも一つ存在している。Andrew Gibson, *Postmodernity, Ethics and the Novel : From Leavis to Levinas*, London, Routledge, 1999.

（c） そして、これが一九四〇年の「私の仕事」の計画の「批評」部門が実現したものであることは指摘しておこう。ここではそれを引用はしないが、その全体を参照すべきであろう。さらに、以下の論文を用いることもできるだろう。Annelise Schulte Nordholt, « Tentation esthétique et exigence éthique. Levinas et l'oeuvre littéraire », *Études littéraires*, vol. 31, no. 3, 1999, p. 69–85. http://id.erudit.org/iderudit/501246ar

（d） 『著作集』第一巻、一七九頁〔邦訳二一〇頁〕。

（e） 同書、一七八頁〔邦訳二一〇頁〕。

（f） 同書、一七九頁〔邦訳二一〇頁〕。『固有名』において、レヴィナスは「情動の情動」について語っている。

（g） このノートが、その後『全体性と無限』の一部をなすものを準備しているのは明らかである。

の部分という二つの平行した部分を描くレヴィナスの二重の歩みがもっている射程の全体、そして、その小説のエクリチュールの固有な争点を同時に指摘するには十分だろう。「哲学ノート」が語るように、プルーストが示しているのは、言い換えると、感じさせているのは、他者によって「再生、再開」させられるような自己に対する距りの感覚——感情や情動——なのである。

「主体の始まりそのもの」（他者による開かれ）を生じさせる異他化において働いているもの、それは融即の次元にある。ところで、さらに「哲学ノート」が語るように、「融即の光景を観想することはできない。融即の真の光景、それは観察者が光景に融即することだ」[a]。これが、文学が可能にするもの、あるいは可能にするはずのものである。哲学的な言説が成し遂げることができないものである。これが、もしかすると——この点については後で立ち戻ろう——、哲学者レヴィナスのエクリチュールを絶えず磁化することになるものかもしれない。

六

「自我は処女的なもののうちで、再生し再開するものとしてみずからを再び見出す。そして神秘のこの実存、これが時間そのものである。時間とは存在が決定的で死んだ何かではなく、その基底においては時間の神秘である、つまり死と再生であるという事実である」。「哲学ノート」が語る存在の神秘——あるいは存在することの神秘——が、小説の素材および動きをなしている。『捕囚手帳』には次のようにある。「出来事を小説に適したものにするのは、その異常性ではなく、その神秘である」[b]。

ここで感じさせるべき感覚とは、神秘のコミュニケーションにほかならない。「エドガー・ポーの幻想物語——彼の芸術の真髄——には、彼が発見した美のジャンルがある——プルーストならば、感覚の水準にあると言うだろう。幻想的なもの、それは知覚のいくつかの無媒介的側面である。つまり、綿のなかの時計のように鳴るのが聞こえる、苦悩する心である」[c]。

『エロス／悲しき豪奢』には次のような節が見出される。「ジュールは、塹壕の片隅で女子高校生のとなりにいた。彼は、混じり気のない、悲愴さのない、純潔さのように単純な欲望が自分のなかで再び生まれてきたのを喜びとともに感じとっていた」。一瞬のことについてのこの描写の続きは語られていない。問題なのは、新たな欲望が生まれる瞬間を捉えることである。それに固有な味わいは、「女子高校生」や「片隅」といった語を通じて、精度と強度をもって強く与えられている。ただこの精度と強度によってのみ、これらの特徴に続くものが可能になるのである。

のちに見るように、二つの小説の素描は、ほとんど連続的に、感覚的な描写の探求を続けている。それに照らすと「物語」は、たとえそれによって感覚、情動、欲望、嫌悪が突如現れる状況の可能性の条件が同時に与えられているにしても、相対的な重要性しかもっていない。文学的な筋立てはまさしく、結局のところ「大団円（dénouement）」なしの、もろもろの感覚の結びつき（nœud）にある――このことは単に、物語が未完にとどまっているから、あるいは未完にとどまっているように見えるからだけではあるまい。この意味では、そしてかなりの程度プルースト的なかたちで（「花咲く乙女たち」が『ヴェプラー家の奥方』において目配せのように働いていることに気づかれるだろう）、小説は、レヴィナスにとって、冒険譚、一連の突発事、さらには進化してゆくプロセスという意味での筋立てにおいて演じられているのではないのである（ただし、『エロス／悲しき豪奢』は、潰走の際の茫然自失から、〈解放〉のときに再び見いだされる「悲しき豪奢」の社会を前にした衝撃へと進むが、とはいえ、そのなかでエロスをめぐって別の筋立てが結ばれているだろう）。

おそらく、この観点においてこそ、『捕囚手帳』でブランショが、しかも小説家として言及されている（間違い

（a） この序において、参照先のない引用文は本巻のテクストからのものである。
（b） 『著作集』第一巻、一四七頁〔邦訳一七五頁〕。
（c） 同書、一六三頁〔邦訳一九二頁〕。

の状況」。

「ブランショの状況。冒険小説でもなく、心理小説でもなく、寓意小説でもない――むしろ、独特な論理的含意でなければ）唯一の節を解釈するべきであろう。[a]

ここで退けられている小説のカテゴリーは、レヴィナス自身もまた小説に割り当てることをしない方向性を表している。彼が「神秘」について語り、プルーストに注釈を加えつつ目指しているものからすると、「心理小説」という名称ですら採用できないだろう。レヴィナスによる小説は、「実存的」、さらには「哲学的」とすら呼びうる――ただし、これらの用語には長い解説を加える必要がある――が、ここでブランショの小説について否定されている性格はいずれも受けいれることはできないのである。したがって、ブランショを特徴づけるために用いられている表現が、少なくともいくらかの点では、レヴィナスが検討しているものに呼応すると想像することも禁じられてはいまい。つまり、「状況」という語は、反復されているがゆえに、最初のものは「ブランショが占めている状況」ではなく「ブランショにおける状況」（＝「状況」）の意味で理解されなければならない）、語りを始めるにあたってそもそも与えられているものという意味での「状況」[b]、これは同時に「特殊な論理的含意」を規定するものでもある。言い換えれば、もちろん論理問題ではないが、世界との関係、他者との関係、自己への関係や、あるいはさらに現前と不在の働き等々の布置に固有の論理――根拠づけや関連づけの秩序――を規定するものである（周知のように、この点に限ったとしても、なかでも『謎の男トマ』は、レヴィナスが理解する意味での「イリヤ」のモティーフを働かせている）。「含意（implication）」という語の裏に、あるいは言ってみればその未来に、少なくともそれがレヴィナスにおいてもつ意味での「筋立て（intrigue）」という語を読み解くことが可能ではないだろうか。

このような推定は、もちろんレヴィナスの文学的テクストへと向かう歩みとしてわれわれがここで進めているあらゆる推定と同様に、いっそう深く、またいっそうその資格のある研究によってしか、確証も、否定も、再構成もされないだろう。本書の公刊の目的は、こうした研究を可能にすることであって、それを成し遂げようとすることではない。

七

小説の欲望は――われわれに伝えられている二つのテクストを通じて――、これらの物語の主題のうちに見られるいっそう明確な規定に従っている。したがって、小説という争点にいっそう接近するために、この主題を特徴づけなければなるまい。

これら二つの小説の中心的なモティーフは、同時期に書かれた哲学ノートのモティーフと同様、「エロス」のなかに与えられている。これは、小説が始まる手帳の表題に見られ、ノートの書かれた手帳の二頁目からすでに際立つかたちで強調されている。「エロス」とは、ノートの以下の文にあるような意味の幅に応じて理解すべきである。「エロスはコミュニケーションであり、根源的表出である」。

実際、この語は、ノートの冒頭で「脱個体化」と名づけられているものを作動させている一連の関係性全体を総称的に指し示している。そこを起点に、次の二つの大きなモティーフが結びついている。一つは、「自己性の出来事そのもの」としての「ありのままの他人の現出」であり、もう一つは「始まりとしての始まり」から「主体の実存」という「成就」に向かう「緊張の運動」である。[c]

(a) 同書、一八八頁〔邦訳二二一頁〕。ブランショの最初の小説『謎の男トマ』が公刊されたのは一九四一年になってからであり、この本が収容所の図書館に届いていたというのでなければ、レヴィナスがその手稿ないし断片を読んでいたということは不可能である。極論すれば、一九四二年に公刊された『アミナダブ』についても同様の仮説をあえて立てることができる。

(b) この語については、サルトルは一九四三年に『存在と無』のなかで、これを自由の可能性と関係づけたが、ここではそうしたありうる文脈関係を探ることはできない。

(c) ここでわれわれがこれらの省察からレヴィナスの主著へといたる進展についてはいかなる見通しも有していないということは理解されたい。生成に関わるこのような探索は今後の専門家の仕事となるだろう。

この配置には――こう言うことができるならば――、次のような補足的な規定がつけ加わる。「他人に対する〈私〉のこの開放性――これをわれわれは〈私〉の性（セクシャリテ）と呼ぶ」。性は、「人間の現実の差異」、つまり人間の現実を開き、押し分けるようにしてそれを構成する差異を本質的な特徴としている。他者――まだこの名を受け取ってはいないが――の筋立てとは、性的な筋立てなのである。ところで、性的な筋立てとは、差異であると同時に、エロスという事柄をなす「コミュニケーションと表出」が働く「最も極端な対照」にいたるような隔たりである。そのためには、羞恥という形態の神秘を経由する必要がある。羞恥とは、隔たりと対照を露呈するものであり、それ自身として強いられていなければならないものである。「羞恥させる――冒瀆」。（克服されたり、抹消されるのではなく）強いられる羞恥は、「冒瀆としての愛撫」への、さらには「官能」における「神秘との接触」への通路を開く。「官能の瞬間においては、官能はより大きな官能の約束である」のだが、それに対し「抱擁がその絶頂において所有のごときものと化すとき、抱擁は死んでしまう。〔…〕これはまさに、愛撫は永遠に逃れ去るものとの交感であるということである」。両義的なものの全体、出会いの両価性――ドラマでもある――、さらに筋立ての全体が、このような、無限に続けられることなしには成就しないような成就の運動の内密な対照のうちに結ばれる。この問題系が欲望に結びついているのは、すでに「逃走について」に見られる。

　おそらくここには、レヴィナスの思想およびその歩みに内属した、一種の深い揺動がある。これをさらに先まで分析することはできないが、ここでわれわれが取り組んでいるテクストのなかで与えられているものにかぎったとしても、欲望の無限と、「さらに約束する」ことを忘れがちな享受における欲望の喪失とのあいだに、躊躇のようなものを見てとることは可能である。このような躊躇は、「自我の脱皮」としての欲望と、暴力および不安を誘う猥褻さへの通路としての羞恥の冒瀆とのあいだにあるもう一つの躊躇によって二重化されるようにも思われる。

　このような二つの側面、二つの緊張について、そのうちの一つが『エロス／悲しき豪奢』のジュールが体感する純粋な欲望に表れ、もう一つが妻の拘禁によって夜のパリに快楽を探しにいかざるをえなくなった『ヴェプラー家の奥方』のリベラが体感する暴力的な緊張に表れていると考えることはできる。しかし、これらの二つの緊張のあいだの躊躇ないし対照関係は、各々の物語の内部でいくつもの仕方で働いてもいる。

このような両価性を展開してゆくための可能性の条件は、二つの物語が位置づけられている戦争という状況に見出される。潰走、捕囚、さらに前者にとっては〈解放〉、後者にとっては占領された首都という状況である。いずれの場合にあっても、戦争が、さまざまな違反の機会を可能にし、要請しているのである。避難所の女子高校生、捕虜たちに見つめられる女性、売春婦に全身の服を脱ぐことを禁じる警察規則などがそうだ。実際、第一の小説では、別の層におけるエロス（連帯感、友情）や、戦争によって動転した社会が戦争からぎこちなく抜け出し享楽的で通俗的な社会になることも問題となっており、性は、そうした全体のいっそう内側に現れている。しかし、こうしたより広い枠組みによっても、——字義通りの意味で——ドラマと呼ぶことができるもののいくつもの要素が繰り返し与えられている。そこでは、純粋さと動揺、自己（ipse）と他者、欲望と欲望が互いに矛盾し合っているのだ。このドラマとは、『捕囚手帳』の覚書に見られる言葉では「苛立ち」である。「人間の性——他人という事実による苛立ち[(a)]」。——ここでこの語は、刺激という生理学的な意味においてと同時に、不満という気分的な意味でも理解しうる。

ところで、戦争はまた、いやわけても戦争とは、物語の状況としては、さまざまな苛立ちを覚える態度が可能となる注目すべき条件を有するものである。すなわち、戦争とともに、すべてが許されるようになるのだ。この文は女子高生についての逸話の前に現れているが、第二の小説では三回現れている。

三回目に現れる際には次のように書かれている。「もろもろの存在は、リベラを拘束することなく彼の前を漂っていた。夢を見ているという意識とともに、目覚めに先立つあまりにも短い瞬間、すべてが許されているという遅すぎる感覚が忍び込む」。これらの記述にレヴィナスの計画全体がネガの状態で現れていると見ることは許されるだろう。すべてが許されているのは、ひとが他者たちに無関心のとき、ひとがまだ真に覚醒した状態にはいないと

（a）『著作集』第一巻、一八二頁〔邦訳二一三頁〕。

き、同じテクストのすぐ前で言われているように「良心の呵責を感じない快楽の才」を考慮に入れることができるときである。

「すべては許されている」。どのようにドストエフスキーがこの言葉をディミトリ・カラマーゾフに発音させたか、この言葉が現れる直接の文脈や条件がどのように神の喪失のうちに認められるのかについては周知のとおりだし、そのことはレヴィナスが誰よりもよく知っている。戦争によってもたらされた自由放任状態は、こうした状況が現れる機会、またその形象をあますところなくかたちづくっている。覚醒に先立つ意識は、そのもう一つの状況である。このような法の不在の争点はもちろん些細なものではない。その含意を探ることは、ただ「良心の呵責」の不在を糾弾することにつきるわけではない。それを称揚することでもないのはもちろんである。レヴィナスにとって問題なのは、避けることのできない違反からあまりに容易に目を背けることをしないということである。そして、性こそ、その違反の象徴であり、それが実際に生じる場なのである。

性に内属した違反——「冒瀆」——は、結局、「人間の差異」に内属したあらゆる論理のうちでも露わになる。それは、「脱個体化」の系譜にも、それに付随する異他化の系譜にもつきまとっている。第一の小説のわれわれが問題にしている数頁で、宗教的な省察が混じっている——共犯関係にある?——箇所であってすら、神は、非常に控えめなままである。第二の小説では、登場人物の孤独に結びついているが、第一の小説での言及よりもいっそう謎めいた言及が見られる。

それで、文学は? われわれがすでにそこに辿りついていることはお分かりだろう。特異なことに、接近、感覚、神秘を提示する能力は、「他人という事実による苛立ち」がもつ分析しえない筋立てに対応している。文学が違反を可能にする。言い換えれば、文学は道徳的な枠組みであれ法律的な枠組みであれあらゆる枠組みの外部に違反を移し、それが表現されるのを可能にするのである。外部から見たときにだけ卑しいが、愛撫において接近する場合にはそうではないものを指示するかのように、しばしば、猥褻さがこれらの頁に取り憑いている。だからこそ、小説のエクリチュールは観客ではなく演者の視点を採用することができるのだ。そのためには、それが「自伝的」であったり告白的であったりする必要はない[a]。必要なのは、物語的な虚構、言い換えれば概念から切り離された提示なのである。

八

思考を概念から切り離すこと、思考を実際の近さのなかに、接触のなかに巻き込ませること、純粋な融合や失神のうちではなく、実際に、「単に他人に対して隠されたものではなく、自己自身に対して隠されたもの」としての神秘が働くような失神との近さのなかに巻き込ませること、つまり、神秘をありのままに開陳させること、これこそが文学的エクリチュールの争点である。これはレヴィナスにとってそうだというだけではない。哲学的言説に対し、神秘的なものについての単なる冷たい観念ではなく、その微光がひらめくような、陰の面を与えようとする明白な企て（もしかすると誘惑かもしれない）を見せるとき、レヴィナスにおいてそうである。

これ以上の分析は本巻の読者および注釈者に帰されるので、さらに深追いはしないでおこう。また、レヴィナスの営みの今後の段階につながってゆく、ないし逃げてゆく記述を追跡することもやめておこう。終えるにあたってわれわれに課されているのは、この点に関して最低限主張しておかなければならないことを主張することである。すなわち、レヴィナスはみずからの文学的企てをそれ以上は進めなかったが、とはいえその企てを支えていた運動は消えることはなかった、ということである。

さらなる企てがなかったことの原因として、挫折の感情があったことは理解できるし、同時に、根底的な問題構成の移動もありえただろう。この移動は、おそらく、欲望と享受の問い、そしてそれらが全体性と無限に照らして

（a） 第一の小説は明らかに自伝的な素材を用いているが、第二の小説は捕囚の仲間が書き手に伝えた個人的な話をもとにしていると想像することも可能である。

どう結びつくか、どう裁定されるかという問いをめぐってなされていただろう。それには、性的差異という「人間の差異」が同と他（それほど複数的、社会的ではない他者）の非対称的関係へと屈曲することも関係しているだろう。しかし、われわれが関わっている年代を超えてこうした思想がどう動いてゆくかについては（たとえ文学の企てがかなり長いあいだ試行錯誤を繰り返していたとしても）、これ以上明確にすることはわれわれの役目ではあるまい。

もしかすると、ここに公刊された資料に基づいて、この思想の動き、そしてその争点をよりよく理解できるようになるかもしれない。しかし、レヴィナスのすべての主要著作におけるエクリチュールの特異な性格については、すでに指摘されているように幾度も考察がなされており、それらを繰り返すことになってしまう。彼のエクリチュールは、厳密な意味で文学的なものではないにせよ、哲学的な論述の直系にあるわけでもない。その特殊な性格をデリダは指摘していたが、ここでそれを介在させなければならないだろうし[a]、また他の研究によって指摘された特徴や提起された問いについても同様であろう[b]。

一般的に言って、レヴィナスが、策略、方策ないしなんらかの振る舞いを用いて、みずからの言説のなかに、しばしば範例的なかたちでブレ、震え、未決定性を導入していることは明らかである。「筋立て」という語も、ある種の神秘をとどめるような、その多様で隠喩的な意味の点で最も注目すべき策略の一つとして現れている。「顔」、「人質」という語も同様であって、これらも、観念としては明瞭であるにもかかわらず、意味作用を超え出ているとは言わないまでも、一種の暗示的な光背効果をもっている。このリストはさらに拡張しなければならないだろうが、しかし、立ち止まってみる必要があるのは、その統辞論的な動きについてであり、物語的な振る舞いについてであり、さらに邂逅、接近、逃走ないし脱出、呼びかけ等々のなかにすっかり巻き込まれている、この思想の物語的な葉脈と呼ぶことのができるものについてであろう。

実存（existence）および露呈（exposition）の《ex》、「存在するとは別の仕方で」の別の仕方が用いられているのは、通約することのできない外部や差異によって不安を抱かされ、もっと遠くのところ、自分自身の知を超えたところから惹きつけられることなしにはみずからの道行きをたどることのできない、そうした言説の道行きの先にまで赴き、その道行きを修正するためなのである。

ジャン＝リュック・ナンシー

（a）《En ce moment même dans cet ouvrage me voici…》, dans *Psyché, invention de l'autre*, Galilée, 1987. そこでは次のように読むことができる。「彼［レヴィナス］のエクリチュールを息切れ状態におくこと、それは感染を、感染のリスクを受け入れ、その裂け目を連鎖させ、定期的に物語の哲学的な織物ないしテクストで繰り返さなければならないということである」（p. 177）。

（b）すでに言及した研究に加えて、次のものを挙げておこう。Claude Lévêque, 《Deux lectures d'Emmanuel Levinas》, *Études françaises*, vol. 38, no. 1-2, 2002, p. 123-133. Hugues Chopin, 《L'homme ou la littérature ?》, *Revue philosophique*, 2004, 2. Christian Saint-Germain, *Écrire sur la nuit blanche : l'éthique du livre chez Emmanuel Levinas et Edmond Jabès*, Montréal, Presses de l'Université du Québec, 1992. その他の著作におけるレヴィナスのスタイルについての言及も参照する必要があるだろう。

編集上の統一事項表

扱われている草稿がきわめて複雑なため、統一事項もいささか複雑にならざるをえなかった。以下がその網羅的な一覧である。

一 [xxxxx]：読解不能な語。x の数は想定された文字数に対応している。
二 取り消し線が引かれたテクスト：草稿において削除された文章を指す。
三 〔 〕：横線が引かれた段落全体ないし一まとまりの箇所を示す。
四 [語句?]：読解仮説。その語句が認められるかは定かではない。
五 [語句/語句?]：二つの語句のいずれか決めかねている場合。いっそう確からしい仮説が前に置かれている。
六 ╲右にずれ╲：行間に書かれている文や、余白に書かれているが（線や矢印によって）本文と明らかに関連づけられている文。
七 **太字**：別の語句を隠すように上書きされている語句を示す。最初に書かれているものの解読が可能であった場合は、それを脚注によって示している（以下の統一事項を参照）。
八 **PR**：脚注で、ある語句が別の語句の下に書かれている場合に、最初に書かれているものを示す。
九 語句：横線が引かれその上に書き直された文章を指す。

一〇　{ }：余白に書かれた一節、段落ないし文章。

一一　注で指示した頁番号は、草稿の転記の際に括弧［ ］に入れられた番号を指す。この番号付けは編者による。

一二　単純な綴りの間違い（不注意によるとみなしうるもの）は指摘せずに修正した。

一三　その他の困難なケースや問題についてはできるかぎり注で指摘した。

一四　二つの文章が重なっており、その一方に取り消し線が引かれている場合、取り消されている方は小さな文字（一一・五級）で転記し、読解を妨げないようにした。二つの文章が重なっており、二つともに取り消し線が引かれている場合、どちらも小さな文字にした（一一・五級）。通常の字の大きさは一三級である。

一五　最後に、必要と思われるいくつかの稀な場合を除いては、注においてて注釈やレヴィナスの他のテクストへの参照をつけることは試みなかった。

ダニエル・コーエン＝レヴィナス

「連続版」に関する前書き

小説ないし小説草稿の読解を簡便にするために、草稿の転記に先立って「連続版」を置くことにしたい。そこでは、物語の記述に本質的に属している部分だけを残し、それに対して異質な注記は取り除いてある。加えて、取り消しや異文を残したのは、それらが読解を助けうる場合のみであり、資料に関わる情報に属するものについては残さなかった。それは「生成版」で見られる。二つの版で意味がごくわずかに変わっている場合もありうるのだが、以上のような措置を優先したい。

I

『エロス』あるいは『悲しき豪奢』

(連続版)

ロンドー

――結局、前線は安定した。ある人はエーヌ県へ、ある人はソンム県へ向かった。別れの時だった。役に立たない言語の軍属通訳であるロンドーは、戦争が始まってから最初の九ヶ月間、パリでたいした意義もない用務についていたのだが、働いていた事務所の戸口のところで仲間たちの手を握り、信頼の情を告げることになった。

ここ三週間のあいだ、前線は安定していなかった。フランスの古き土地は流砂となった。どこに軸足をおいていいかわからなくなった。敵は地面の見えない割れ目から侵入してきた。ある方向からやってきて、間隙を飛び越えるように別の方向へと行ったのではなかった。延長は、連続性と秩序というその最も馴染み深い性質を剥がれてしまった。三週間のあいだ新聞を注意深く読んでいたロンドーの顔に、奇妙な動揺が表れたのはまさにそのときだった。動乱はもろもろの存在の不幸のなかだけにあったのではない。現実の枠組みそれ自体の転覆のうちにあった。一四年の戦争の官報のことが悔やまれた！　そのときは、殺戮の恐怖を通じてであっても、思考はそれによく似た現実につながっていたのだった。地図上で作戦を追跡することも、小旗をいずれかの方向へと移動させることも、進歩と脅威とを短い紐を使って測定することもできた。世界の軸が固定されていたのだ。人々と事物が無となるなかで、少なくとも空間は、古く正直な空間は無傷のままだった。

そして今度もまた、靄がかった官報のなかに前線を示す一本の線が薄く引かれているのをついに識別できたと思ったときに、ロンドーの顔が晴れた。そもそも、ここ三週間のあいだずっと、彼は近視の目でしわくちゃの新聞を詮索し、絶えずその線を探ろうとしてきたのだった。彼がこの五月の金曜日に伝えようとしたのは自分の落ち着いた安心感であった。おそらく人は利用できないものまで利用するようになったのだろうが、彼はその日、工程表によって、自然そのもののように動じないパリから送られることになっていたのだった。

われわれに必要だったのはそれ、一本の線だ。撤退することがあったとしても、なにがしか固定したもの、思考可能なものだ。

フランスとは何か。巨大な安定性である。驚異の果樹園で永遠に熟している果物のように、満ち足りた状態に達している生活形態。遊牧的な存在様態の思い出をすべてぬぐいさった定住の民の完成である。そのごく日常的な習慣は各々の振る舞いに受け継がれ、そして各々の動きも儀礼のように不変である。思考は言語のうちですべて準備されている。ラブレーのように笑い、モンテーニュのように微笑み、ル・シッドのように高貴で、フェードルのように引き裂かれ、ジョルジュ・ダンダンのように欺かれるところでは、どんな大団円もすでに予期されている。運命についての偉大な、すさまじい書物が教科書として流通している。子供たちはそれに注釈を加えては、自分たちの古典を学んでいる。そのきらめく色合いにもかかわらず、その精巧さや繊細さにもかかわらず、その暴力性や新鮮さや意外性にもかかわらず、何世紀にもわたって用意を整えている一つの形態、つねに残り続ける一つの形態のもとで感情や情念が流れ出す。おぉ、どんな破局があっても、公務員が年金を受けとることのできる国。そこでの文明的な生活は、みずからの姿をしっかり把握しているため、自分が自然と同じくらい永遠で不動だということも知っている。フランス人ならば自分の風景のように感じるこの都市がそうだ。流出と流入のリズムに従ったパリがそうだ。しばしば夕方になると、この都市は、群衆や、灯りや、その動きによって、五月の朝に森の一隅や大洋の沿岸の陽光に満ちた大通りであなたを捉えるような、そういう繁茂、新鮮さ、元基的なもののいくばくかを魂に与えてくれるのだ。

どうしたら戦争だと認めることができるだろうか。われわれに欠けていたのは、単に戦車や飛行機や、参謀本部の地図ばかりではない。何百万の人々の命を奪ったとはいえ一つも習慣は絶やすことのなかった一四年の戦争のときには、それが差し迫ったときでも、われわれには戦争についての知覚そのものが欠けていた。一四年の戦争は最終戦争になるはずだった──最も現実主義的な者であれ、平和主義の夢想に最も敵対する者であれ、そう無意識に信じていたのだった。戦争、それがかつて可能であったのは、聖史上の奇跡と同じようにして、信じることはできるが、もはや飼いならされた自然のうちで出会うことなどないと確信できる奇跡と同じようにしてであった。戦争、それが現在可能だとしても、どこか遠いところ、中国やエチオピア、せいぜいスペインくらいであって、われわれのもと、フランスではない、今日ではないのだ。そして戦争が起こったときも、それは、われわれにとっては、あいかわらず、巨大な演習のようなもの、厳格な演出がなされてはいるが数発の空砲しか撃たない軍事演習のようなものと映っていた。動員による動乱、冬の国境での長い宿営による疲労にもかかわらず、各人の貴重さは保たれたままで、不調のときには尊重されたし、疲れたときには美味しいご馳走で忘れることができた。不満をこぼすこともできたし、憐れむこともできた。それが文明だったのだ。戦争が起こったとか、それがたいしたことのためになされているとか、誰ももうあてにならないとか、皆そう語っていたが、そう認めていたのではなかった。新聞が太字で緊張緩和せりと告げるときまで、悪い時期が過ぎるのを見守っていた。朝の官報が晩の官報を繰り返し、何も起きていない、したがって何も特筆すべきことはないと告げるだろうことは皆知っていた。パリで、周期的な警報がなると、警報が偽のものであることをあらかじめ知りつつも地下室に降りていき、爆発音ではなく警報終了の合図を待ち構え、納税者の忍耐力を濫用する舞台演出家に対しぶつぶつ不満を言っていたのと同じようなものだった。

五月一〇日以来、ロンドーは混沌（カオス）の香りを嗅ぎつけた。しかし彼は、この混沌を容易に認めるような人間ではなかった。彼は〈平均的フランス人〉と呼ばれる見事な系譜、創造の傑作に属していた。知性ではなく理性だった。デカルトの生誕地についての探求で豊かな余暇を過ごしていた退職した小役人の息子であるロンドーは、社会階層をもう一段登るということもしなかった。かつて若いころに、絹工場の代表として、そして多くの人と同じように旅行給費を受けて、南アメリカに長期滞在をしたこともあった。彼はポルトガル語とスペイン語を話し、アルゼンチンとブラジルの習俗の観察をしたのだ。ブエノス・アイレスでは地位も得た。フランスに戻ると、結婚して、数年で三人の子供をもった。末っ子は戦中の生まれだ。彼は戻ってきたのだ。おそらく、この帰還を説明するために、大地の呼びかけや血の声をもち出す者がいたとすれば、彼は非常に驚いただろう。彼は、事物、観念、人間たちが、驚異的にしかるべき場にあるように見える場に戻ってきたのだ。

彼は、戦争や、現代的な戦車および戦闘機について、『万人のための科学』や『科学と生活』といった雑誌からとってきた多くの貴重な情報を持っていた。これらの雑誌は、ラルース小辞典とともに彼の文献目録の骨子をなしていたが、注目すべきことに、その彼にとって、戦争とは力の平行四辺形のようなものであり、はっきり定まった対角線がその帰結をもたらすように見えていた。彼は世界が理性によって規制されていると思っていたのだ。彼の理性のうちには、恐れを不可能にする安心感があり、それによって、狂人を治すには彼らが間違っていることを示してやればよいと期待することができたのだった。彼はけっして「私がポール・レノーだったら」とか「私がガムランだったら」などと言うことはなかった。彼は法則と権威を認めていた。国家を指揮する術、軍隊に命令を下す術は、彼にとっては、服して従うべき権限を前提としていたが、それは人が上位の理性には服して従うのと同様のことだった。

そして、同僚たちの手を握ってから二時間後、彼は東駅のホームにいた。重いトランクをもった彼は、そこで、周りの空気が不意に変わったことにも動じなかった。当時そこを出発していた人々は、この空気の変化に気づいていた。彼らは、ほとんど平時にあるようなパリを離れる際、不意に、エレベーターのドアを開けると空洞となったカゴがあるかのように、断崖の縁のプラットフォームにいるように感じていたのだ。

——これはクレーヴ・クール・ル・グラン行きの列車でしょうか？

駅員はあいまいな仕草をした。

——これはクレイユ行きの電車ですよ。

——その先は？

——あぁ、その先だって！　行ってみればわかりますよ。

ロンドーは理解した。クレイユから先は、漠然とした地であり、もしかすると、探検しなければならないような国となっている。パリから三〇キロで、リヴィングストンやスヴェン・ヘディンが赴くような土地となっているのだ。しかし、車室に入る時も彼の足取りにためらいはなかった。彼が身を置いて、平衡を取り戻しているのは、このエーヌ＝ソンム線であり、この柵のところなのだ。

車室には、パリでの一日を終えて郊外に帰るところの一人の労働者がいた。彼が考えているのは次の値上がりのことか、生活用品の物価高のことか、あるいはもしかすると自分の休暇のことであるように見えた。あぁ、こういうふうに日常は戻ってくるのだ。木々、電信柱、夕日は、ある時からこの状態で孤立していた。そして、パリと郊外を毎日行ったり来たりする労働者がいる。まもなく彼は、あるこぎれいな駅の近くの、庭付きの、窓には白いカーテンのかかった小さな家へと帰るだろう。それは、列車の間仕切りから見える家の一つだが、不安や心配を抱きがちな乗客に対し、フランス全土が休暇中なのだ、フランス全土が幸福なのだという印象を与えてくれるものだった。もしかすると、開いた窓からは、ピアノを弾く若い娘の姿が見えるかもしれない。この労働者こそが現実である。戦争は消えゆく悪夢だ。夢想が散るには、目覚めの時のように、われわれの夢のなかまで入ってくる朝の最初の物音を受け入れれば足りる。ロンドーはそうしようと試みた。

クレイユでは、髭の剃り残しのある将校が、彼に挨拶をしなかった兵士に石鹸を渡し、まばらに濡れた部屋の奥では、人々が吐き気を催させるような終わりなきブロット〔トランプゲーム〕に興じていた。物悲しく、寂れていた。しかし、世界はそこではなお現実的であった。雑役もあったし、階層秩序もあるし、余暇もある。将校は列車が出ることを約束した。しかし、ロンドーがその後啓示と呼ぶことが起きたのはそのときだった。列車が動き始めたとき、ロンドーは、ホーム上で小柄な兵士と将校とのあいだで交わされた二、三の言葉を聞きとったのだ。「中尉殿」——「妻が子供を生んだので、許可をいただくことができるはずなのですが。許可はいつ復活するでしょうか」。

すると、髭の剃り残しのある将校は、怒ることなく、それだけにいっそう胸を刺すような悲しみを込めてこう言った。

——許可が復活するかだって？　気の毒だが、君、多分もうないよ。

この、もうないはこれまでなかったような奇妙な口調で言われたが、不意に宿命のすべてが、戦争の存在のすべてが、単なる力の平行四辺形ではないこの戦争、ロンドーが三週間のあいだ戦ってきた戦争が、ロンドーのうちに浸み込んできた。それまで彼は、自分の見てきた物事や、聞いてきた言葉を整理しておくための整理棚を手にしていた。このもうないとともに、ロンドーははじめて、フランスが、自分の人間性のすべて、自分の品位のすべてが立脚していた彼のフランスが、現実を秩序立てて保ってきたこのフランスが解体するという印象をもった。

ロンドーのトランクは、愚かにも、前の晩に彼の部屋にあったのと同じように目の前にあった。空になった車室では、遺失物か幻想的な調度品にも見えた。このトランクには名前と階級が書かれていた。ポール・ロンドー、通訳実習生と読める。奇妙な音節だ。この金属の箱は、彼に対し、自分には目的と必要性があったこと、自分が自分自身であること、自分が誰であるかを思い起こさせてくれる唯一のものだった。止まることのない駅、白い制帽をかぶった係員のいない駅をいくつも控え、彼を無限に遠くまで運ぶ空の列車。列車にはみな切符なしに乗りこみ、検札官も通らない列車。この列車はおそらく、運転手もなく、不条理のように、線路をあいまいに行き当たりばったりに走っていた。

ロンドーはつぶやいた。

——私は独りだ。

そして、なぜだかはわからないが、こう付け加えた。

神とともに独りだ。

神とともに独り？　この孤独を、誘惑されずに耐え忍ぶことのできる登場人物を見つけることなどできるだろうか。フランスの消失とフランスの再出現のあいだには全面的な虚無の瞬間があった。まだ何も回復していない敗北の瞬間——目もくらむほどの空虚、空位期間、裂け目、絶対的な間隙が。一連の道徳的な大義が断ち切られ、もろもろの制度がいかなる意義も提示しなくなり、王はどこにと問うジャンヌ・ダルクの状況に誰もが居合わせることになるまさにそのときに、すべては決断されるはずであった。

日々は、平板なまま、共通のまま、新規さも意義もない用事に割り当てられたままの時間や分として流れていった。しかし、この日常的な壁の揺れ動きはすべて、この海を支配し事柄がどうなるかも知っている神々が居合わせる神秘的な海岸に触れていた。会社の事務所の戸口の後ろにもすでに、彼岸の光の反射の届く、いっそう巧みで、いっそう貴重な知があった。われわれもそこにいることができたなら！ 視察に来た二つ星の将軍と一緒であれば、さらにもっと知ることができただろう。しかし、おそらくすべてを知っていたのはウェイガンだろう。そもそも、この次元では何も不確かなままにはなりえず、あらゆる困難に備える方策もすべて整っているのだから、どうして歴史が前に進むなんてことがありえただろう。ロンドーは、大尉の事務所の人々がいかに無垢か分かったときにも、彼ら上層部への信頼を失ってはいなかった。彼らの地位はそれまで考えていたよりも少し高いだけではあるが、われわれのために思考し決断してくれ、つねに結論を導く方法をもっていたため、矛盾も矛盾でなくなり、無限の可能性が露わになるはずだった。それがいまや、敗北が明白になるなか——こうした上層部がすべて倒壊した。将軍は、自分の番が来る前に、配給のタバコと真新しい靴に手を伸ばそうとしていた。

空は虚無だ。そのことは絶対的に明らかであったし、だから自分の責任で考え、決断しなければならなかった。こうして露わになった無神論の荒廃に匹敵しうるものは何もない。彼らには、閉められた戸口の後ろに自分たち以上のことを知っている総長や大尉や将軍などがいて、残酷にも胸を締め付け、その生々しさで攻撃してくる現実を仮象へと変えてもらうことが必要だったのだ。

ドイツ人が生き生きと占有し、不意に打ちのめされた世界に階層秩序を復元してくれることが。

もはやフランスはない。一夜のうちに、大きなサーカスのテントのように、残骸がまき散らされた空地を残して去っていった。昨晩のひしめきあいはどこに行ったのか。ロープ、布、椅子、県、事務所、行政、守衛の絡まりはどこに行ったのか。空間はもう片付けられ、空になり、同質で、隠れ場もなくなってしまったが、かつてそれらがそこに描いていた仕切りはどこに行ったのか。すべてが許されている。敵と思われる――（何に対しての？）――飛行機が数機現れたため、ジュールは防空壕へと降りていった。彼は、塹壕の片隅で女子高校生のとなりにいた。混じり気のない、悲愴さのない、純潔さのように単純な欲望が自分のなかで再び生まれてきたのを喜びとともに感じとっていた。激化した彼の愛国主義、世界の運命が賭けられていることへの不安、そうしたものの重みはすべて溶解した。まるで、ここ数週間重々しく身につけて歩いていた中世の騎士の甲冑を取り払って空へと飛び出たかのようだ。彼の同床者は、自宅から、おそらくは最後のものとなる手紙でこう書いていなかっただろうか……そしていまや、われわれは個人的な幸福のなかに祖国の不幸に対する慰めを見つけるだろう。同僚たち、後の捕囚生活で同僚になる者たちはみなすでに長いあいだそのことを知っていた。彼らはすでに長いあいだ自由に振る舞っていた。彼らはもはや自分たちが乗り込んでいる歴史を真剣には捉えていなかった。小さな中尉のカステルノダリには、とても親切な叔母がいて彼がその遺産を引き継ぐことになっていたのだが、彼は、叔母の家では何もことが起きていない、何も起こるはずがないと考えて安心していた――そして一九四〇年六月一七日には、叔母に自分が健康だと知らせて安心させることのほかに問題はなかった。この惑星そのものが破裂の前日にあるとしても、彼らは互いの健康について知らせあうだろうし、それはそれで理にかなっているだろう。というのは、惑星が破裂するのは黙示録的な想像力のなかだけのことであるし、それ以降もすべてが現在までと同様だろうからだ。狂気じみた脱出があったとはいえ、自分の村にとどまった古い人々もまたそのことを知っていた。壁と土地が難攻不落の存在の究極の王国なのだ。あらゆることが起こりうるし、国旗は色を変え、国境も方向を変えるだろうが、こうしたことはどれも、海がそれ自身変化しつつ、私有財産の不動の岩礁をうち叩くようなものなのだ。

フランス国家にとって、まったくはじめて、あらゆるフランス人が自由に振る舞えるようになった。もはや何も彼らを分け隔てるものはなかった――さらに、千年にわたり、彼らの人間としての内面的な生を定期的に苦しめてきたもろもろの義務もなくなった――税金、兵役、彼らに多くの害悪をもたらしたこれらの虚偽、外部で構成されたこうした普遍性はどれもなくなった。ついに、ここかしこからユダヤ人たちが現れ出て、目を覚ました。彼らはいまだ混じり合ったり、散逸したりしていたが、彼らもまた我に返った。自分たちの人格権はもはや自分たちを支える力をまったくもっていないという新たな意識。人格としての価値があるなどという狂った主張が法的な保護のもとで安住し、その安楽のもとで古からの純粋さを失いつつも、憲兵隊も含む諸制度のもとで支えられていた何年もの年月を経て、彼らの意識はその冷酷な本質へと回帰したのだ。レヴィ中尉はぴかぴかの制服を着ながらも、自分は裸だと感じていた。まったく独りなのだ。情勢に備えつつ、仲間とブリッジに興じるときも、もはや祝宴には加わっていなかった。彼は自然に「われわれ」と言ってはいるが、もはや祝宴には加わっていなかった。ドイツ人が皆、不意に、きわめて興味深く思えてきた。朝に白い作業服を着て、食料としてソーセージをもって出かける警備隊の小さな伍長は、どこかの島から来たようなエキゾチックな魅力をもっていた。あらゆる仕草に意味があり、注釈がつけられるものだった」祝宴のクレマンセ。彼は自然に「われわれ」と言えたために、みずからの出自のことや、戦争の終わりについて、フランスについて、自分の家族について自分が考えていることを伝える機会をすでにもっており、重要な細部まですべての将校に話していた。そして、彼自身も、こうした秘密のなかに受け入れられ、意義を有していたのだった。すでに自然の階層秩序が転倒させられていた。新たなエリート層が生まれていたというのも、古い価値それ自体がひっくり返っていたからだ［最後の文は読解できない］

村の端では、〈歴史〉のなかでも最もありそうな光景が広がっていた。

感傷的で愛国心のある理髪師が、もう何にも価値がなくなってしまった、フランスに対して、そしてフランスの敗残兵に対して抱くべき愛情に比べれば金などは何の意味もない、と誰かれかまわず叫んでいたのだった。二人の見習いとともに——彼らにビストロでビールをおごって自分たちのおぞましい仕事を中断しつつ——、この理髪師は無料でひげを剃っていた。

ついに捕囚が始まったように見えた。村のもう一方の端にいた民間人労働者の収容所に戻るようにという命令を誰かが出した。捕虜の理論には哨兵がつきものだ。暑かった。ブルターニュ出身者たちは、一群をなして歩道沿いを歩いて隊列につき従い、不意に自分が半分英雄かつ半分犠牲者となったと感じていた兵士たちに冷たい飲み物を与えていた。こうした儀式によって、愛国主義的な憐憫を描く文学のすべてが実感された。われわれは取るに足らない兵士だった。これは感動的なものになり始めていた。アスランは、何ら所有権のないここ数日のあいだに理解できないくらい増加した新たな荷物を肌身離さず持ち歩いていた。その隣を歩いていた者は、あらゆる個人的な受難が終わりを迎え、今や自分が〈大いなる受難〉を生きていることに完全に酔いしれ、アスランに、自分の重く美しい、折りたたまれた外套を着るようにすすめた。「他者たちの苦しみを担いたまえ」――この捕囚は、こうした高貴な感情があれば、すばらしいものになるだろう。明け方、街から離れた場所で、現地で動員され今も現地で囚われている年輩の労働者たちが、街を横切って歩いてくる捕虜たちの宿営の準備をしていた。現地で動員され捕虜になった二人の労働者と、ここレンヌで動員された一人の労働者のあいだで口論があった――同じようにレンヌで動員され、ラヴァルでの捕囚生活までの一五日のあいだは任務を解かれていたちっぽけなトゥゼが後方勤務兵呼ばわりしていた労働者だ。このけんかは、「いくらかの」缶詰の回収が原因で起きた。最終的な現実についての驚嘆すべき感覚をもって、彼らはどちらもこの缶詰を自宅へと送ろうとしていたのだった。というのも、捕虜たちは、ここレンヌにいる家族を養うために自分たちの時間のすべてを費やしていたのであり、ドイツ人から戦利品を奪うという口実のもとで、フランス製の物資、靴、上着、缶詰、シャベル、つるはし、靴用のグリースなど、蓄えられていたものをすべて個人的に回収しようとしていたからだ。何も多すぎるということはなかった。どれもいつかは役に立ちうるからだ。潰走の途中にいるかのような所有への熱狂、所有への素質。若いころからずっと車をもつことを夢見ていたかすれ声の南仏人がいた。そこに、誰によってか、どのような理由によってかはわからないが捨てられていた一台の黒いフォードがあった。彼はそれに乗り込んで、二〇〇キロ出すこともできた。今やこの車が彼のものになっており、いずれにしてももうじき戦争が終わるとこの車が自分のものになることを喜んでいた。横断したいくつもの街では、遺棄された商店からみな品物を奪った。大量の包みや片手鍋でいっぱいになっていた。

その何日か前から彼は注目されていた。機関銃をもって通りを走り、遠慮なしに家々の屋根すれすれを飛んでいた敵機に向けて――まるで弾が届くことにかすかな期待をもつことができたかのように――発砲したのだ。いまだに英雄時代にいるかのように、「あそこから何人か引きずりおろしてやりたいんだ」と興奮気味に叫んでいた。その後で、車の出来事があったわけだ。車は道端にあるものと同じように使ってよい、自分用のものになった。

彼に新たな知恵が生まれた。彼ははじめて、霧がすべて晴れた世界に目を開いた。事柄それ自体に到達していた。たとえば、クレマンセは、サンタクロースを信じる理由などないこと、それまで自分は子供っぽさの名残でそれを信じていたこと、あたかも敗北が温度の変化とは別のものであるかのように愚かしくもいまだに敗北のことについて語っている憐れむべき人々には挨拶する理由はまるでないこと、単にこうした天候の変化の情報を計測すればよいこと、暖かい衣服を着ればそこでも心地よく生活ができることなどを理解した。彼は上機嫌でこの一九四〇年六月のフランスを見ていた。そこでは敵から身を守ることも、剝奪の只中でも生活のために戦うこともまったくなく――ただなににも心動かされないだけでよく――、両親も、友人も、荷物も、怒りも失望もなく、ただ巨大な好奇心と巨大な食欲だけで、楽しく孤独を感じていればよかった。

トロメルは身をかがめていた。彼は春の咲いたばかりの花を妻のために摘んでいた。彼はとても感傷的だった。一九四二年の春のことだ。運転手だった彼は、花を一つにまとめて花束にして、トラクターの仕切りのところにかけておいた。しかし揺れるたびにいつも花束は落ちてしまうのだった。運転手はそれを片手に持ち、運転はもう一方の手だけですることにした。荷台には作業班での用務から戻る捕虜たちがいたが、彼らの方はいっそうこっけいなかたちで飛び跳ねていた。もちろん、彼らはほとんど当てにはしていなかった。おまけに、彼らはユダヤ人だった。しかし荷台のなかで人々は自分たちのことを真剣に捉えていた。一つの社会をなしていた。

捕虜のヴェイユ[a]は、自分がそこに入ることになったのは軽率さのためかあるいは偶然によるものであるかのように、戦争がもたらした雑居生活に愚痴をこぼすのが好きだったのだが、自分の貝殻に戻って行った。そこにとどま

(a) 綴りは Weill および Weil と振れがある。

ることはできなかった。彼はすぐさまそこから出て、自分が貝殻に戻って行ったことを皆が目撃したかどうかを確かめるのだった。彼は長いこと、おそらくは子供のときから、この上品な遊びをしていた。彼は極度に臆病だったのだ。卑屈と言えるほどだ。実際、彼は恐れを感じるよりもはるか前に裏切ることもできた。誰かが彼に裏切りへと誘う目配せを送るだけで十分だった。彼が裏切ったのは、自分の目の前にいる、ヴェイユでないがゆえに重要と思えた人の目つきゆえだった。彼が自分の敵に抵抗したり憤慨したりできなかったのは、また、愛国者であった彼が確固たる愛国者にならなかったのは、結局は自分の受けた教育のためだった。そこで教わったのは、フランスは神の位置を占めていること、革命によるユダヤ人の解放は、ユダヤ人が居合わせていないところだけで振り返るような出来事ではないということだった。ユダヤ人たちが居合わせているところでは、彼は自分の生について語った。しかし彼らに語らなければならないときに、彼は歌を歌った。

彼は彼らの肖像画を描いた――というのも、彼らの眼差しを落ち着かせるには、モデルにするほかはなかったからだ。彼らの荒々しい目つきは、愚鈍さや、医者にいるときのように曝け出されるような従属感で満ちていた。しかし彼らに語らなければならないときに、彼は歌を歌った。

彼は自分のフレーズで世界を歌い、そこに冷やかしを込めたり、正しいフレーズからは外れたイントネーションを付け加えた。オペラは対話に対する見事な防御だった。登場人物になることだ。ありがとう、こんにちは、水を一杯ください――彼はこうしたフレーズ、こうした言葉をすべて歌っていた。

彼にとって、敗北は本当に深刻なものだった――何年か前に、学校から帰る途中、学校のベンチで目を覚ました夜があった。そのとき、自分が寝ていたところのカーテンが装飾から重々しい音を立てて落ち、あまりよく眠れなかったのだった。まず聞こえたのは校庭にいた予備役の大尉の声だった。彼は、城からシャンパンを一箱持ってきた兵士たちの一群に対し、物質的な需要が落ち着いて安定することへの多大な懸念をついに脱したがゆえの無頓着な声を発していたのだ。

――忘れるなよ、諸君。そして、このフレーズが沈黙のうちに消えるやいなや、飾り布が落ちる音がし始めたのだ。世界の広大な部屋には、硬い線に沿った、むき出しの家具、むき出しの柱しかなかった。飾り布――祖国とはそれだった。ヴェイユは自分の幼年時代からこの装飾のなかで見事に自分の役を演じていた――そこには守衛を経由しなければ触れることのできない多くの聖なるものがあった。あぁ、元闘士の守衛たち、雇用特権を受ける権利を獲得し、しばしば一日中『ラルース』を引きながらクロスワードに専念する彼ら――祖国とは彼らのことでもあった。それがいまや、まわりでタピスリーが音を立てて落下するなかでは、誰ももはやどんな役も演じることができなくなった。もはや何も公的ではなくなったのだ。

その前夜、作業班では信頼できる男の誕生日を祝った。ヴェイユは奮起してヴァイオリンを弾いたが、聴衆も恩知らずではなく喝采してくれたために深い幸せを覚えた。作業班のリーダーの褒め言葉にもとても喜んだ。リーダーはかつての市民生活ではネズミ駆除を仕事にしていたが、その職に就く前には、司祭になるという無謀な企てを何度もしていたのだった。ネズミたちとの夜の生活と聖職者の衣服の神秘が結びつくという二重の神秘が、陰気で残酷であるとはいえ、ひどい音楽にも無感動ではない眼差しのなかで一つになっていた。

――クラシックもできますよ。むしろそちらの方が好みです。Wは完全に栄光に満ち、そうすることでもともとの内気さを覆い隠しながらそう誇張した。

そして、彼が自分の貝殻に戻るところを皆が見ているかどうか確かめるために外に出なくてよいのならば、殻のなかでそのことについて考えようと備えていたのだった。

ところで、われわれはオステンホルツに入ったところだった。通りには女性たちが行き交っていた。明らかに、それは例外的な光景だった。彼女たちの身振りはどれも、その官能的な実質を引き立たせるものであるかのようだった。そこを歩いていた女性たちは、もっぱら、歩くときには身体をどのようにするのかを示すためだけにそこにいたのだ。

自由に振る舞える、休暇中の身体。彼女たちの身振り、買い物袋を下げたり傘を持ったりという彼女たちの一連の姿勢はどれも、猥褻なものであった。子どもたちの一群が道路を渡っていた。一〇歳くらいの少女と少年だ。少女たちはリンゴをかじり、芯を少年たちの顔に投げつけていた。少年たちはすでに男だったが女の子たちはまだ女ではなかった。もちろん、彼女たちは、戦っている相手の少年たちのように、この戦いないし口論のほか何も意味しないような身振りをしていた。そこにあいまいなところはなかった。そこにこそその身振りの粗暴さが宿っているのだ。少年たちは「汗をかいた」と言い、小さな少女たちもそうした。さらにある日には、この女の子は、子どもの共同体という結局のところ意味を有した世界――男性的世界――にほかならない世界から身を引き、みずからの神秘へと入っていくだろう。身を縮め、意味を有した世界でたまたま与えられた機能――買い物袋を下げたり、タイプライターを打ったり、子どもの髪を櫛でといたりといった――をあいかわらず果たしつつ、この世界の上を漂ったりさえするだろう。しかし、この神秘的な少女、この神秘の熱気を目にすることができるのは、トラックのトレーラーに詰め込まれた捕虜たちだけだろう。

この櫛のことを軽々しく語るのはやめよう。捕虜たちを乗せたトラックは、ファリンクボステルのすぐ近くを通った。そこには、どのような任務かわからないが軍に付属する若いドイツ人たちの仮兵舎があった。そこに若い女性が住んでいることもわかっていた――というのも、窓の閉まった家の前を通りすぎたとき、みなトラックで押し合いながら、干してあったセーターや、ときには一組のストッキングに見とれていたからだ。だがある日、開いた窓から、若い娘が長い髪をとかしている姿を目にとめたとき、淫らな、あるいは夢のような印象を受けた。胸を痛めさせる美が有する鋭い、引き裂かんばかりの詩歌のような印象である。ローレライよりも気高いわけではないが、より強い。大いなる美と大いなる下品さが混じり合ったものだ。髪の毛のもつれを解くための櫛、これは、釘を打ちこむためのハンマーや、パンを一切れ切り取るためのナイフと同様に必要なものであり、さらにストッキングは、足を温めるため、あるいは靴擦れをおこしたり足の皮膚が傷ついたりしないためのものであって、日常生活では医者のような正確さと節度をもって取り扱うべきものだが、こうした有用なものはもはや、道具としての貞淑な本質を何ももちはしなかった。これらの有用なものは、もう一つの本質によって貫かれ、覆われ、エロティスムの食人的な世界へと導かれたのである。それらは、その最も物質的な実質において、もう真面目なものではなかった。その道具としての目的性は、嫌悪や情熱に慎みを与えるような雨天や晴天についての会話のように、その他の本質的な次元をすべて覆い隠す正面の外壁のように、うわべだけだった。エロティスムの食人的な世界——というのも、人間の解剖学的構造はどれもその生物学的な目的性にかくも見事に適合してはいるものの——エロティスムにおいては、ほとんど肉屋にとっての動物のような、肉体の重量感へと反転するからだ——手、足、腹——これらはどれも、身体組織のかくも純粋でかくも貞淑なシステムの外部に——足が走るのに役に立ち、筋肉が肉体的努力に役に立つといったスポーツの外部に——もう一つの実質を有しているのである。ここではすべては、未分化の重量感のある塊——元基的な皮膚——のなかで食すべきもののようになるのである。

ついで、巨大なホモ・サピエンスたちが白昼に夜を作り出したかのような大きな森を通った。そこでは、大聖堂にいるときのように身をかがめていた。別の誰かが言ったことだが、戦争の最中にこんな森があることは、人間と自然との関係があることは可能だったのか。ついで、作業班が戻ると、小さな犬が作業班をうれしそうに迎えに来てくれた。大きな喜びであり、捕虜の尊厳の偉大な番人であった。このボビーという犬がどこから来たのかは知らなかった。しかし、捕虜たちと彼らを見張るアーリア人たちのあいだに差異を認めない唯一の存在だった。いろいろな種類のドイツ人がいて、微笑みを浮かべる者、思いやりのある者もいた。しかし、彼らすべての目に書かれていたのは、彼らにとって、目の前にいるのは半 - 人間であり、その挙措や感情は嘲弄に値する不治のものであり、彼らがなしうること、言いうること、彼らに対して言われうることはすべて括弧つきでしか現れないということはあたりまえだということだった。友愛の情に満ちた犬のボビーだけが、こうした括弧を知らない存在だった。その吠え声は伏蔵のない、底意のない喜びを表していた。彼だけが、これらのユダヤ人に人間の権利と人格の尊厳とを認めていたのだった。

トラミュエルはこうしたことを感じていただろうか。ボビーを見て、彼は、自分はこんなどこから来たかわからない犬は好きではない。自分の主人に忠実でなく、通りすがりの者たちになつくような犬は好きではないと言った。

Wは、アランソンについての夢をもう一度見た。予備役の大尉が城の略奪者たちのためにシャンパンを注文した後に、飾り布がすべて落ちる夢だ。ほとんど断絶なく、現実がこの夢を延長した。

この夢を見たのは、レンヌでの次の晩だった——前夜には、あの敗北した戦争では最初の不幸な戦闘しか体験しなかった者の講演を聞いていた。飾り布の落下は、その露呈の運動を繰り返した。豪華な板張りの後ろに現れたのは、ボール紙や漆喰の物体や、むき出しの壁や、粗雑に釘止めされた板でできた見苦しい戸や、汚れた衣類を入れるバケツや、擦り切れた寝具のかかったベッドや、穴の空いたマットレスだ——先ほどまで輝いていた豪華な部屋で、飾り布はまだある種悲しげな、とはいえ荘厳なリズムを保ってゆっくりと落下していき、この部屋が広いあばら家へと変容したのだ。ついで、画家の使うような大きな、とはいえひどく見捨てられたアトリエにも似たこの巨大なあばら家の壊れた窓ガラスを通じて北風が入ってきて、容赦のない冷気がやってきた。そのとき、この寒い部屋に、ぴったりとしたセーターを着た痩せた体型の男が寒さで手を青くして入ってきた。彼は両手に息を吹きかけて、舞台の上に敷かれたマットレスの上で、巡回中の軽業師のように何度か哀れな宙返りをしていた。二回の出し物の途中で中断し、このがらんとして部屋でますます青くなる手に息を吹きかけ、しかし誰に対してだろうか、こう言ったのだった——フランスは戦闘には敗れたが、戦争には敗れなかった。

モンテスパンは、簡素で実直な男に見えた。家族がいないかのように、いささか司祭のように、特別の関心はないかのように、一種の独身生活を送る男に見えた。自分の生活の各々の時間を、別の時間のために備えるもの、別の時間を待ちながら体験されるものとするのではなく、すべての時間をまさしく生きなければならない時間、そのために自分が生まれたという時間にするような生活だ。どこでも我が家となり、どの瞬間も特権的な瞬間となり、利用できる財はすべて現実の、日常の状況となるような生活だ。したがって、モンテスパンには何も起こりえなかった。しかし、モンテスパンを観察してみると、このように各々の瞬間を迎え入れる際の簡素さが反映しているのは、無感動や無関心ではなく、生を、より良い瞬間やよい悪い瞬間に分けることを拒む、生への無限の興味、無限の愛であるかのような印象を受けることができた。続いてわかったことは、モンテスパンには老いた母がいて、ほかの捕虜たち皆と同様、母に再会しようとしていたことだ。しかし、モンテスパンは家族の誰からも疎遠であるように見え、皆がドイツ人やドイツに関心を示し、ドイツ語——これからの世界での言語——を学び始めたときでも、モンテスパンは捕虜たちの話に関わるのを好み、道徳を重要だとしていたのだった。おそらく人々が思考し、本質的なことをなしえる場であるこの高き場の超越性によって守られていたのだ。そして、ここ、われわれの次元では、人は日常生活の驚異を継続することができた——月末の俸給、タバコ、衣服や靴の特別手当、切手の払い戻しを受け取ることができたし、さらに、あまり金をもたず、金を受け取ったり金に手を出したりすることに喜びを感じる者たちを魅了するいくつもの細々とした特典を受け取ることもできた——このような喜びは、値段を概算で数えてしまう者や、地方を車で通り過ぎたり、歩行者の喜びを味わうことのできない人たちのように、もはや細部を見ることのない者にはわからないものだった。ローは、制服をまとって、この役人生活に安住していた——そのために払い戻しを受けて利益を得ることもできた。そして彼は、今は戦争なのだということや、それはいずれにせよかなりの動乱を経て終わりを迎えるだろうということについてはそれ以上考えなかった。まったく甘美な生であっても、死がほとんど確実であることについて人が考えないのと同様だ。戦争が始まって以来、彼は学士号をもった教師の俸給に曹長の手当を重ねるために奔走していた——家賃の支払いを免除してくれる法律のおかげで、とりわけ士官用の食堂の食事代は実質的にはかからないことを考慮すると、申し分のない状況だった。ちなみに、彼にとって、戦争は雑居生活を意味しているのではなかった——というのも、動員のめぐりあわせによって、いままで民間の生活では近づく機会のなかった人たちとしばしば接触し、兵役に服すことで、いささか無頓着に「君」と言うこともできるのだから。わずかばかりの分別があれば、雑居生活に苦しまずにすみ、立派な人たちに近づくことができる。とりわけ、車を所有しているときにはそうだ。未払いがあっても、戦闘が始まるとしばらくは支払わないでいることもできた。車があれば、平時でも仕事を見つけることができるが、戦時にはなおさらだ。車で中隊長を自宅まで二度送った後、ローは中隊長の部局付きになったのだが、彼の野望はもっと先へと彼を進めることとなった。コンチネンタルでは、通訳のグループが編成されていたが、ランドーはそこで自分のかつての教師と二人の同僚に再会したのだ——奔走期間は長く、二ヶ月かかった。Lはコンチネンタルに任命され、そこで彼は大きな野望を抱いた。コンチネンタル・ホテルのすぐ近くの海軍省に受け入れられることだ。彼はそれに向けた要望書を書き、多くの推薦意見をつけてコンチネンタルの郵便で郵送した。

ジャン＝ポールは北駅の正面階段を降りた。朝の二時だった。他所では戦争、破壊、死があるなかで、五年ぶりのパリは、時間が止まっていたかに見えた。この大都市は、書物のなかで永遠に存在している古代都市のようだ。ジャン＝ポールは子供の頃に読んだ古い本をもう一度開いたような印象を受けた。

この印象に夜が付け加わった。パリは、無名の大きな邸宅のなかで眠るその住人らとともに、あらゆる偶発事を押し隠していた。不動の大きな影のもと、静まった場の沈黙。廃墟の荘厳。建物も、木々も、ほとんど石ですらも、ジャン＝ポールがもっている記憶に忠実で、それが我慢ならなかった。ドイツでの放浪生活ではどのような景色も本当の現実性を有してはいなかったが、そのような生活の後では、平然たる不動性をもってあらゆるモノが浮かび上がってきた。ドイツでの旅路では、通り過ぎた街、畑、自分の乗った不動の列車に映し出された無数の家々が、それぞれ互いに姿を変え、夢のなかのもののように、空想のもののように見えていただけに、とりわけそうだ。

彼は家路についた。地下鉄はもう動いていなかった。プレーヌ・モンソーに向かった。ジャン＝ポールはこのパリへの帰還がどれくらい具体的かを確かめた。北駅からプレーヌ・モンソーまで、かつてと同じように、マジャンタ大通りを通って、バルベス大通りの陸橋まで行く。これは間違いなく夜の闇から現れた。外環の大通りに沿って進み、地下の神秘をすっかり取り払った地下鉄の駅のいずれにも行き当たり、いつもの街角に新聞売りの形跡を見つけ、一つの地区から別の地区へと移ると変化する空気を吸い込む――いかなる中間段階もなくなってはいなかった。何も死んではいなかった。あぁ！　これから数時間経つと、これらの不動の場がすべて、誰のものでもないこれらの建物がすべて、これらの遺棄されたゴミ箱がすべて、売り子のいないこれらの売り台も、まわりの閉ざされた商店も、落ち着きのない、辛抱のない、貪欲な人間たちのあいだで、みずからの意味を取り戻すことになるのだ。自分のことを気にかけ、自分の道を切り開き、場所を見つけなければなるまい。残存物、残骸、廃墟も、人がそれらがまだ完全に使い古されていないことに気づき、意見を変えたかのようにして、再び使えるものになるだろう。ゴミが再びモノになり、定着し、新たに機能し始める。そしてこのような生全体のなかでこれから生きていかなければならないのだ。

彼は再び社会の一員となりつつあった。すでに、何千もの見えない糸が彼のまわりにはりめぐらされていた。彼は連帯し、責任を負うようになったのだ。

この平凡な生活も、皆の生活が日常的なものであるかぎり、人々が自分の窓口や売り台のところにいるかぎり、地下鉄がラッシュアワーには定員オーバーになり、歩道をふさぎながら子供たちが朝登校しているかぎり、まだ耐えられるものだった。この生活が可能だったのは、祝祭も休暇もなく、目にすることはないが特権的な人々だけが冬用のスポーツをしに出かける一〇月と一一月、一月と二月だった。昼の方が夕方よりもいっそう好ましかった。受付や商店が閉まる直前の数分や、祝日や休日が近づいたとき、忙しそうな顔をどれも綻ばす満足感、彼らが間もなく帰る神秘的な「我が家」や彼らをどこかで待っている親密な友人たちが彼らに及ぼしているように見える魅力、あたかも、これらの労働者たちは皆、一日、一週ないし一年の無慈悲な労苦のあいだずっと、もう一つの真の生があると確信した信徒のような完全な平静を保っていたかのようだ――彼らの身振りにはすでに、主人のような威力と領主のような安定性が奴隷根性にかわって表れていた。しばしのあいだ、彼らはこの奴隷根性を模倣することに同意していたのだった〔訳注〕。その他の人々には、幸福は疑いなく存在していた。彼は、奇跡のように人間の条件にとどまる彼らの生活を羨んでいた。彼らに残っていたのは、日曜日やクリスマスや復活祭のときの天気が保証されているかどうかくらいだ。彼らが雨天や晴天について語っていたのは、ほかに話すことがなかったからではなく、翌日の値打ちそのものがそれにかかっていたからだ。時を打つかすかな音を止めることができない、自分の生まれを取り消すことができないという不可能性、作品を完成させずに老いてゆくにつれて感じてしまう不安、政治的な出来事や脅威でさえ、こうした人々の現実の動きにはまったく影響力はなかった。おぉ！　地下鉄の広告看板に描かれ

〔訳注〕　底本では、この後に二行弱の文章が続いている。しかし、これを読んだ場合には文法的に理解されなくなるために、底本責任編者に確認のうえ、本訳書の〈連続版〉では当該箇所を削除した（削除された箇所については〈生成版〉一〇二頁を参照）。

た、コントレクセヴィルの水を飲んだり、家族でジャムを食べたりする人、靴用自動ワックスがけ機や改良された乳児用体重計の利点を説明する人の知恵。体重計は、ふっくらとした赤ん坊を熱愛している夫婦の、微笑みながら自分の妻を熱愛する夫の脇にある。これらはすべてあなたの生活を変えるのだ！　広告のこれらの顔はすべて、道具のただなかで永遠の生を生きている。ジュール氏は、彼らの厚かましく充満した幸福を前にして、捕囚期に体験した瞬間を思い出した。強制収容所や火葬炉からいくらか離れた場所での作業班で、パリから平然とやってきていた『イリュストラシオン』紙の広告欄をめくりながら、新しい銘柄のレンジの利点を学んだときのことだ。奥様が外出し……、赤ん坊が寝ると……、夕食がひとりでに焼き上がり……、ご主人が帰ってくるとローストビーフが食べごろです……私は人生のなかで後悔していることは一つだけ、もっと早くから世界学校を知っておけばよかったのに。「われわれのリヴォルバーで、自殺することも快楽に」。

ジュールは怒り狂った。H夫人のサロンで、講演者が持ち上げることのどれもが精神に心地よい快感を与え、それによって誰も平静を失うことがないと気づいたのだ。六月の太陽のもと、捕虜たちに予定されていた宿営地に向かってジャランの隣を歩いていたときもすでにそうだった——それは捕囚の最初の日のことだった——そこでジャランの足が集団移動の際の戦利品の重みでがくがくになっていたので、彼は犠牲生活の美しい日々を垣間見つつ、外套を持とうかと彼に提案したのだった。

この偶発事のありうる原因、病気、戦争。生はそれ自身において永続性という美徳を有している。

講演者は実存のドラマ、愛、苦しみについて語った。彼には重要だった。

Nはいまや一列目に一般技師のKがいるのを認めた。彼は鞭で打たれたように感じた。Nは彼にはまったく具体的なことは期待していなかった。ただ賞賛してくれればよかった——たとえ、自分が雄弁に語っていることの真相について異議を唱える必要があったとしても、雄弁だった、すばらしかったと言ってくれれば足りた。ジュールは舞台に上がり、Nを平手打ちにした。ジュールはNに嘘つきだと言い、そしてこう言った。すべてが破綻する世界、野望を満足させる必要も生きるために戦う必要ももうない世界——生が重みを失ったことが垣間見られる世界、そういう世界で重要だったのは、自殺しても、その後に目的に向かって伸びてゆくのではなく、死人のように絶対的に緩んだ状態で人は残り続ける――おそらく生き残るというのはそういうことだ、と。伸張なき実存、犠牲、全面的な克己。誰も対抗する者はいないということだ、と。そしてその後、彼は、すべては同じまま続いていること、人々は生と死の区別を保持していること、彼らはどんなに固くとも生の根をかじることを望んでいることに気づいたのだ。

地上にとどまろうとする人々の力。自分たちは恐れていると言っているのにもかかわらず、死を恐れない力――あたかも自分たちが永遠の存在であるかのように振る舞う力。何かがこの力を正当化しなければならない。人はみずからの永遠性の経験をもっている。あたかも、始まりの伸張にすでに終わりの頽落が書き込まれているかのように、痙攣的な経験の生をもっているのではない。死は外部からやってくる。つねに予見しえない偶発事である。本質的なことは、あらゆるエリート(a)に対し、とりわけグランゼコール出身者に対し用心することだ。ジュールが引き起こした騒動にはほとんど備えがなかったため、H夫人もその息子も警察を呼ぶことは思いつかなかった。そもそもジュールは部屋を出て行ったのだ。しかしH夫人は心臓発作を起こし、翌日に亡くなった。美しい葬儀だった。最も[訳注]だったのは、学位をしっかりもった、グランゼコール出身の人々が、彼の苦しみについての話の展開を目撃しているかどうかだった。講演者のN氏は好んでいた。

ジュールは、現実が文学を嘲笑している、現実がどこにあるか皆が知っていると考え、怒り狂った。雑誌を辞する。H夫人が亡くなった。H夫人の葬儀。

V夫人はジュールに南部と自分の生まれた町を示した。

V夫人の社会的状況と自由。ジュール氏の睡眠とその夢。部屋と裏部屋――他所へと出る可能性。

(a) 手稿ではエリートという語はない。
〔訳注〕 文が途切れているため訳出できなかった。

家は荒天に対する覆いの役に立つ。あらゆるものが二重の使用法をもたずそれ自体にとっての目的のみをもつような率直さ、もはや一撃で二羽を仕留めることをしないような率直さのために、あいまいさのない生活を目指してわれわれが建立しようとしていた新たな都市においては、すべての家は今後ガラスで作られるようにと決定されたのだった。われわれが何か隠すべきものを持っているというのは偶然だろうか。ガラスは都市生活で許容される唯一の物体になるはずだった。抵抗力があり、ものの属性をすべて表し、しかし同時に、自分自身についても、それが含みもっていたり支えていたりするものについても何も隠すことのない唯一の物体になるはずだった。

淫靡——
他者たちがなすような愛
彼は死んだ——このことが意味するのは
彼は私の敵とはならないだろうということだ〔訳注〕

幕間劇

トゥールモンド氏　何が起こるのだろう。彼は死ぬのか？

学生その一　ファウストはマルガレーテの愛人になるのです。

トゥールモンド氏　そうするとマルガレーテの兄で、勇敢な兵士のヴァランタンは彼女の名誉を気にかけるのでは？

学生その一　メフィストの助けを得てファウストは彼を殺してしまうのです。

トゥールモンド氏　そうするとマルガレーテの母親は自分の子供を気にかけるのでは？

学生その一　彼女の警戒を麻痺させるために睡眠薬を入れるでしょう。しかし、メフィストフェレスはそこに毒を入れるでしょう。

彼女は死んでしまいます。

トゥールモンド氏　そうしたらマルガレーテ自身は？

学生その一　彼女は自分の罪に付け加えます――ファウストとの罪深い愛をです――彼女は子供をもつでしょうが、窒息させるでしょう。

トゥールモンド氏　母を殺し、兄弟を殺し、子供を殺し、彼女は罰せられないのか？

学生その一　彼女は狂いました。彼女は牢屋に入れられました。

トゥールモンド氏　そうしたらファウストは――ファウストはどこだ――彼は自分の最愛の人を捨てるのか。

学生その一　人間の生が生きられるに値する瞬間を求めて――彼は連れ合いで、この旅の欠かせぬ導き手の悪魔とともに生のあらゆる恐ろしさを知りました。マルガレーテが正気を失って、監獄で呻いているとき、メフィストが彼をヴァルプルギスの夜に連れて行きました。あらゆる下劣な力、魔術師、女魔術師、悪魔、小悪魔たちが集うところ、地下世界のバッカス祭にです。最初そこに登って行くときにファウストはそこを知っていると言っていましたが、しかし悪魔の考えでは、彼はそこで消えてしまうはずなのです。そ

トゥールモンド氏　それから？

学生その一　それから人間が自分の悪魔に打ち勝ちます。ファウストとマルガレーテとの愛のなかに悪魔はあらゆるまやかしをこさえましたが、それにもかかわらず、この悪と嘘の坩堝のなかにしか結晶化することができなかったなにか現実的なものがあったのです。

ファウストは遠くからマルガレーテの姿を見かけた。

〔訳注〕　最後の四行は、底本では数行後の「母を殺し」の前行に置かれている。しかし、後の〈生成版〉を見ればわかるように、手稿においてこの位置に挟まれていたのは［113頁*bis*］（図10）である。他方で、一〇九頁編注cで指摘されているように、この四行は小説本体の末尾に置かれるものとみなしうる。そのためこの四行については、底本責任編者に確認のうえ、本訳書ではこの箇所に移動した。

『エロス』のテクストの校訂についての注記

保存された資料についての説明

小説『エロス』に関する保存資料は、二つの別々の部分からなる。〔一つ目については〕横一四・五センチ、縦二一センチのノートが用いられている。表紙は紫で、中央に縦九・五センチ、横六・五センチのラベルがある。このラベルは黄ばんでいるが、縁は赤であり、ASHELM の製品である。ノートには一八枚の紙（三六頁）があり、横向きの罫線が引かれている（行間は一センチ）。テクストは一六頁のところで終わっている。紙二枚分は使われていない。このノートでのテクストは全体にわたり鉛筆で書かれており、エマニュエル・レヴィナスは右側の頁にのみ書き込みを行なっている。したがって、左側の頁は白紙である。ノートの内部はかなり黄ばんでおり、少し傷んでいる。

二つ目の部分は、二つ折りの厚紙（縦二九・五センチ、横二〇センチ）のなかにまとめられている。この厚紙はとても厚く、ごく薄い灰色で、かなり傷んでいる。その表面の中央には、大きな書体で（強調された）「エロス」という表題がある。この厚紙の外側および内側には、数字、日付、固有名、さらに幾何学的なかたちの模様がいくつか認められる。これらは黒の鉛筆および色鉛筆で書かれているが、おそらくいくつかの箇所ではボールペンやさらに万年筆で書かれている。

この書類の内部には五二枚の紙がある。多くの場合A４サイズで、二つに折られていたり切られており、二つ折りの厚紙のカバーのサイズに合うようになっている。頁付けはなされていない。

エマニュエル・レヴィナスは紙を再利用しており、白紙の部分に書き込んでいる（広告や、世界ユダヤ人会議が組織した委員会ないし会議への招聘状など）。地中海友好委員会や、フランス・ユダヤ教会議などだ。この第二のグループに関して時期的に最初に現れるのは一九五九年一〇月一日であり、一九六〇年まで続いている。内部の紙片はきわめて雑多である。さまざまなインクが用いられているが、基本的には青である。とはいえ黒インクで書かれた頁もある。このグループの中心にある一二枚がいっそう古い時代に属しているように思われる。一つ目のノートと同じサイズの紙も見られるが（これらの頁は罫線付きのノートから取られている）、ただし罫線は青色である。

三つ目のグループは、二つ折りのＡ４の厚紙のなかに保存されている。この厚紙は、写真用の厚紙に似ている（三つの角が補助的な厚紙によって保護されている）。表に書き込みがされた一三枚の紙がある。裏には印刷されたものがある（広告、大学から来た書類、関連団体の書類）。これらの紙は総じて同じサイズで、縦二一、横一三・五センチである。いくらか異なる大きさのものもある。インクで書かれ、基本的に青である。

四つ目のグループは痛みが激しい。一〇枚の紙が含まれているが、その多くは最初のノートに似たノートから取られたものである。紙には黒の罫線が引かれ（行間は一センチ）、かなり黄ばんでいる。基本的に黒鉛筆で書かれているが、いくつか青インクや黒インクで書かれているものもある。

これらのグループにはいずれも頁付けはなされていない。

ダニエル・コーエン＝レヴィナス

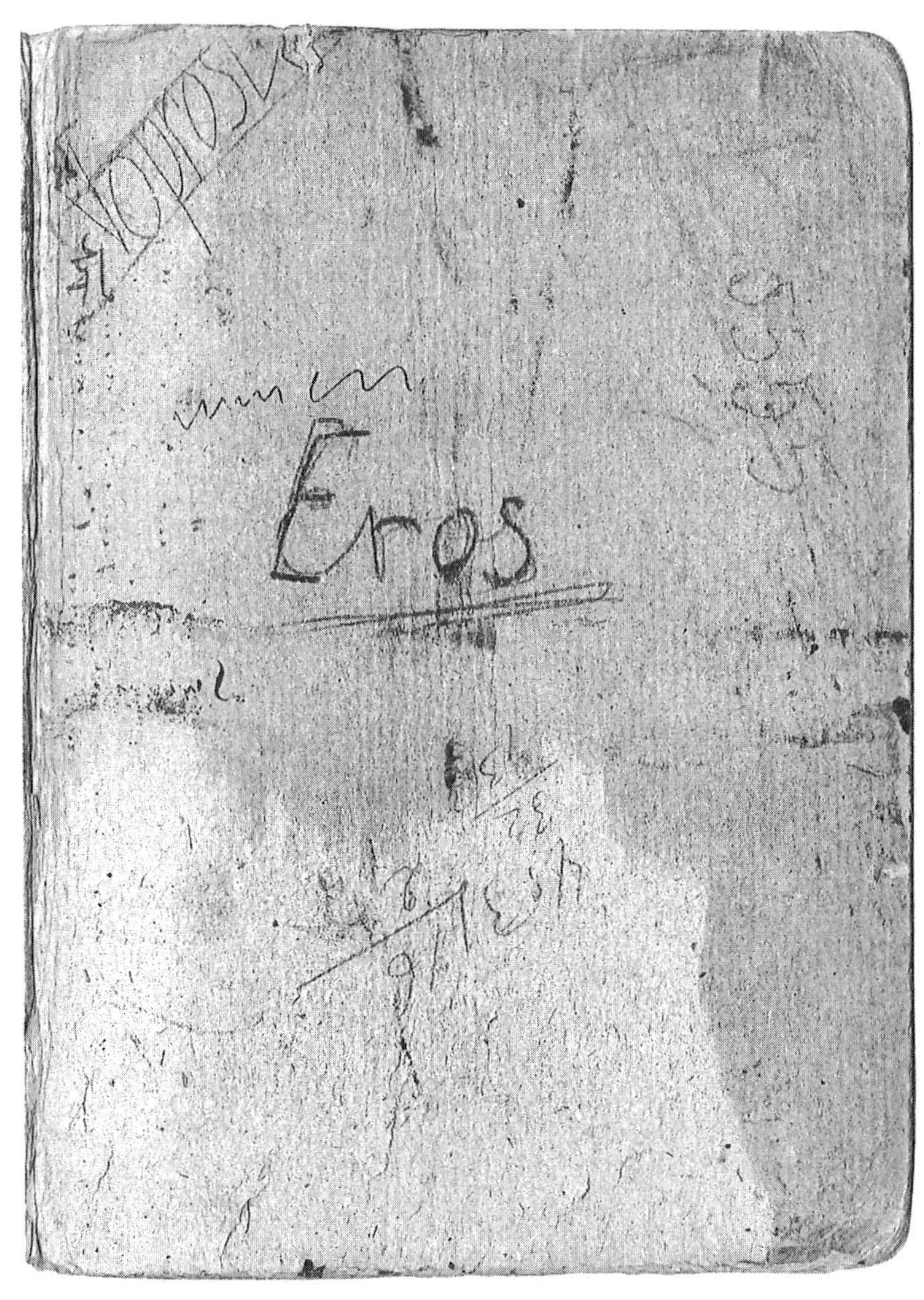

図1　小説『エロス』第2部のある二つ折りの厚紙

（生成版）

『エロス』[a]あるいは『悲しき豪奢』

［1頁］　ロンドー

――結局、前線は安定した。ある人はエーヌ県へ、ある人はソンム県へ向かった。別れの時だった。役に立たない言語の軍属通訳であるロンドーは、戦争が始まってから最初の九ヶ月間、パリでたいした意義もない用務についていたのだが、働いていた事務所の戸口のところで仲間たちの手を握り、信頼の情

（a）小説は保護用の頁が証言しているようにおそらく『エロス』という名である。しかし、『捕囚手帳』の手帳2において、エマニュエル・レヴィナスは、自分のなすべき仕事について語っている箇所で、文学の項目で、『悲しき豪奢』および『非現実性と愛』という二つの小説の表題を指示している（『著作集』第一巻、七四頁〔邦訳八九頁〕）。そこでは、『エロス』と題される小説については言及がない。ちなみに、『捕囚手帳』を注意深く検討することで、手帳3において、『悲しき豪奢』という表題が現れる二つの異なる箇所があることにわれわれは注目した。一つは、第一巻一〇六頁〔邦訳一三〇頁〕で、レヴィナスは登場人物の名前に関するところで、その一覧の前に『悲しき豪奢』と書いている。さらに、一〇九頁〔邦訳一三三頁〕では、レヴィナスは非常に短くまた省略的なかたちでアランソンの場面を描いている。この断片もまた『悲しき豪奢』という言及で始まっている。同様に、手帳5の一四六頁〔邦訳一七四頁〕で、小説のなかにも出てくる有名なアランソンの場面について新たに短い段落を割いている。そこでもまた問題となっているのは『悲しき豪奢』であって『エロス』ではない。『エロス』が小説の表題となっているように思われる箇所もある。そこでは、最初からノートに書かれた小説の手稿の最初の部分が始まっており、三一頁で終わっている。

を告げることになった。

ここ三週間のあいだ、前線は安定していなかった。フランスの古き土地は流砂となった。どこに軸足をおいていいかわからなくなった。敵は地面の見えない割れ目から侵入してきた。ある方向からやってきて、間隙を飛び越えるように別の方向へと行ったのではなかった。三週間のあいだ新聞を注意深く読んでいたロンドーの顔に、奇妙な動揺が表れたのはまさにそのときだった。動乱はもろもろの存在の不幸のなかだけにあったのではない。現実の枠組みそれ自体の転覆のうちにあった。

[3頁]

一四年の戦争の官報のことが悔やまれた！　そのときは、殺戮の恐怖を通じてであっても、思考はそれによく似た現実につながっていたのだった。地図上で作戦を追跡することも、小旗をいずれかの方向へと移動させることも、進歩と脅威とを短い紐を使って測定することもできた。世界の軸が固定されていたのだ。人々と事物が無となるなかで、少なくとも空間は、古く正直な[(a)]空間は無傷のままだった。

そして今度もまた、／靄霧がかった官報~~にもかかわらず~~のなかに~~狼狽した報道の矛盾を通して~~前線を示す一本の線が薄く引かれているのをついに識別できたと思った／ときに、／ロンドーの顔が晴れた。

／そもそも、ここ三週間のあいだずっと、~~絶えずその線を探ろうとavait~~彼は近視の目でしわくちゃの紙新聞を**詮索し**、絶えずその線を探ろうとしてきたのだった。彼がこの五月の金曜日に伝えようとしたのは自分の落ち着いた安心感であった。**おそらく**~~可能な~~人は利用できないものまで利用するようになったのだろうが、彼はその日、工程表によって、自然そのもののように動じないパリから送られることになっていたのだった。

[5頁]

われわれに必要だったのはそれ、一本の線だ。撤退することがあったとしても、なにがしか固定したもの、思考

（a）この語は囲まれている。

Rondeau

— En somme le front se stabilise. On tient sur l'Aisne, on tient sur la Somme.

C'était l'heure des adieux. A la porte du bureau où interprète militaire d'une langue inutilisable, Rondeau avait passé à Paris, à de besognes sans importance, les neuf premiers mois de guerre, il serrait les main aux camarades et disait sa confiance.

Depuis trois semaines le front ne se stabilisait pas. La vieille terre de France est devenu du sable mouvant. Le pied n'arrivait à trouver nulle part un point d'appui. L'ennemi s'infiltrait à travers les crevasses invisibles du sol. Il ne venait pas d'une direction pour aller dans une autre en franchissant les intervalles. L'étendue se trouvait dépouillée de ses qualités les plus familières le continuité et d'ordre. C'était là le trouble étrange qui sur la figure de Rondeau penché sur les journaux se reflétait depuis trois semaines. Le cataclysme ne

図2　小説『エロス』の手稿の最初の頁

可能なものだ。

フランスとは何か。巨大な**安定性**である。驚異の果樹園で永遠に熟している果物のように、満ち足りた状態に達している生活形態。遊牧的な(a)存在様態の思い出をすべてぬぐいさった定住の民の完成である。そのごく日常的な習慣は各々の振る舞いに受け継がれ、**そして**各々の動きも儀礼のように**不変**(b)である。思考は~~正しく思考するためにはよく話すだけで足りる~~言語のうちですべて準備されている。ラブレーのように笑い、モンテーニュのように微笑〔7頁〕み、ル・シッドのように高貴で、フェードルのように引き裂かれ、ジョルジュ・ダンダンのように欺かれるところでは、どんな大団円もすでに予期されている。運命についての偉大な、すさまじい書物が教科書**として**流通している。子供たちはそれ~~を知って~~に注釈を加えては、**自分たちの**古典を~~読んで~~学んでいる。そのきらめく色合いにもかかわらず、その精巧さや繊細さにもかかわらず、その暴力性や新鮮さや意外性にもかかわらず、何世紀にもわたって用意を整えている一つの形態、つねに残り続ける一つの形態のもとで感情や情念が流れ出す。おぉ(c)、どんな破局があっても、公務員が年金を受けとること~~に確信~~のできる国。そこでの文明的な生活は、みずからの姿をしっかり〔9頁〕把握しているため、自分が自然~~そのもの~~と同じくらい永遠で不動だということも知っている。フランス人ならば自分の風景╲のように感じるこの~~フランス~~の都市がそうだ。~~海のように~~流出と流入のリズムに従ったパリがそうだ。╲しばしば夕方になると、この都市は、群衆や、灯りや、その動きによって、五月の朝に森の一隅や大洋の沿岸の陽光に満ちた大通りで~~人が感じる~~あなたを捉えるような、そういう繁茂、新鮮さ、元基的なもののいくばくかを魂に与えてくれるのだ。

~~それゆえ~~どうしたら戦争だと認めることができるだろうか。われわれに欠けていたのは、単に戦車や飛行機や、参謀本部の地図ばかりでは╲ない。~~われわれに欠けていたのは、それが根絶やしにしたよりもたくさんの~~何百万の人々の命を奪ったとはいえ一つも習慣(d)は絶やすことのなかった一四年の戦争のときには、それが差し迫ったときでも、われわれには戦争についての知覚そのものが欠けていた。一四年の戦争は最終戦争になるはずだった——╲最も現実主義的な者であれ、平和主義の夢想に最も敵対する者であれ、そう無意識に信じていたのだった。　戦争、そ〔11頁〕れがかつて可能であったのは、聖史上の奇跡と同じようにして、信じることはできるが、もはや**飼いならされた**自然のうちで出会うことなどないと確信できる奇跡と同じようにしてであった。戦争、それが現在可能だとしても、どこか遠いところ、中国やエチオピア、せいぜいスペインくらいであって、われわれのもと、フランスではない、今日ではないのだ。そして戦争が起こったときも、それは、われわれにとっては、あいかわらず、巨大な演習のようなもの、厳格な演出がなされてはいるが／数発の空砲しか撃たない軍事演習のようなものと映っていた。~~それがたいしたことのためになされているとか、誰もあてにならないとか、それがわかるような由を誰ももってはいなかった。~~動員による動乱、冬の国境での長い宿営による疲労にもかかわらず、各人は貴重さが保たれたままで、〔13頁〕~~痛い~~不調のときには尊重されたし、疲れたときには美味しいご馳走で忘れることができた。不満をこぼすこともできたし、憐れむこともできた。それが文明だったのだ。戦争が起こったとか、それがたいしたことのためになされているとか、誰もあてにならないとか、皆**そう語っていた**が、~~それがわかるような由~~そう認めていたのではなかった。新聞が太字で緊張緩和せりと告げるときまで、悪い時期が過ぎるのを見守って~~しかいなかった~~いた。朝の官報が晩の官報を繰り返し、何も起きていない、したがって何も特筆すべきことはないと告げるだろうことは皆知っていた。パリで、~~周期的な~~警報がなると、警報が偽のものであることを／あらかじめ知りつつも地下室に降りて

（a）Nommade の二つ目の m が囲まれている。
（b）PR : inlassable〔不屈〕.
（c）別の（黒の?）ペンで修正がなされている。Oh が Ô と直されている。h には横線が付され曲折のアクセント記号が加えられている。
（d）habitudes という語の s は、「とはいえ一つも」を入れたことで必要になった単数形の語尾を入れ直すための e に修正されている。
（e）手稿では Histoire Saine〔健全な歴史〕と読める。

いき、爆発音ではなく警報終了の合図を待ち構え、納税者の忍耐力を濫用する舞台演出家に対しぶつぶつ不満を言っていたのと同じようなものだった。

[15頁] 五月一〇日以来、ロンドーは混沌（カオス）の香りを~~感じていた~~嗅ぎつけた。しかし彼は、この混沌を容易に認めるような人間ではなかった。彼は〈平均的フランス人〉と呼ばれる見事な系譜、創造の傑作に属していた。知性ではなく理性だった。デカルトの生誕地についての探求で豊かな余暇を過ごしていた退職した小役人の息子であるロンドーは、社会階層をもう一段登るということもしなかった。かつて若いころに、絹工場の代表として、そして多くの人と同じように旅行給費を受けて、南アメリカに長期~~旅行~~滞在をしたこともあった。彼はポルトガル語とスペイン語を話し、アルゼンチンとブラジルの習俗の観察をしたのだ。[XX] においてブエノス・アイレスでは地位も得た。

[17頁] ~~フランス~~戻ると~~フランスに、そこでために~~フランスで~~あるいは~~(a)、結婚して、数年で三人の子供をもった。末っ子は戦中の生まれだ。彼は戻ってきたのだ。おそらく、この帰還を説明するために、大地の呼びかけや血の声をもち出す者がいたとすれば、彼は非常に驚いただろう。彼は、~~なぜならフランスでは~~事物、観念、人間たちが、驚異的にしかるべき場にあるように見える場(b)に戻ってきたのだ。

彼は、戦争や、現代的な戦車および戦闘機について、『万人のための科学』や『科学と生活』といった雑誌からとってきた多くの貴重な情報を持っていた。／これらの雑誌は、ラルース小辞典とともに彼の文献目録の骨子をなしていたが、注目すべきことに、その彼にとって、戦争とは力の平行四辺形のようなものであり、はっきり定まった対角線がその帰結をもたらすように見えていた。彼は世界が理性によって規制されていると思っていたのだ。

[19頁] 彼の理性のうちには、恐れを不可能にする安心感があり、それによって、狂人を治すには彼らが間違っていることを示してやればよいと(c)期待することができたのだった。彼はけっして(d)「私がポール・レノーだったら」とか「私がガムランだったら」などと言うことはなかった。彼は法則と権威を認めていた。国家を指揮する術、軍隊に命令を下す術は、彼にとっては、服して従うべき権限を前提としていたが、それは人が上位の理性には服して従

うのと同様のことだった。

そして、同僚たちの手を握ってから二時間後、彼は東駅のホームにいた。重いトランクとぎゅうぎゅうのカバンをもった彼は、そこで、周りの空気が不意に変わったことにも動じなかった。当時そこを出発していた人々は、この空気の変化に気づいていた。というのも当時というのも駅の建物は隔てて彼らは、ほとんど平時にあるようなパリを離れる際、不意に、エレベーターのドアを開**ける**／avait と空洞となったカゴがあるかのように、断崖の縁のプラットフォームにいるように感じていたのだ。［21頁］

――すいません。――これはクレーヴ・クール・ル・グラン行きの列車でしょうか？

駅員(e)はあいまいな仕草をした。乗ってください

――**これは**(f)クレイユ行きの電車ですよ。

――その先は？

――あぁ、その先だって！　行ってみればわかりますよ。

ロンドーは理解した。クレイユから先は、漠然とした地であり、／もしかすると、探検しなければならないような国となっている。パリから三〇キロで、リヴィングストンやスヴェン・ヘディン(g)が赴くような土地となっている

(a)「フランスでは」は矢印で「戻ると」に繋げられている。この文の最終的な順序はおそらくこうなる。「ブエノス・アイレスでは地位も得た。フランスに戻ると、そこで結婚して［…］」。
(b) là と où という二つの語［～である場］は手稿ではより濃くなっている。ペン先が異なっている。
(c) PR : qu'on.
(d) あいまいな句読点の打ち方がされている。もしかすると読点に横線が引かれているかもしれない。
(e) 手稿ではこの語の前にとても短いハイフンがあるが、これは返事の前にあるハイフンとは異なるものである。
(f) PR : prenez［乗ってください］.
(g) デイヴィッド・リヴィングストン（David Livingstone, 1813–1873）およびスヴェン・ヘディン（Sven Hedin, 1865–1952）は二人とも有名な探検家である。

のだ。しかし、車室に入る時も彼の足取りにためらいは**なか**った。彼が身を置いて、平衡を取り戻しているのは、このエーヌ－ソンム線であり、この柵のところなのだ。

［23頁］車室には、パリでの一日を終えて郊外に帰るところの一人の労働者がいた。彼が考えているのは次の値上がりのことか、生活用品の物価高のことか、あるいはもしかすると自分の休暇のことであるように見えた。あぁ、こういうふうに日常は戻ってくるのだ。木々、電信柱、夕日は、ある時からこの状態で孤立していた。そして、パリと郊外を毎日行ったり来たりする労働者がいる。**まもなく**彼は、ある~~小さな~~こぎれいな駅の近くの、庭付きの、窓には白いカーテン~~**のある**~~／のかかった　小さな家へと帰るだろう。それは、列車の間仕切りから見える家の一つだが、不安や心配を抱き**がちな**乗客に対し、フランス全土が休暇中なのだ、フランス全土が幸福なのだという／印象を与え［25頁］てくれるものだった。もしかすると、開いた窓からは、ピアノを弾く若い娘の姿が見えるかもしれない。この労働者こそが現実である。戦争は消えゆく悪夢だ。~~幻覚~~夢想が~~去る~~**散る**(a)には、目覚めの時のように、われわれの夢のなかまで入ってくる朝の最初の物音を~~押し付ければ~~~~集中すれば~~／受け入れれば足りる［。］ロンドーは~~そのことをすべて考えていた~~そうしようと試みた。~~しかし~~(b)

クレイユでは、髭の剃り残しのある将校が、彼に挨拶をしなかった兵士に石鹸を渡し、まばらに濡れた**部屋**(c)の奥では、人々が吐き気を催させるような終わりなきブロットに興じていた。物悲しく、~~［不潔だった］~~(d)~~いささか~~寂れていた。しかし、~~フランスはそこにまだ残っていた~~世界はそこではなお現実的であった。雑役もあったし、階層秩序もあるし、／余暇もある。将校は列車が出ることを約束した。~~それはではない突然伍長は手紙を振りかざしながら彼に近づいた：ま~~しかし、ロンドーが~~後で~~その後啓示と呼ぶことが起きたのはそのときだった。列車が動き始めたとき、ロンドーは、／ホーム上で小柄な兵士と将校とのあいだで交わされた二、三の言葉を聞き取ったの

［27頁］だ。「中尉殿」――「妻が子供を生んだので、許可をいただくことができるはずなのですが。許可はいつ~~結局~~復活するでしょうか」。

すると、髭の剃り残しのある将校は、~~兵士をしっかりと見つめて、~~そして~~ロンドーはこの返事にそのような~~ ~~desesを感じた~~ 怒ることなく、~~しかし~~それだけにいっそう胸を刺すような ~~et~~ 悲しみを込めてこう言った。

――許可が復活するかだって？ ＼気の毒だが、君、多分もうないよ。

この、もうないはこれまでなかったような奇妙な口調で言われたが、~~旅の疲れ［cf.?］ではなかったが、~~不意に宿命のすべてが、戦争の存在のすべてが、~~ロンドーのうちに浸み込んできた~~ はるかに~~少ない~~単なる［for ?］の平行四辺形ではないこの戦争、＼そして［ロンドー?］が三週間のあいだ戦ってきた戦争が、ロンドーのうちに浸み込んできた。それまで彼は、自分の見てきた物事や、聞いてきた言葉を整理しておくための整理棚を手にしていた。［29頁］~~ここで~~このもうないとともに、ロンドーははじめて、フランスが、自分の人間性のすべて、自分の品位のすべてが立脚していた彼のフランスが、現実を秩序立てて保ってきた~~その見地~~ このフランスが解体するという印象をもった。

ロンドーのトランクは、愚かにも、前の晩に彼の部屋にあったのと同じように目の前にあった。＼空になった車室では、~~遺失物として~~か~~抽象的なもの~~ 幻想的な調度品~~として~~にも見えた。このトランクには名前と階級が書かれて

（a）PR : disparaisse〔消える〕.

（b）まさにこの箇所で、この文の次に「ロンドーはそうしようと試みたがしかし」が続くはずであった。しかし、「しかし」には横線が引かれ、手稿ではいっそう濃い色で句点が付け加えられている。

（c）PR : chambre〔寝室〕.

（d）手稿では crasseur と読めるが crasseux と訂正。

いた。ポール・ロンドー、通訳実習生と読める。奇妙な音節だ。この金属の箱は、彼に対し、自分には目的と必要
性があったこと、自分が自分自身であること、╱自分が誰であるかを思い起こさせてくれる唯一のものだった。~~そ~~
~~れなしにはそれは~~止まることのない駅、白い~~kepi~~制帽をかぶった係員のいない駅をいくつも控え、彼を［無限
[31頁] に？」~~いっそう~~遠くまで運ぶ空（から）の列車。列車にはみな切符なしに乗りこみ、検札官も通らない列車。この列車はお
そらく、運転手もなく、不条理のように、線路をあいまいに行き当たりばったりに走っていた［。］
　ロンドーはつぶやいた。
——私は独りだ。
　そして、なぜだかはわからないが、こう付け加えた。
　神とともに独りだ。
[32頁](a) 神とともに独り？　この孤独を、誘惑されずに耐え忍ぶことのできる登場人物を見つけることなどできるだろう
か。フランスの消失とフランスの再出現のあいだには全面的な虚無の瞬間があった。まだ何も回復していない敗北
の瞬間——目もくらむほどの空虚、空位期間、裂け目、絶対的な間隙が。一連の道徳的な大義が断ち切られ、もろ
もろの制度がいかなる意義も提示しなくなり、王はどこにと問うジャンヌ・ダルクの状況に誰もが居合わせること
になるまさにそのときに、すべては決断されるはずであった。
[33頁] ~~fond~~日々は、平板なまま、共通のまま、新規さも意義もない用事に割り当てられたままの時間や分として流れ
ていった。しかし、~~もの~~この日常的な壁の揺れ動きはすべて、この海を支配し事柄がどうなるかも知っている神々
が居合わせる神秘的な海岸~~を持っていた~~に触れて**いた**。会社の事務所の戸口の~~なか~~に後ろにもすでに、彼岸の光の
[34頁] 反射の届く、いっそう巧みで、いっそう貴重な知が~~着いていた~~あった。われわれもそこにいることができたなら！
視察に来た二つ星の将軍と一緒であれば、さらにもっと知ることができただろう。しかし、おそらくすべてを知っ
ていたのはウェイガンだろう。~~そしてロンドーが期待していたのは~~╱そもそも、この次元では何も不確かなままに

はなりえず、あらゆる困難に備える方策もすべて整っているのだから、どうして歴史が前に進むなんてことがありえただろう。

ロンドーは、大尉の事務所の人々がいかに~~す~~無垢か分かったときにも、~~そして命令彼が考えた~~彼ら

[35頁] 上層部への~~その神々への~~(b)信頼を失ってはいなかった。彼らの地位はそれまで考えていたよりも~~et que~~少し高いだけではあるが、~~そして~~われわれのために思考し決断してくれ、つねに結論を導く方法をもっていたため、矛盾も矛盾でなくなり、無限の可能性が露わになるはずだった。それがいまや、敗北が明白になるなか――こうした上層部がすべて倒壊した。将軍は、~~petit~~ [xxxxxxx] への自分の [番／交通手段?] が来る前に、配給のタバコと真新しい靴に手を伸ばそうとしていた。

[36頁] 空は虚無だ。そのことは絶対的に明らか~~である~~であったし、だから自分の責任で考え、決断しなければならなかった。こうして露わになった [無神論／利他主義?] の荒廃に匹敵しうるものは何もない。彼らには、閉められた戸口の後ろに自分たち以上のことを知っている総長や大尉や将軍などがいて、残酷にも胸を締め付け、その生々しさで攻撃してくる現実を仮象へと~~考える~~変えてもらうことが必要だったのだ。

[37頁] ドイツ人が生き生きと占有し、不意に打ちのめされた世界に階層秩序を復元してくれることが。

[37頁 *bis*](c)

[38頁] もはやフランスはない。一夜のうちに、~~ように~~大きなサーカスのテントのように、残骸がまき散らされた空地を残して去っていった。昨晩のひしめきあいはどこに行ったのか。ロープ、布、椅子、県、事務所、行政、守衛の絡

（a） ここから小説の二つ目のまとまりが始まっている。エマニュエル・レヴィナスは、まずはノートに書いた後、一九五九年から一九六〇年のあいだに何度かばらばらの紙に書いている。これらは、紙ばさみの役割をはたしている二つ折りの厚紙のなかにまとめられている。番号付けはなされていない。われわれは物語の論理に従うことにした。頁番号はノートから連続したものである。

（b） en ces dieux [これらの神々への] とも読みうる。

（c） 一九五九年五月の文化活動委員会の報告。sとcが重ねられているが、cの上にsが書き加えられたように見える。

まりはどこに行ったのか。空間はもう片付けられ、空になり、同質で、隠れ場もなくなってしまったが、かつてそれらがそこに描いていた仕切りはどこに行ったのか。すべてが許されている。~~敵対的~~敵（敵）と思われる――（何に対しての？）――飛行機が数機現れたため、ジュールは防空壕へと降りていった。彼は、塹壕の片隅で女子高校生のとなりにいた。混じり気のない、悲愴さのない、純潔さのように単純な欲望が自分のなかで再び生まれてきた[39頁]のを喜びとともに感じとっていた。激化した彼の愛国主義、世界の運命が賭けられていることへの不安、そうしたものの重みはすべて溶解した。(a) まるで、ここ数週間重々しく身につけて歩いていた中世の騎士の甲冑を取り払って空へと飛び出たかのようだ。彼の同床者は、自宅から、おそらくは最後のものとなる~~最後の~~手紙でこう~~以来~~書いていなかっただろうか……そしていまや、われわれは個人的な幸福のなかに祖国(b)の不幸に対する慰めを見つけるだろう。同僚たち、後の捕囚生活で同僚になる者たちはみなすでに長いあいだそのことを~~について~~知っていた。彼らは[40頁]すでに長いあいだ自由に振る舞っていた。彼らはもはや自分たちが乗り込んでいる歴史を真剣には捉えていなかった。小さな中尉のカステルノダリには、とても親切な叔母がいて彼がその遺産を引き継ぐことになっていたのだが、彼は、叔母の家では~~すべての~~何もことが起きていない、何も起こるはずがないと考えて安心していた――~~à con~~そして一九四〇年六月一七日には、叔母に自分が健康だと知らせて安心させることのほかに問題はなかった。この惑星そのものが破裂の前日にあるとしても、彼らは互いの健康について知らせあうだろうし、それはそれで理にかなっているだろう。というのは、惑星が破裂するのは黙示録的な想像力のなかだけのことであるし、それ以降もす[41頁]べてが現在までと同様だろうからだ。狂気じみた脱出があったとはいえ、自分の村にとどまった古い人々もまたそのことを知っていた。壁と土地が難攻不落の存在の究極の王国なのだ。あらゆることが起こりうるし、国旗は色を変え、国境も方向を変えるだろうが、こうしたことはどれも、海がそれ自身変化しつつ、私有財産の不動の岩礁をうち叩くようなものなのだ。(c)

　フランス国家にとって、まったくはじめて、あらゆるフランス人が自由に振る舞えるようになった。もはや何も彼らを分け隔てるものはなかった――さらに、千年にわたり、彼らの人間としての内面的な生を定期的に苦しめて

きたもろもろの義務もなくなった――税金、兵役、彼らに多くの害悪をもたらしたこれらの虚偽[d]、外部で構成され
〔42頁〕たこうした普遍性はどれもなくなった。~~ついで~~ついに、ここかしこからユダヤ人たち~~がそのなかにいた~~が現れ出て、目を覚ました。

彼らはいまだ混じり合ったり、散逸したりしていたが、彼らもまた我に返った。自分たちの人格権はもはや自分たちを支える力をまったくもっていないという新たな意識。人格としての価値があるなどという狂った主張が法的な保護のもとで安住し、その〔安楽？〕のもとで古からの純粋さを失いつつも、憲兵隊も含む諸制度
〔43頁〕のもとで支えられていた何年もの年月を経て、彼らの意識はその冷酷な本質へと回帰したのだ。レヴィ中尉はぴかぴかの制服を着ながらも、自分は裸だと感じていた。まったく独りなのだ。情勢に備えつつ、仲間とブリッジに興じるときも、もはや祝宴には加わっていなかった。彼は自然に「われわれ[e]」と言ってはいるが、もはや祝宴には加わっていなかった~~し、〔××〕を立てていなかった~~。ドイツ人が皆、不意に、きわめて興味深く思えてきた。朝に白い作業服を着て、食料としてソーセージをもって出かける警備隊の小さな伍長は、どこかの島から来たようなエキゾ
〔43頁 *bis*[f]〕チックな魅力をもっていた。~~すべて~~あらゆる仕草に意味があり、注釈がつけられるものだった」クレマンセ

（a）PR : s'est.

（b）patrie〔祖国〕の末尾はおそらく強調されている。さらに、この語の後に閉じ括弧を認めることもできるかもしれない。括弧開きは trouverons〔見つけるだろう〕の u の上にあるように思われる。

（c）この次の段落で、エマニュエル・レヴィナスは黒ペンを使用している。

（d）この文章で、エマニュエル・レヴィナスは一九四〇年六月二五日のフィリップ・ペタンの演説に言及しているのではないかという問いを立てることができる。そこではこう言われていた。「私は、あなたがたに多くの害悪をもたらした虚偽を憎む。大地、それは嘘をつかない」。

（e）草稿では括弧開きは下に置かれている。

（f）一九六一年四月一〇日の日付をもつ世界シオニスト機構の「執筆コンクール」の書類。この書類がとりわけ興味深いのは、それ

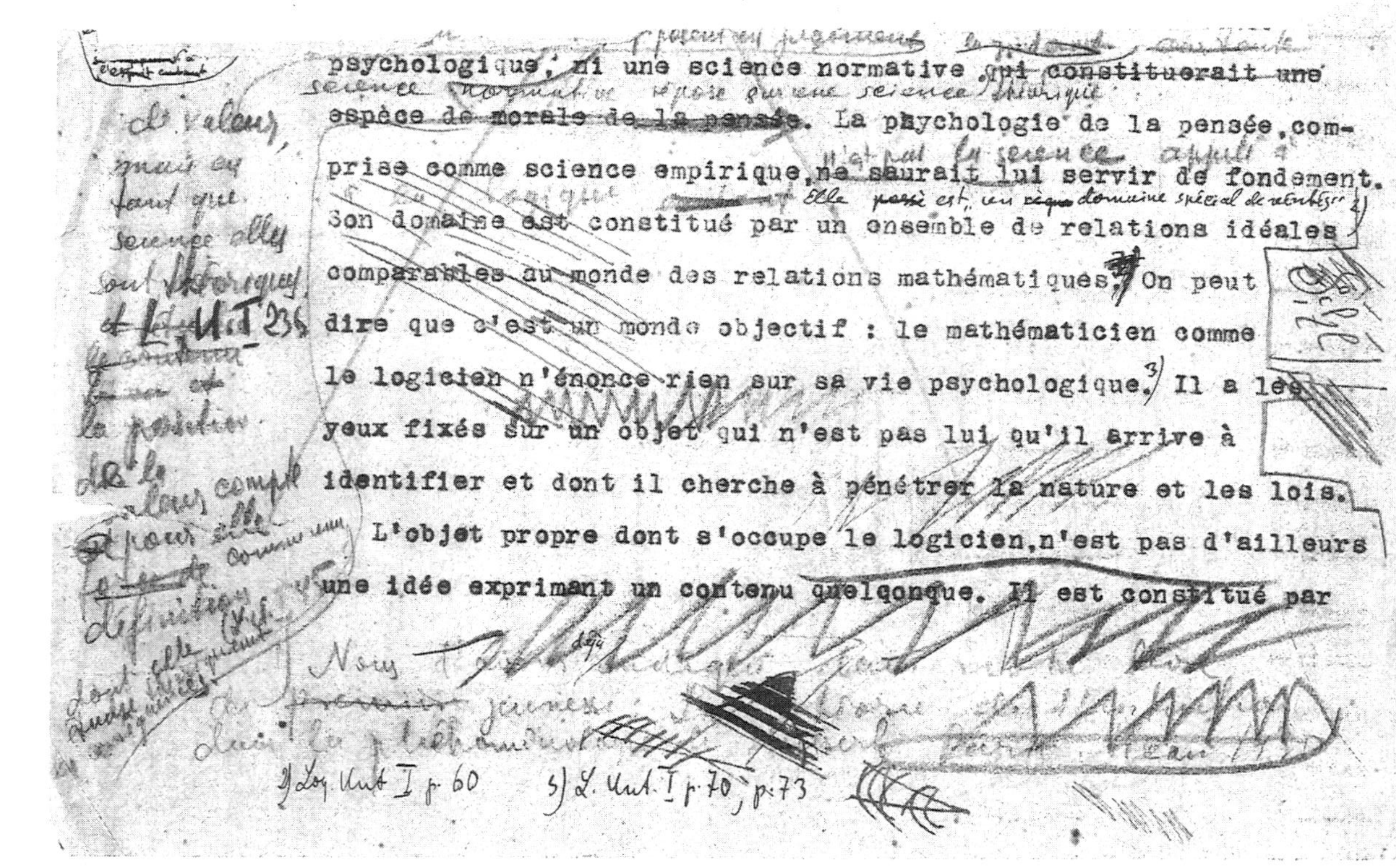
psychologique, ni une science normative qui constituerait une espèce de morale de la pensée. La psychologie de la pensée, comprise comme science empirique, ne saurait lui servir de fondement. Son domaine est constitué par un ensemble de relations idéales comparables au monde des relations mathématiques. On peut dire que c'est un monde objectif : le mathématicien comme le logicien n'énonce rien sur sa vie psychologique.3) Il a les yeux fixés sur un objet qui n'est pas lui qu'il arrive à identifier et dont il cherche à pénétrer la nature et les lois.

L'objet propre dont s'occupe le logicien, n'est pas d'ailleurs une idée exprimant un contenu quelconque. Il est constitué par

図3　81頁の注dを参照

［44頁］ 祝宴の。彼は自然に「われわれ」(a) と言えた~~にもかかわらず、とはいえもう一度そうなって喜ぶことができた~~ために、~~人は下のなかに皆あつまっていた~~みずからの出自のことや、戦争の終わりについて、フランスについて、自分の(b)家族［xxxxxx］についてみずからが考えていることを伝える機会をすでにもっており、重要な細部まで~~すべての~~将校［xxxxxx］に話していた。~~あるいは~~そして、［xxxxxxxxx］彼自身も、こうした秘密のなかに受け入れられ、意義を有していたのだった。すでに自然の階層秩序が転倒させられていた。新たなエリート層が生まれていた。というのも、古い価値それ自体がひっくり返っていたからだ(c)

［44頁 *bis*］(d)

［45頁］ 村の端では、〈歴史〉のなかでも最もありそうな(e)光景が広がっていた。~~人は無料で髭を剃っていた~~感傷的で~~若い~~愛国心のある　理髪師が、もう何にも ~~ま~~ 価値がなくなってしまった、フランスに対して／、そしてフランスの敗残兵に対して　抱くべき愛情に比べれば金などは何の意味もない、と誰かれかまわず叫んでいたのだった。二人の見習いとともに——彼らにビストロでビールをおごって自分たちのおぞましい仕事を中断しつつ——、この理髪師は無

（a） 括弧開きは下に置かれている。
（b） PR : ses.
（c） 読解できない八つの語で構成された部分がある。
（d） 論理的世界としての数学的世界と心理的生の差異に関するタイプされた哲学ノートがある。このノートはエマニュエル・レヴィナスの手で注釈が付けられているが、物語との関係はない。
（e） vraisemblable［ありそうな］と読めるが、エマニュエル・レヴィナスは invraisemblable［ありそうにない］と考えていたにちがいない。

が一九六一年四月一〇日の日付をもっていることだ。このことは、エマニュエル・レヴィナスが小説の執筆を一九六〇年以降も続けていたことを意味する。その当時、レヴィナスは、『全体性と無限　外部性についての試論』という彼の博士論文である大著の執筆を続けていた。これは同年に口頭審査を受け、公刊される。

料でひげを剃っていた。

［45頁bis］ⓐ ［46頁］ⓑ ついに捕囚が始まったように見えた。村のもう一方の端にいた民間人労働者の収容所に戻るようにという命令を誰かが出した。╲捕虜の理論には哨兵がつきものだ。暑かった。ブルターニュ出身者たちは、一群をなして歩道沿いを歩いて隊列につき従い、不意に自分が半分英雄かつ半分犠牲者となったと感じていた兵士たちに冷たい飲み物を与えていた。

われわれは取るに足らない兵士だった。

こうした儀式によって、╲愛国主義的な憐憫を描く文学のすべてが実感された。これは感動的なものになり始め［47頁］ていた。アスランは、何ら所有権のないここ数日のあいだに理解できないくらい増加した新たな荷物を肌身離さず持ち歩いていた。その隣を歩いていた者は、あらゆる個人的な受難が終わりを迎え、今や自分が〈大いなる受難〉を生きていることに完全に酔いしれ、アスランに、自分の重く美しい、折りたたまれた外套を着るようにすすめた。「他者たちの苦しみを担いたまえ」――この捕囚は、こうした高貴な感情があれば、すばらしいものになるだろう。明け方~~にもかかわらず~~、街から離れた場所で、現地で動員され今も現地で囚われている年輩の労働者たちが、街を横切って歩いてくる捕虜たちの宿営の準備をしていた。ⓒ ［48頁］現地で~~捕虜に~~動員され捕虜になった二人の労働者と、ここレンヌ~~出身の~~で動員された一人の労働者のあいだで~~彼らのあいだで~~口論があった――同じようにレンヌで動員され、ラヴァルでの捕囚生活までの一五日のあいだは任務を解かれていたちっぽけなトゥゼが後方勤務兵呼ばわりしていた労働者だ。ⓓ このけんかは、「いくらかの」缶詰の回収が原因で起きた。最終的な現実についての驚嘆すべき感覚をもって、彼らはどちらもこの缶詰を自宅へと~~持ち帰る~~送ろうとしていたのだった。というのも、捕虜たちは、ここレンヌにいる家族を［養う？］ために自分たちの［48頁bis］ⓔ 時間のすべてを費やしていたのであり、

［49頁］ドイツ人から戦利品を奪うという口実のもとで、フランス製の物資、靴、上着、缶詰、シャベル、つるはし、靴用のグリースなど、蓄えられていたものをすべて個人的に回収しようとしていたからだ。何も多すぎるということは

（a）ここには一枚の紙に書かれた小論文の課題がある。二つに折られており、そのため末尾が読解できなくなっている。「一一月の新学期」が示しているのは、戦後のものであること、さらには資料の継続順に従えば一九六一年以降のものであることである。レヴィナスは東方イスラエリット師範学校で教えていた。

テクストは以下である。

「一一月の新学期用

Ⅰ　批判精神とは何か――

~~Com~~

Ⅱ　技術は人間の活動を規定するか。

ベルクソン　創造的進化　一四九―一五五頁。

シュール　機械論と哲学

Ⅲ　芸術活動にどのような意味を与えるか

［最後の文は読解できない］」

（b）頁の左側が裂けている。

（c）この紙片の裏には、一九六一年一二月一六日の日付をもつ手紙がある。これは、エマニュエル・レヴィナスの妻であるライッサ・レヴィナスの署名が入っている。宛名は記されていない。この資料はエマニュエル・レヴィナスによって書かれたものではないが、これもまた執筆がこの時期まで続いていたことを示している。この資料も以下に掲載しておこう。

「奥様　ミカエルの高等音楽院への入学についてお祝いをいただきましたのにお礼を申し上げておらず失礼いたしました。このような成功の後の疲労とインフルエンザによって、最も大事で最も心地よいはずの義務を怠ってしまいました。送ってくださったお手紙にどれほど私が感じ入ったか、私の感謝を申し上げたい［抹消され、鉛筆で「表したい」と修正されている］と思います。またこの機会に、~~et t~~ 新年にあたり、あなたおよびご家族の方に年賀をお伝え［~~exprimer~~［表す］に上書き］できればとも思います。敬具、R・レヴィナス」

（d）この文は明らかに自伝的であり、エマニュエル・レヴィナスの捕囚生活を参照している。『著作集』第一巻を参照。

（e）これは、フランス・ユダヤ教長老会議の代表者に当てられた一九六一年一〇月三日の日付をもつ商用書類である。

［50頁］なかった。どれもいつかは役に立ちうるからだ。~~まもな~~潰走の途中にいるかのような所有への熱狂、所有への素質。(a) 若いころからずっと車をもつことを夢見ていたかすれ声の南仏人がいた。~~qui~~ そこに、~~qui~~ 誰によってか、どのような理由によってかは**わからない**が捨てられていた一台の黒いフォードがあった。彼はそれに乗り込んで、二〇〇キロ出すこともできた。今やこの車が ~~en se~~ 彼のものになっており、いずれにしてももうじき戦争が終わるとこの車が自分のものになることを喜んでいた。横断したいくつもの街では、~~どのくらいのあいだだろうか~~遺棄された商店からみな品物を奪った。大量の包みや片手鍋でいっぱいになっていた——~~競争の果てに安く売り払うためだ~~。どのような［逃走?］が捨てられた

［51頁］~~ただそのことがわれわれには邪魔であった~~その何日か前から彼は注目されていた。彼の~~ma~~機関銃をもって通りを走り、遠慮なしに家々の屋根すれすれを飛んでいた敵機に向けて——まるで弾が届くことにかすかな期待をもつことが ~~pour~~ できたかのように——発砲したのだ。いまだに英雄時代にいるかのように、「あそこから何人か引きずりおろしてやりたいんだ」と興奮気味に叫んでいた。その後で、車の出来事があったわけだ。車は道端にあるものと同じように使ってよい、自分用のものになった。

［52頁］〔クレマンセは班を組織しドイツ人たちは企てを保護し忙しい捕虜たちは組織~~労働よりも~~以上に思考する〕(b)

彼に新たな知恵が生まれた。彼ははじめて、霧がすべて晴れた世界に目を~~持っていた~~開いた。事柄それ自体に到達していた。~~Il compte~~ たとえば、クレマンセは、サンタクロースを信じる理由などないこと、それまで自分は子［53頁］供っぽさの名残でそれを信じていたこと、あたかも敗北が温度の変化とは別のものであるかのように愚かしくもいまだに敗北のことについて語っている憐れむべき人々には挨拶する理由はまるでないこと、単にこうした天候の変化の情報を計測すればよいこと、暖かい衣服を着ればそこでも心地よく生活ができることなどを理解した。(c)

~~Il est~~ 彼は上機嫌でこの一九四〇年六月のフランスを見ていた。そこでは敵から身を守ることも、剝奪の只中でも~~において~~生活のために戦うこと~~しか~~もまったくなく——ただなにも心動かされないだけでよく(d)——、両親も、友人も、荷物も、怒りも失望もなく、ただ巨大な好奇心と巨大な食

欲だけで、楽しく孤独を感じていればよかった。

[54頁] トロメルは身をかがめていた。~~そして~~彼は春の咲いたばかりの花を妻のために摘んでいた。[e] 彼はとても感傷的だった〔。〕一九四二年の春のことだ。運転手だった彼は、花を一つにまとめて花束にして、トラクターの仕切りのところにかけておいた。しかし揺れるたびにいつも花束は落ちてしまうのだった。~~そして~~運転手はそれを~~手で~~[f]／片手に持ち、運転はもう一方の手だけですることにした。荷台には〔作業班での用務から戻る捕虜たちがいたが[g]〕、彼らの方はいっそうこっけいなかたちで飛び跳ねていた。もちろん、彼らはほとんど当てにはしていなかった。おまけに、彼らはユダヤ人だった。しかし荷台のなかで人々は自分たちのことを真剣に捉えていた。一つの社会をなしていた。

[55頁] 捕虜のヴェイユは、自分がそこに入ることになったのは軽率さのためかあるいは偶然によるものであるかのように、戦争がもたらした雑居生活に愚痴をこぼすのが好きだったのだが、自分の貝殻に戻って行った。そこにとどまることはできなかった。彼はすぐさまそこから出て、自分が貝殻に戻って行ったことを皆が~~気づいた~~avait 目撃し

[56頁][h] たかどうかを確かめるのだった。~~貝殻に~~彼は長いこと、おそらくは子供のときから、この上品な遊びをしていた。彼は極度に臆病だったのだ。卑屈と言えるほどだ。実際、彼は恐れを感じるよりもはるか前に裏切ることもできた。

(a) 読点がおそらく句点に修正されている。
(b) この文は手稿では十字の線が引かれている。
(c) 続く文は頁の右側に書かれている。同じ紙の文の左側には「論争」という語を読むことができる。これは縦に二回書かれており、一つは横線が引かれている。
(d) 手稿にはこの場所に、逆向きのT字に似た一種の中断符のハイフンがある。
(e) PR : cueillir.
(f) PR : d'une.
(g) 手稿では、この文章はもともとは「いっそうこっけいなかたちで」の後にあるが、この場所に移動するよう矢印で示されている。
(h) ここで、56頁および57頁では頁の判型に変更があり、縦に長く、横に細くなっている。

誰かが彼に裏切りへと誘う目配せを送るだけで十分だった。彼が裏切ったのは、~~その登場人物~~自分の目の前にいる、他者である~~彼~~ヴェィユ(a)でないがゆえに重要と思えた人の目つきゆえだった〔。〕彼が自分の敵に抵抗したり憤慨したりできなかったのは、また、愛国者である彼が確固たる愛国者にならなかったのは、結局は自分の受けた教育のためだった。そこで教わったのは、フランスは神の位置を占めていること、革命によるユダヤ人の解放は、ユダヤ人が居合わせていないところだけで振り返るような出来事ではないということだった。ユダヤ人たちが居合わせているところでは、彼は自分の生について語った。彼は彼らの肖像画を描いた——というのも、彼らの眼差しを落ち着かせるには、モデルにするほかはなかったからだ。彼らの荒々しい目つきは、愚鈍さや、医者にいるときのように(b)曝け出されるような従属感で満ちていた。しかし彼らに語らなければならないときに、彼は歌を歌った

〔56頁*bis*〕(c)〔　〕

〔57頁〕(d)彼は自分のフレーズで世界を歌い、そこに冷やかしを込めたり、正しいフレーズからは外れたイントネーションを付け加えた。オペラは対話に対する見事な防御だった。登場人物になることだ。ありがとう、こんにちは、水を一杯ください——彼はこうしたフレーズ、こうした言葉をすべて歌っていた(e)~~そして〔XXXXX〕だった~~。

〔58頁〕〔　〕(f)

〔このフランスの社会学者の著作の根本概念はもちろん現代哲学のいくつかの歩みを準備したし、あらかじめその逆説を和らげて／衝撃を弱めていた。われわれはそれについて急ぎ足でいくつかの指摘を行ないたい。

2　表象。〕(g)

〔59頁〕

このフレーズが沈黙のうちに消えた——飾り布が落ちる音がし始めたのだ。~~ものはそれはまるで~~世界の広大な部屋には、硬い線に沿った、むき出しの家具、むき出しの柱しかなかった。~~何もすべてものは~~飾り布——祖国とはそれだった。ヴェィユは~~pour~~自分の幼年時代からこの装飾のなかで見事に自分の役を演じていた——そこには~~もの~~

~~みずからを形態を有したもの~~守衛を経由しなければ触れることのできない ~~qui se tro~~ 多くの聖なるものがあった。あぁ、元闘士の守衛たち、雇用特権を受ける権利を獲得し、しばしば一日中『ラルース』を引きながらクロスワードに専念する彼ら——祖国とは彼らのことでもあった。それがいまや、まわりでタピスリーが音を立てて落下するなかでは、誰もはやどんな役も演じることができなくなった。もはや何も公的ではなくなったのだ。

［60頁］

~~〔エロス、それについて扱う聖書のあらゆる章句~~

~~繁殖性という現象における自我の乗り越えを理解するためには~~、あらゆる究極の状況に内属した逆説を理解しなければならない。解決として提示された死——これは、死とともに、すくなくとも原理的にはもはや自我はいなく

(a) ここでは［Weillという綴りの］lが一つしかない。

(b) 黒ペンで書かれている。

(c) この紙片は十字で線が引かれているが、横向きに書き込みがされている。小説の一部ではない。テクストは以下である。「残念ながら——少なくとも私の知るかぎりでは——フランス語にはミドラシュの翻訳はありません。英語版では選集を見つけることができるでしょうが——ソンシノ版ミドラシュです——、しかし翻訳の質については保証することはできません。」

(d) 以下の頁（58頁から74頁まで）は、小説『エロス』の第一のまとまりが書かれたノートと同じノートの紙片に書かれている。問題は、これらの頁が、第二のまとまりよりも前に書かれたかどうかである。そうであった場合には、これらの頁はノートから外されて、エマニュエル・レヴィナスによって小説の正確な場所に置かれたことになる。ただ、これらの頁は第一のまとまりと同じ時期に書かれてはいない。第一のまとまりは鉛筆のみで書かれている。これらの頁はすべて、青インクの万年筆で書かれている。
　これらの頁ではエロスに関する哲学ノートと『エロス』と呼ばれると推測される小説とが交互に現れている——われわれは哲学ノートは残しておいた。哲学ノートは、小説の続きがある頁の裏に鉛筆で書かれている。

(e) toutes［すべて］にdeが上書きされている。

(f) この紙片の内容には見当がつけられるものが何もなく、書跡もノート全体に照らしていささか異なっている。58頁は十字で取り消されている。

(g) 哲学に関する部分は、小説に関する部分と区別するために括弧でくくる。この括弧は手稿にはないが、読解を容易にするためにこうした方策を採用した。

なるのだから、解決ではない。欲望の不在は、満足した欲望と同じではない。満足した欲望はその背後に歴史を含んでいる。自我の乗り越えは解決ではない。というのも自我の乗り越えによって自我はいなくなるからである。熱狂は自我の忘却である。そこから出発して、乗り越えとしての繁殖性の全体を理解できる。繁殖性は、至福な真の死だ。(a)

――

繁殖性は死した作品の創造とは区別されるべきだ。ピグマリオン。プラトンの流出はそれに近づく。作品――個人の石化。老人。(b)］

［61頁］~~トラミュエル~~その前夜、作業班では信頼できる男の誕生日を／avait 祝った。ヴェイユ(c)は奮起してヴァイオリンを弾いたが、~~患知らずな~~聴衆も恩知らずではなく喝采してくれたために深い幸せを覚えた。作業班のリーダーの褒め言葉にもとても喜んだ。リーダーは~~その同胞たちとは異なって~~かつての市民生活ではネズミ駆除を仕事にしていたが――~~この職には中心部署、広告、年齢、コミュニケーション手段と洗練された技術があった~~――、その職に就く前には、司祭になるという無謀な企てを何度もしていたのだった。~~神秘的な職ネズミたちを狩るものとネズミの~~~~［お］~~との夜の生活と聖職者の衣服の神秘が結びつくという二重の神秘が、陰気で残酷であるとはいえ、ひどい音楽にも無感動ではない眼差しのなかで一つになっていた。

［62頁］［父性(パテルニテ)は子であること(フィリアリテ)よりもいっそう深い関係だ。子であること――存在は引き離されている――置かれている、みずからの実存を引き受け、そしてみずからの父を否認した／始めた。父――保護、彼にとって実存はいまだ戯れだ。(d)

／~~母的なものという観念・主体　世界において単独な――［父的なもの繁殖性］の［二にゅ］［おける］みずからの存在の重荷~~(e)

存在はエロスにおいて未来を引き受けた。しかし、このエロスにおいて――繁殖性は~~人があるだろうものすべて私に起こりうる出来事が問題なのではない、~~／歴史~~そうではなくもう一人の自我だ。そしてこの~~――独特の――転生、これが父的な愛である。

この転生が忘れられ、子が他人となるような、子に対するエロスの——倒錯した——可能性。つねに倒錯性として体感される。憎悪が父的な愛と両立できないのではない——そうではなく、それは転生の関係は死んでいる。(f) ~~は~~~~の転生——言葉の完全な意味での歴史~~

［63頁］

彼にとって、敗北は本当に深刻なものだった——何年か前に、学校から帰る途中、学校のベンチで目を覚ました夜があった。そのとき、自分が寝ていたところのカーテン飾り布が円柱装飾から重々しい音を立てて落ち、~~ま~~あまりよく眠れなかった~~けれど~~のだった。まず聞こえたのは校庭にいた予備役の大尉の畨声だった。彼は、~~まさ~~城からシャンパンを一箱持ってきた兵士たちの一群~~aux 0~~に対し、物質的な需要~~とその［xxxxx と大きな xxxxx］~~が落ち着いて安定することへの多大な懸念［xxxxxxxxxxxx］をついに脱したがゆえの無頓着な／声を発していたのだ。

——忘れるなよ、諸君。そして~~ついで~~dès que

［64頁］

習作

自我の繁殖性は社会性の源泉である。というのも「父－子」関係は経験的には子にしか適用されないからである。

（a）これに続いて横線の引かれた文字 s がある。

（b）この文の全体が、青インクのいくつもの斜線で取り消されている。そのあいだにはヘブライ語の文字がいくつか見られる。翻訳をすると、ヨム・キプール〔赦しの日〕のミンハー〔午後の祈り〕である。

（c）綴りは Weill および Weil と揺らぎがある。

（d）この文全体が青の十字で取り消されている。続く文は青で書かれ、右側の空白に垂直方向に終わっている。この文の末尾は読解不可能である。

（e）この文（「観念［…］繁殖性」）は青インクで書かれている。

（f）構文に問題がある。以下のように読むことを提案する。「しかし転生の関係こそが死んでいるのである」。

これをあらゆる人間存在に拡張する可能性がある。言葉の正確な意味での兄弟関係である。兄弟関係の源泉は、したがって、私が自我の繁殖性と呼ぶところにある。言い換えれば、「自我－自己」等々の観点から解釈される。

［65頁］

——とりわけクラシックもできますよ。むしろそちらの方が好みです。Wは完全に栄光に満ち、そうすることでもともとの内気さを覆い隠しながらそう誇張した。

そして、彼が自分の貝殻に戻るところを皆が見ているかどうか確かめるために外に出なくてよいのならば、殻のなかでそのことについて考えようと備えていたのだった。

ところで、われわれはオステンホルツ[a]に入ったところだった。通りには女性たちが行き交っていた。

彼女たちのもっとも身振り

彼女たちは捕虜たちの目には——無垢な捕虜たちの目には明らかに、それは例外的な光景だった。彼女たちの身振りはどれも、その官能的な実質を引き立たせるものでもあるかのようだった。そこに現れていたを歩いていた女性たちは、もっぱら、歩くときには身体をどのようにするのかを示すためだけにそこにいたのだ。

［66頁］

〔——繁殖性という概念を通して獲得された間主観的なものという概念——それは私が探していた成就の面そのものだ。——それは自我がその自我性を抜け出す面である。デュルケーム的な社会的なもの——これは支持体としての個人を前提としている。社会関係は、それが個人の心理学の規則を乗り越えているとしても、心理学的なものとなる。私においては間主観的な行為がある——現実的な関係としての。

——老人：自分自身へと捨てられた自我。わずかな悲惨：リューマチ、不全、等々。本当に個人。そこから老人に特有の知恵がもたらされる。老人に由来する尊敬。社会におけるその例外的な地位。とりわけ老衰としての死。[b]

繁殖性——自我の統一性とは異なる統一性。二つの世代を土台とした。しかし抽象的な統一性ではない。逆に統一性の新たな弁証法的面である。〕

［67頁］ 自由に振る舞える、休暇中の身体。彼女たちの身振り、買い物袋を下げたり傘を持ったりという彼女たちの一連の姿勢はどれも、猥褻なものであった。横に cour 子どもたちの一群が道路を渡っていた。一〇歳くらいの少女と少年だ。少女たちはリンゴをかじり、芯を少年たちの顔に投げつけていた。少年たちはすでに男だったが女の子たちはまだ女ではなかった。／もちろん、彼女たちは、戦っている相手の少年たちのように、この戦いないし口論のほか何も意味しないいかなるものもっていないような身振りをしていた。彼女そこにあいまいなところはなかった。少年そこにこそ

［68頁］(c) ［さらに、定位を起点とした時間の次元を規定しなければならない。そしてそれによって二人での孤独およびこの孤独が乗り越えられる仕方に戻らなければならない。

エロス(d)

吸収しようとする欲求の対象は消滅し、吸収される。関係は一つの方向へ進む対象は私がそれに対してとる態度に応答するのではない。欲求の対象は現実である。対象は満足の終わりに他のものであることをやめる。他のものとの関係は第二幕においては他のものの無化である。自己との対話／独白。孤独。［Sati ?］／［de la ?］満腹。(e) 定

（a） 中央収容所はファリンクボステルにあったのに対し、ここは作業班のいた村である。捕虜たちはオステンホルツ周辺のシュテルターホフという名の農地を転用したところで生活していた（この点については、おそらく一九七七年七月四日のものと思われるエマニュエル・レヴィナス自身がストラスブールの大ラビのルネ・ギュットマンに宛てた手紙のなかで説明されている）。この手紙は以下に再録された。*Levinas et l'expérience de la captivité*, Danielle Cohen-Levinas (dir.), Éd. Collège des Bernardins/Parole et silence, Paris, 2011.

（b） この段落全体が二本の斜線で取り消されている。

（c） この頁は次の二つの文の端以外は横線を引かれて取り消されている。二つの文とは「定位の私」および「自我の恒常性：現在の成就」である。

（d） この語は著者によって手書きで太字にされている。

（e） この語まで頁全体に横線が引かれている。

位の私~~その恒常性における：私は多様性がすべて行ってしまったときにも独りのままである~~。

~~それは一つの全体である~~

~~自我は「自我　自己」の形式を保つ~~　「自我　~~自己」~~の反復。自我の恒常性：現在の成就——le」

[69頁] その身振りの粗暴さが宿っているのだ。少年たちは「汗をかいた」と言い、小さな少女たちもそうした。さらにある日には、この女の子は、子どもの共同体~~q~~という結局のところ意味を有した世界——男性的世界——にほかならない世界から身を引き、みずからの神秘へと入っていくだろう(a)。身を縮め、意味を有した世界でたまたま与えられた機能——買い物袋を下げたり、タイプライターを打ったり、子どもの髪を櫛でといたりといった——~~すのみずからの生活~~をあいかわらず果たしつつ、この世界の上を漂ったりさえするだろう。しかし、この神秘的な少女

[70頁] 〔新たな瞬間の——~~主体の成就たる定位という~~理由そのものによって——そして定位が修復しえなくなる時点は、まさしくこの修復しえないものが定位であるがゆえに、新たな、とはいえ一つの歴史をすでにもっているような誕生における修復という希望を与える。存在の引き受けという絶望のうちに、希望がある。しかし、続く時点は、先行する時点に純粋かつ単純に連結するわけではない。希望はたんに絶望の時点においてあるのではなく、その時点のためにある。つまり、第二の時点において、つまり第一の時点がいまだ生きられているのである。この第一の時点への回帰においてこそ、継起の救済的な性格が宿っている~~そしてそれにおいて~~

幸いなる罪(b)

~~人がと呼ぶものを見出す意味~~

子であることはこの構造をもっている〕

[71頁] この神秘~~の覆い~~の熱気~~それ~~を目にすることができるのは、トラックのトレーラーに詰め込まれた捕虜たちだけだろう。

間に合わせの場に、ラファエルは大ニュースを告げに戻って来た。作業班が分割されるのだ。恐れ~~ラファエル櫛~~この櫛のことを軽々しく語るのはやめよう。捕虜たちを乗せたトラックは、ファリンクボステル(c)の

［72頁］

すぐ近くを通った。そこには、どのような任務かわからないが軍に付属する若いドイツ人たちの仮兵舎があった。〔決定的に巻き込まれた［~~XXXXXXX~~］として実存のうちに巻き込まれる自我――何も~~けっして~~つねに失われていない――この巻き込みで。自我が恒常的にあるのは各々の瞬間についてわれわれが記憶を保存しているからではなくて、記憶が可能なのは対象の恒常性とは異なる自我の恒常性ゆえだ。主体性という事柄そのものの修復しがたさ~~その~~［~~見られた~~］この巻き込みの自我は自我の自己への~~倦怠~~回帰のうちにある。ここではまだ時間における恒常性は問題になっていない。というのもわれわれは瞬間のところにいるからである。もう一つの瞬間の出現は、この引き受けられた瞬間の恒常性を破壊するのではなく――これは瞬間の引き受けの修復不可能性である――新たな瞬間に対する態度である――起源〕

［73頁］

そこに若い女性が住んでいることもわかっていた――というのも、窓の閉まった家の前を通りすぎたとき、みなトラックで押し合いながら、干してあったセーターや、ときには一組のストッキングに見とれていたからだ。だがある日、開いた窓から、若い娘が~~自分の~~長い髪をとかしている姿を目にとめたとき、淫らな、あるいは夢のような印象を受けた。胸を痛めさせる美が有する鋭い、引き裂かんばかりの詩歌のような印象である。(d) ローレライよりも気高いわけではないが、より強い。

［74頁］

〔敗れたゲーム。マクベス：~~ず~~続いてゆく歴史は私とともに窒息しない。

（a）この文章全体にわたって fillette と fillettes で揺らぎがある。一貫して一致しているわけではない。われわれは複数形でテクストを校訂した。

（b）「幸いなる罪」と「子であることはこの構造をもっている」という二つの表現でペン先が異なっている。

（c）エマニュエル・レヴィナスがいたドイツの中央収容所。

（d）「夢の」からここまでの文は黒ペンで書かれている。おそらくは、後から加筆したものだろう。

いずれにしても中心的な考えはこれだ。私、これは死においても私のままだ。死は無ではない。とはいえ、死は地上の私の実存でもない。さもなければ実存は重荷である。死の地獄、瞬間における窒息は生きることの疲労とは区別される。死においては脱人格化がある〕

［75頁］　大いなる美と大いなる下品さが混じり合ったものだ。髪の毛のもつれを解くための櫛、これは、釘を打ちこむためのハンマーや、パンを一切れ切り取るためのナイフと同様に~~有用~~必要なものであり、さらにストッキングは、足を温めるため、あるいは靴擦れをおこしたり足の皮膚が傷ついたりしないためのものであって、日常生活では医者のような~~もの~~正確さと~~もの~~節度をもって~~利用した~~取り扱うべきものだが、こうした有用なものはもはや、道具としての ~~ma~~ 貞淑な本質を~~失った~~何ももちはしなかった。これらの有用なものは、もう一つの本質によって貫かれ、覆われ、エロティスムの食人的な世界へと導かれたのである。それらは、その最も物質的な実質において、もう真面目なものではなかった。その道具としての ~~de l~~ 目的性は、嫌悪や情熱に慎みを~~備え付ける~~[a] ~~da~~ 与えるような雨天や晴天についての会話のように、その他の本質的な次元をすべて覆い隠す正面の外壁のように、うわべだけだった。

［76頁］　~~te［xxxxxxxx］~~エロティスムの

食人的な世界——というのも、人間の解剖学的構造はどれもその生物学的な目的性にかくも見事に適合してはいるものの——エロティスムにおいては、ほとんど肉屋にとっての動物のような、肉体の重量感へと反転する[b]からだ——手、足、腹——これらはどれも、身体組織のかくも純粋でかくも貞淑なシステムの外部に——足が走るのに役に立ち、筋肉が ~~mou~~ 肉体的努力に役に立つといったスポーツの外部に——もう一つの実質を有しているのである。ここではすべては、未分化の重量感のある塊——元基的な皮膚——のなかで食すべきもののようになるのである。

［77頁］　~~大いなる美と大いなる下品さ。失われる生命に対する反抗~~ついで、巨大なホモ・サピエンスたちが白昼に夜を[c]作り出したかのような大きな森を通った。そこでは、大聖堂にいるときのように身をかがめていた。別の誰かが言ったことだが、戦争の最中にこんな森があることは、人間と自然との ~~relations~~ 関係があることは可能だったのか。ついで、作業班が戻ると、小さな犬が作業班をうれしそうに迎えに来てくれた。大きな喜びであり、捕虜の尊厳の

偉大な番人であった。このボビーという犬がどこから来たのかは知らなかった。

［78頁］〔~~由我に対する顔~~の意義対話者としての対話者は、語句が翻訳するような意義ではなく、世界を構成する意義がそうであるような隠喩ではない——他人がそこで演じる役割によってこの他人がどの尺度で世界に属していようが、対話者が対話者として私に対して有している~~私の~~／意義に私が応答する言説における「役割の暗唱」の部分がどの程度であれ

［79頁］しかし、捕虜たちと彼らを見張るアーリア人たちのあいだに差異を認めない唯一の存在だった。いろいろな種類のドイツ人がいて、微笑みを浮かべる者、思いやりのある者もいた。しかし、彼らすべての目に書かれていたのは、彼らにとって、目の前にいるのは半‐人間であり、その挙措や感情は嘲弄に値する不治のものであり、彼らがなしうること、言いうること、彼らに対して言われうることはすべて括弧つきでしか現れないということはあたりまえだということだった。友愛の情に満ちた犬のボビーだけが、こうした括弧を知らない存在だった。~~そして~~その吠え声は伏蔵のない、底意のない喜びを表していた。彼だけが、これらのユダヤ人に人間の権利と人格の尊厳とを認めていたのだった。

［80頁］トラミュエルはこうしたことを~~有していた~~感じていただろうか。ボビーを見て、彼は、自分はこんなどこから来たかわからない犬は好きではない。自分の主人に忠実でなく、通りすがりの者たちになつくような犬は好きではないと言った。

Wは、アランソンについての夢をもう一度見た。予備役の大尉が城の略奪者たちのためにシャンパンを注文した後に、飾り布がすべて落ちる夢だ。(d)~~※夢が成就した~~ほとんど断絶なく、現実がこの夢~~に続いた~~を延長した。

（a）meublait に meubler と上書きされている。前者は誤りである。全体に横線が引かれている。

（b）revient と retourne で躊躇している。二つは重ね書きされている。

（c）この段落の横に縦に「これが学生だ」と書かれている。インクは黒で、本文の方は青である。この文は強調されている。筆跡は異なり、かなり小さい。

（d）取り消された文字ないし小さな絵の可能性もある。

［81頁］この夢を見たのは、レンヌでの次の晩だった——前夜には、あの敗北した戦争では最初の不幸な戦闘しか体験しなかった者の~~告げていた~~講演を聞いていた。飾り布の落下は、その露呈の運動を繰り返した。豪華な板張りの後ろに現れたのは、ボール紙や漆喰の物体や、むき出しの壁や、粗雑に釘止めされた板でできた見苦しい戸や、汚れた衣類を入れるバケツや、~~et のあるベッド~~擦り切れた寝具のかかったベッドや、穴の空いたマットレスだ——＼先
ほどまで
　輝いていた豪華な部屋~~は巨大なあばら家へと変容した~~で、

［82頁］飾り布はまだある種悲しげな、とはいえ荘厳なリズムを保ってゆっくりと落下していき、この部屋が広いあばら家へと変容したのだ。~~Et voi~~ついで、画家の使うような大きな、とはいえひどく見捨てられたアトリエにも似たこの巨大な~~部屋et~~あばら家の壊れた窓ガラスを通じて北風が入ってきて、容赦のない冷気~~と一つの~~がやってきた。そ

［83頁］のとき、この寒い部屋に、ぴったりとしたセーターを着た痩せた体型の男が寒さで手を青くして~~、革とtes~~入ってきた。彼は両手に息を吹きかけて、舞台の上に敷かれたマットレスの上で、~~物乞い~~巡回中の軽業師~~qui~~のように何度か哀れな宙返りをしていた。二回の出し物の途中で中断し、このがらんとして部屋でますます青くなる手に息を吹きかけ、しかし誰に対してだろうか、こう言ったのだった——フランスは戦闘には敗れたが、戦争には敗れなかった

［84頁］モンテスパンは、簡素で実直な男に見えた。家族がいないかのように、いささか司祭のように、特別の関心はないかのように、一種の独身生活を送る男に見えた。自分の生活の各々の時間を、別の時間のために備えるもの、別の時間を待ちなが~~ら生まれる~~体験されるものとするのではなく、すべての時間をまさしく生きなければならない時間、そのために自分が生まれたという時間にするような生活だ。どこでも我が家となり、どの瞬間も特権的な瞬間となり、利用できる財はすべて現実の、日常の状況となるような生活だ。したがって、モンテスパンには何も起こ

［85頁］りえなかった。しかし、モンテスパンを観察してみると、このように各々の瞬間を迎え入れる際の簡素さが反映しているのは、無感動や無関心ではなく、生を、より良い瞬間やよい悪い瞬間に［××××××××××］分けることを拒む、生への無限の興味、無限の愛であるかのような印象を受けることができた。続いてわかったことは、モンテ

スパンには老いた母がいて、ほかの捕虜たち皆と同様、~~最後に~~母に再会しようとしていたことだ。しかし、モンテ［86頁］(a)スパンは家族の誰からも疎遠であるように見え、皆がドイツ人やドイツに関心を示し、ドイツ語――これからの世界での言語――を学び始めたときでも、モンテスパンは捕虜たちの話に関わるのを好み、道徳を重要だとしていたのだった。おそらく人々が思考し、本質的なことをなしえる場であるこの高き場の超越性によって守られていたのだ。そして、ここ、われわれの次元では、人は日常生活の驚異を継続することができた――月末の俸給、タバコ、衣服や靴の特別手当、切手の払い戻しを受け取ることができたし、さらに、あまり金をもたず、金を受け取ったり金に手を出したりすることに喜びを感じる者たちを魅了するいくつもの細々とした特典を受け取ることもできた――このような喜びは、値段を概算で数えてしまう者や、地方を車で通り過ぎたり、歩行者の喜びを味わうことのできない~~人たちにいささか似た~~人たちのように、もはや細部を見ることのない者にはわからないものだった。ロー［87頁］(b)は、制服をまとって、この~~平~~和役人生活に安住していた――そのために払い戻しを受けて利益を得ることもできた。そして彼は、今は戦争なのだということや、それはいずれにせよかなりの動乱を経て終わりを迎えるだろう(c)ということについてはそれ以上考えなかった。まったく甘美な生であっても死がほとんど確実であることについて人が考えないのと同様だ。戦争が始まって以来、彼は学士号をもった教師の俸給に曹長の手当を重ねるために奔走していた――家賃の支払いを免除してくれる法律のおかげで、とりわけ士官用の食堂の食事代は実質的にはかからないことを考慮すると、申し分のない状況だった。~~あるいはま~~ちなみに、彼にとって、~~動員~~戦争は雑居生活を意味して

（a）格子縞の紙へと用紙が変わっている。この格子縞の紙の裏には、一九六〇年五月三日の日付をもつ、レヴィナス夫人宛てのリヴェット夫妻からの手紙がある。紙は二つに折られ、なかに格子縞のない別の紙片が入っている。小説のテクストは格子縞の一部から、格子縞のない紙片へ、さらに格子縞の二部へと続いている。

（b）この格子縞のない紙片の裏には、一九五二年三月一六日の日付をもつ、レヴィナス宛てのE・カハノフからの手紙がある。この手紙は一九五二年にエルサレムで書かれたものであるが、小説が書かれた表の部分は先行する紙片と同じインクで連続的に書かれており、一九五二年より後に書かれたものである。

（c）エマニュエル・レヴィナスは devait［はずだ］と書くのを忘れているように思われる。

いるのではなかった――というのも、動員のめぐりあわせによって、いままで民間の生活では近づく機会のなかっ
た人たちとしばしば接触し、兵役に服すことで、いささか無頓着に「君」と言うこともできるのだから。わずかば
[88頁] かりの分別があれば、雑居生活に苦しまずにすみ、立派な人たちに近づくことができる。とりわけ、車を所有して
いるときにはそうだ。未払いがあっても、戦闘が始まるとしばらくは支払わないでいることもできた。車があれば、
平時でも仕事を見つけることができるが、さらに戦時にはなおさらだ。車で中隊長を自宅まで二度送った後、ロー
は中隊長の部局付きになったのだが、彼の野望はもっと先へと彼を進めることとなった。コンチネンタルでは、通
訳のグループが編成されていたが、ランドーはそこで自分のかつての教師と二人の同僚に再会したのだ――奔走期
間は長く、二ヶ月かかった。Lはコンチネンタルに任命され、そこで彼は大きな野望を抱いた。(a) コンチネンタル・
ホテルのすぐ近くのle la Ma 海軍省に受け入れられることだ。彼はそれに向けた要望書を書き、多くの推薦意見を
つけてコンチネンタルの郵便で郵送した。
[89頁] ジャン＝ポールは北駅の正面階段を降りた。朝の二時だった。他所では戦争、破壊、死があるなかで、五年ぶり
のパリは、時間が止まっていたかに見えた。この大都市は、書物のなかで永遠に存在している古代都市のようだ。
ジャン＝ポールは子供の頃に読んだ古い本をもう一度開いたような印象を受けた。
[90頁] この印象に夜が付け加わった。パリは、無名の大きな邸宅のなかで眠るその住人らとともに、あらゆる偶発事を
押し隠していた。不死の(b)大きな影のもと、静まった場の沈黙。廃墟の荘厳。建物も、木々も、ほとんど石ですらも、
ジャン＝ポールがもっている記憶に忠実で、それが我慢ならなかった。(c) なにか驚くべきものがあった。ドイツでの
無数の放浪生活ではどのような景色も本当の現実性を有してはいなかったが、そのような生活の後では、平然たる
[91頁] 不動性をもって／あらゆるモノが浮かび上がってきた。ドイツでの旅路では、通り過ぎた街、畑、自分の乗った不
動の列車に向かってに映し出された無数の家々が、それぞれ互いに姿を変え、夢のなかのもののように、空想のも
ののように見えていただけに、とりわけそうだ。
彼は家路についた。地下鉄はもう動いていなかった。プレーヌ・モンソーに向かった。ジャン＝ポールはこのパ

［92頁］リへの帰還がどれくらい具体的かを確かめた。北駅からプレーヌ・モンソーまで、かつてと同じように、マジャンタ大通りを通って、バルベス大通りの陸橋まで行く。これは間違いなく夜の闇から現れた。外環の大通りに沿って進み、地下の神秘をすっかり取り払った地下鉄の駅のいずれにも行き当たり、いつもの街角に新聞売りの形跡を見つけ、一つの地区から別の地区へと移ると変化する空気を吸い込む――いかなる中間段階もなくなってはいなかった。何も死んではいなかった。あぁ！ これから数時間経つと、これらの不動の場がすべて、誰のものでもないこれらの建物がすべて、これらの遺棄されたゴミ箱がすべて、売り子のいないこれらの売り台も、まわりの閉ざされた商店も、落ち着きのない、辛抱のない、貪欲な~~そして(a)~~人間たちのあいだで、みずからの意味を取り戻すことに［93頁］なるのだ。自分のことを気にかけ、自分の道を切り開き、／場所を見つけなければなるまい。~~ゴミ箱は(c)を失~~~~あるだろう~~残存物、残骸、廃墟も、人がそれらがまだ~~とことん~~完全に使い古されていないことに気づき意見を変えたかのようにして、再び使えるものになるだろう。~~そして店の周りの露天のカウンター~~／~~それらが~~／ゴミが再びモノになり、定着し、~~営業~~権新たに機能し始める。そして~~(a)~~このような生全体のなかでこれから生きていかなければならないのだ。

~~ジャン＝ポールは疲れていた。彼は夜が好きだった~~

~~そのときまで~~

~~あるだろう~~彼は再び社会の一員となりつつあった。すでに、何千もの見えない糸が彼のまわりにはりめぐらされていた。彼は連帯し、責任を負うようになったのだ。

（a） ここには句読点が欠けているが、われわれが補った。
（b） PR：immobiles〔不動の〕
（c） 青インクで書かれている。

pide qui extrait le corail de la mer. Six [illegible] ouvriers le chargent de sable pendant douze mois, mais d'[illegible] 1.200 ouvriers font ce travail pendant [illegible] chargé descend jusqu'au fond de la mer. [illegible] Des plongeurs attachent le navire par des cordes aux cor[illegible] sable est jeté par-dessus bord et le navire en remontant [illegible] les coraux. L'échange de [illegible] rapporte, en argent, le double de son poids. Il existe trois ports dont relève cette industrie, deux ports romains et un port persan. [illegible] Ce dernier est un port royal."

[illegible] le fier navire qui n'arrive pas à traverser les étendues immenses [illegible] messianique. [illegible] livre qui commente la révélation. [illegible]

図4　われわれはここに資料 LVN04801 093 および LVN04801 091 を挿入する。これらの版のみが，タイプされた上にさらに手書きで上書きされた紙片の非常に特殊な様子を復元してくれるからである。資料庫での番号順は逆にされねばならない。というのも，テクストは 93 番が 91 番に先行していることを示しているからである。タルムードのテクストは実際, 93 番の下に挿入されている。テクストは連続していないため，少なくとも二つの紙片のあいだの紙片が一枚欠けている。ⓐ

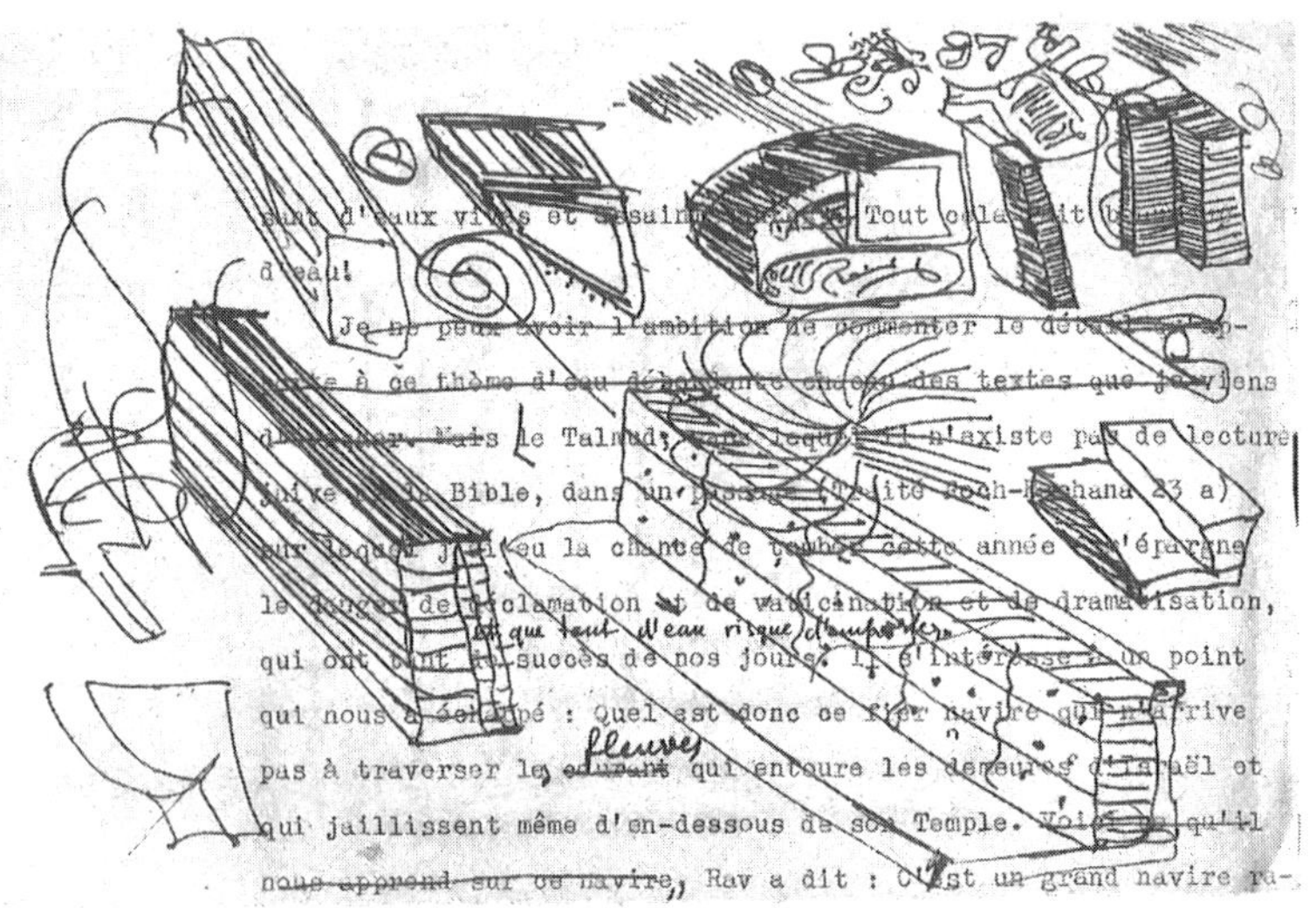
[illegible] d'eaux vives et [illegible] Tout cela [illegible] d'eau!

Je [illegible] avoir l'ambition [illegible] le détail [illegible] à ce thème d'eau [illegible] des textes que je viens [illegible] le Talmud, [illegible] n'existe pas de lecture juive [illegible] Bible, dans un passage [illegible] 23 a) sur lequel j'ai eu la chance de tomber cette année m'épargne le danger de déclamation et de vaticination et de dramatisation, qui ont tant de succès de nos jours. Il s'intéresse à un point qui nous a échappé : Quel est donc ce fier navire qui n'arrive pas à traverser les fleuves qui entoure les demeures d'Israël et qui jaillissent même d'en-dessous de son Temple. [illegible] qu'il nous apprend sur ce navire, Rav a dit : C'est un grand navire ra-

図5　タルムード注釈の続き。中間の頁は失われている

[94頁ⓑ]

この平凡な生活も、皆の生活が日常的なものであるかぎり、人々が自分の窓口や売り台のところにいるかぎり、~~metro~~地下鉄がラッシュアワーには定員オーバーになり、╱歩道をふさぎながら子供たちが朝~~歩道をふさぎながら~~登校しているかぎり、まだ耐えられるものだった。この生活が可能だったのは、祝祭も休暇もなく、目にすること

（a）　エマニュエル・レヴィナスは、みずから指摘しているように、バビロニア・タルムードの『ロッシュ・ハシャナー』篇の一節（二三A）を引用している。以下に、レヴィナスが引用しているタルムードの全体を載せておく。この箇所が理解できるよう貴重な貢献をしてくれたストラスブールの大ラビであるルネ・ギュットマン氏の紹介による。また、このタルムードの言及を特定してくれたのはダヴィッド・ブレジスである。

証人たちが新月を告げるために点火する松明の点火のために長い竿を作るが、それに必要なスギの木について、タルムード（『ロッシュ・ハシャナー』篇二三A）は、海から珊瑚をどのようにとってきたのかを語っている（これは見た目のために木になぞらえられている）。

「章句には、「威容を誇る船もそこを過ぎることはない」と言われている（『イザヤ書』三三章二一節では、〈神殿〉から川が出ていると言われている。その流れがあまりにも強いため、威容を誇る船であってもそれを渡ることはできないということだ）。この威容を誇る船は、大きな「ブルニ（bourni）」と呼ばれたある種の船を指している。この大きな「ブルニ」は何に使われたのか。

一二ヶ月のあいだ六千人の人を——あるいは、ほかの報告者によれば六ヶ月のあいだに一万二千人の人を——連れてきて、彼らが（これらの数千の人々が）船が底に着くまで砂を詰めた。そして、潜水者が降りていき——珊瑚の根元に亜麻の紐を結んだ。さらに、その紐のもう一端を船に結ぶ。人々はそこで砂をとって船から捨てた。船が浮かんでくると、珊瑚が海底の付け根から剝がされ、海面に浮かんできた。珊瑚には価値があり、一升の珊瑚を二升の銀と交換した。

三つの港があり、二つはローマの領土に、一つはペルシアの領土にあった。ローマの領土にある港からは珊瑚を運んだ。ペルシアの領土にある港からは真珠を運び、（この港は）王国の港と呼ばれることになった。」

エマニュエル・レヴィナスが（資料91番で）「イスラエルの博士」とからかっているように見えるが、それは、うわべの皮肉であろう。この一連の説教学的テクストに特有の、しばしば素朴ないし空想的な、支離滅裂だが実のところとても深遠で緻密な解釈を必要とするような説話についてのほかの注釈においてもレヴィナスは同じようにしている。

（b）　ここから第三のまとまりが始まっている。エマニュエル・レヴィナスは統一ユダヤ社会基金をはじめとするユダヤ教機関から来た広告や書類の裏紙を再利用している。これらの紙によって、このまとまりが書かれたのは一九六〇年六月から一九六二年であることがわかる。

［95頁］はないが特権的な人々／だけが~~唯一~~冬用のスポーツをしに出かける一〇月と一一月、一月と二月だった。昼の方が夕方よりもいっそう好ましかった。受付や商店が閉まる直前の数分や、祝日や休日が近づいたとき、忙しそうな顔をどれも綻ばす満足感、彼らが間もなく帰る神秘的な「我が家」や~~や~~彼らをどこかで待っている親密な友人たちが彼らに及ぼしているように見える魅力、あたかも、これらの労働者たちは皆、一日、一週ないし一年の無慈悲な労苦のあいだずっと、もう一つの真の生があると確信した信徒のような完全な平静を保っていたかのようだ――彼らの身振りにはすでに、主人のような威力と領主のような安定性が奴隷根性にかわって表れていた。しばしのあいだ、彼らはこの奴隷根性を模倣することに同意していたのだった、~~sur~~今後は／ジュール氏の、懸念、彼が幸福には~~能力がない~~向いていないことを強調していた。その他の人々には、幸福は疑いなく存在していた。彼は、奇跡のように人間の条件にとどまる彼らの生活を羨んでいた。彼らに残っていたのは、日曜日やクリスマスや復活祭のときの

［96頁］天気が保証されているかどうかくらいだ。**彼ら**が雨天や晴天について語ってい~~なかっ~~たのは、ほかに話すことがなかったから／ではなく、翌日の値打ちそのものがそれにかかっていた~~から~~prise だ。~~あるいは政治の出来事や脅威~~／時を打つかすかな音を止めることができない、自分の生まれを~~取り戻す~~取り消すことができないという不可能性、作品を完成させずに老いてゆくにつれて感じてしまう不安、／政治的な出来事や脅威でさえ、こうした人々の現実の動きにはまったく影響力はなかった。おぉ！ 地下鉄の広告看板に描かれた、コントレクセヴィルの水を飲んだり、家族でジャムを食べたりする人、~~ノルウェーの寸胴鍋~~靴用~~す~~自動ワックスがけ機や改良された乳児用体重計の利点を説明する人の知恵。体重計は、ふっくらとした赤ん坊を熱愛している夫婦の、微笑みながら~~そしてすべての~~自分の妻を熱愛する夫の脇にある。これらはすべてあなたの生活を変えるのだ！ 広告のこれらの顔はすべて、道具のただなかで永遠の生を生きている。~~私~~ジュール氏は［xxxxxxx］、彼らの厚かましく充満した幸福を

［97頁］前にして、捕囚期**に**／体験した~~より後に~~瞬間を思い出した~~retrouvais~~。[a]／~~人々は~~強制収容所や火葬炉からいくらか

[98頁] 離れた場所での作業班で、パリから／平然とやってきていた『イリュストラシオン』紙の広告欄をめくりながら、x新しい銘柄のレンジの利点を学んだときのことだ。奥様が外出し……、赤ん坊が寝ると……、夕食がひとりでに焼き上がり……、ご主人が帰ってくるとローストビーフが食べごろです……私は人生のなかで後悔していることは一つだけ、もっと早くから世界学校を知っておけばよかったのに。「われわれの
ついにやってきた戦争は ~~et q promet それを一掃しようと~~ この水をすべて掻き回そうとしていた
ついにやってきた戦争は~~拡~~大このぞっとするほどの凡庸さとこの偽の永遠性を打ち砕こうとしていた(b)
リヴォルバーで、自殺することも快楽に(c)」
~~このことがすでに彼には生じていた。~~

[99頁] ジュールは怒り狂った。H夫人のサロンで、講演者が持ち上げることのどれもが精神に心地よい快感を与え、それによって誰も平静を失うことがないと~~分かった~~気づいたのだ。~~捕囚の初期のように~~六月の太陽のもと、捕虜たち~~や~~に予定されていた宿営地に向かってジャランの隣を歩いていたときも~~そう~~すでにそうだった——それは捕囚の最初の日のことだった——そこで~~彼は~~ジャランの足が集団移動の際の戦利品の重みでがくがくになっていたので、彼は犠牲生活の美しい日々を垣間見つつ、外套を~~降ろそう~~持とうかと彼に提案したのだった。

[99頁 *bis*](d)
[100頁] この偶発事のありうる原因、病気、[xxxxxxxxx]、戦争。生はそれ自身において永続性(e)という美徳を有している。

（a） この頁は青インクで書かれており、その上に黒ペンでいくつかの修正がなされている。
（b） 「ついにやってきた戦争は」からここまで取り消されている。黒ペンで書かれている。「このことがすでに彼には生じていた」も同様である。そのほかは青ペンで書かれている。黒ペンの部分は枠取られ、青ペンで横に取り消し線が引かれている。
（c） したがって、「われわれのリヴォルバーで、自殺することも快楽に」と読むべきである。
（d） 95頁の裏。「統一ユダヤ社会基金」からの、一九六二年二月一五日の日付をもつタイプされた手紙で、二つに切られている。
（e） PR：perpétuation〔永続化〕.

ジュールは講演者は実存のドラマ、愛、苦しみについて語った。ジュールは演題に飛び乗った講演者を平手打ちにし、嘘つきだと言った。そして(a)彼には重要だった。

彼は鞭で打たれたように感じた。

[101頁] Nはいまや一列目に一般技師のKがいるのを認めた。夜Nは彼にはまったく具体的なことは期待していなかった。ただ賞賛してくれればよかった――たとえ、自分が雄弁に語っていることの真相について異議を唱える必要があったとしても、雄弁だった、すばらしかったと言う必要があったってくれれば足りた。ジュールはジュールは舞台に上がり、Nを平手打ちにした。ジュールはNに嘘つきだと言い、そしてこう言った。すべてが破綻する世界、野望[102頁]を満足させる必要も生きるために戦う必要ももうない世界――生が重みを失ったことが垣間見られる世界、そういう世界で重要だったのは、自殺しても、その後に目的に向かって伸びてゆくのではなく、死人のように絶対的に緩んだ状態で人は残り続ける――おそらく生きる生き残るというのはそういうことだ、と。伸張なき実存、犠牲、全面的な克己。誰も対抗する者はいないということだ、と。そしてその後、彼が彼は、すべては同じまま続いていること、人々は生と死の区別を保持していること、彼らはどんなに固くとも生の根をかじることを望んでいることに気づいたのだ。

[103頁] 地上にとどまろうとする人々の力。自分たちは恐れていると言っているのにもかかわらず、死を恐れない力――あたかも自分たちが永遠の存在であるかのように振る舞う力。のがある何か何かがそれをこの力を正当化しなければならない。

人はみずからの永遠性の経験をもっているet ne。あたかも、始まりの伸張にすでに終わりの頽落が書き込まれているかのように、痙攣的な経験の生をもっているのではない。死は外部からやってくる。つねに予見しえない偶発事である。本質的なことは、あらゆる

[103頁bis](b) 指摘するべきはAzer氏が

ダヴィッド――学校の生徒。「タルムード派」と呼ばれるグループに属しているが、今朝二時一五分ごろpend

荷物をもってわたしたちの施設を出た。友人たちが教室にいたときに~~彼は、de の願いから出ることができた~~。朝、彼は疲れを口実として寝坊した。午前の授業には出席せず、友人には緊急にリヴリー＝ガルガンに行って、鞄をもって戻ってこなければならない ~~est~~ と説明した。~~出るときに~~私は彼がいなくなったことを一五時三〇分頃に知らせた。すぐさま連盟にも電話した。

［104頁］

とりわけグランゼコール出身者に対し用心することだ。ジュールが引き起こした騒動にはほとんど備えがなかったため、H夫人もその息子も警察を呼ぶことは思いつかなかった。そもそもジュールは部屋を出て行ったのだ。しかしH夫人は心臓発作を起こし、翌日に亡くなった。美しい葬儀だった。

［105頁］(c)

~~que ce qui~~
最も　だったのは、学位をしっかりもった、グランゼコール出身の人々が、彼の苦しみについての話の展開を目撃しているかどうかだった。講演者のN氏は好んでいた

［106頁］(d)

ジュールは、現実が嘲笑している
~~ジュールは［××］［××］［×××］小説を欲している~~文学を

(a)　頁の下部がちぎれている。二、三の語句が欠けている。

(b)　この紙の上部はちぎれており、Azer で始まる名前の末尾を読むことができない。このメモは、エマニュエル・レヴィナスが東方イスラエリット師範学校の校長として書いたもので、前の頁の裏側に当たる。

(c)　手紙が折られており、折り返された部分は半分がちぎれている。その下部にはカーン大学文学人文学部長に宛てられた手紙の末尾が見られる。ちぎれていない折り返された部分には、数行にわたって小説の続きがある。

(d)　この頁には例外的に取り消しが多い。いくつかの文は囲まれている。いくらかの殴り書きもある。「小説」という語も同様に取り消されている。この頁はわれわれが再現した。

~~[XXXXXXXXX]~~彼は現実がどこにあるか［xxxxxxx］から戻った皆が知っていると［言う／読む?］[a]

ジュールはH夫人の夜会にきて、酔っていないのに大騒ぎを引き起こした。彼は礼儀正しく皆と講演者に真実を語った。偉大なG[b]

雑誌を辞する。H夫人が亡くなった。H夫人の葬儀。

~~奥方V夫人は彼に~~／ジュールに　南部と自分の生まれた町を示した。

~~[XXXXXXX]~~ジュー~~ルジュールの睡眠。偉大なGは~~V夫人の社会的状況と自由。ジュール氏の睡眠とその夢。

部屋と裏部屋――他所へと出る可能性

［107頁］[c]

~~なぜなら~~家は荒天に対する覆いの役に立つ――~~[xxxx]~~。あらゆるものが~~[xx]~~~~――~~二重の使用法をもたず**それ**／それら　自体にとっての目的のみをもつような率直さ、もはや一撃で二羽を仕留めることをしないような率直さのために、あいまいさのない生活を目指して、~~彼らの生活を目指して~~／そして　われわれが建立しようと~~決断した~~していた新たな都市においては、すべての家は今後ガラスで作られるようにと決定されたのだった。~~われわれは長いこと問うていたわれわれはなにか~~われわれが何か隠すべきものを持っているというのは／偶然だろうか。ガラスは都市

（a）この文の最後の語は右余白に縦に書かれている。

（b）この二行はエマニュエル・レヴィナスによって二重線で囲まれている。

（c）ここから第四のまとまりが始まっている。これは全体のなかでも最も損傷の激しい部分である。ここには九枚の紙があり、そのうちの六枚は、第一のまとまりと同じところからきた青ないし黒の罫線のある非常に古い黄ばんだノートからのものである。そのほかの二つは赤い余白線のある、学校用の格子縞のあるノートから取られたものである。小説の末尾と想定されるもの（「彼は死んだ――これが意味するのは――もう彼は私の敵にはならないということだ」）が書かれている頁には罫線も格子もない。エマニュエル・レヴィナスは、青インク、黒インクないし鉛筆を用いている。この第四のまとまりは非常にちぐはぐである。そこには小説『エロス』の続きおよびおそらくはその末尾が含まれているが、ユダヤ的存在および祈りの問題についての考察や、演劇の寸劇および墨で書かれた書道風の図画もある。

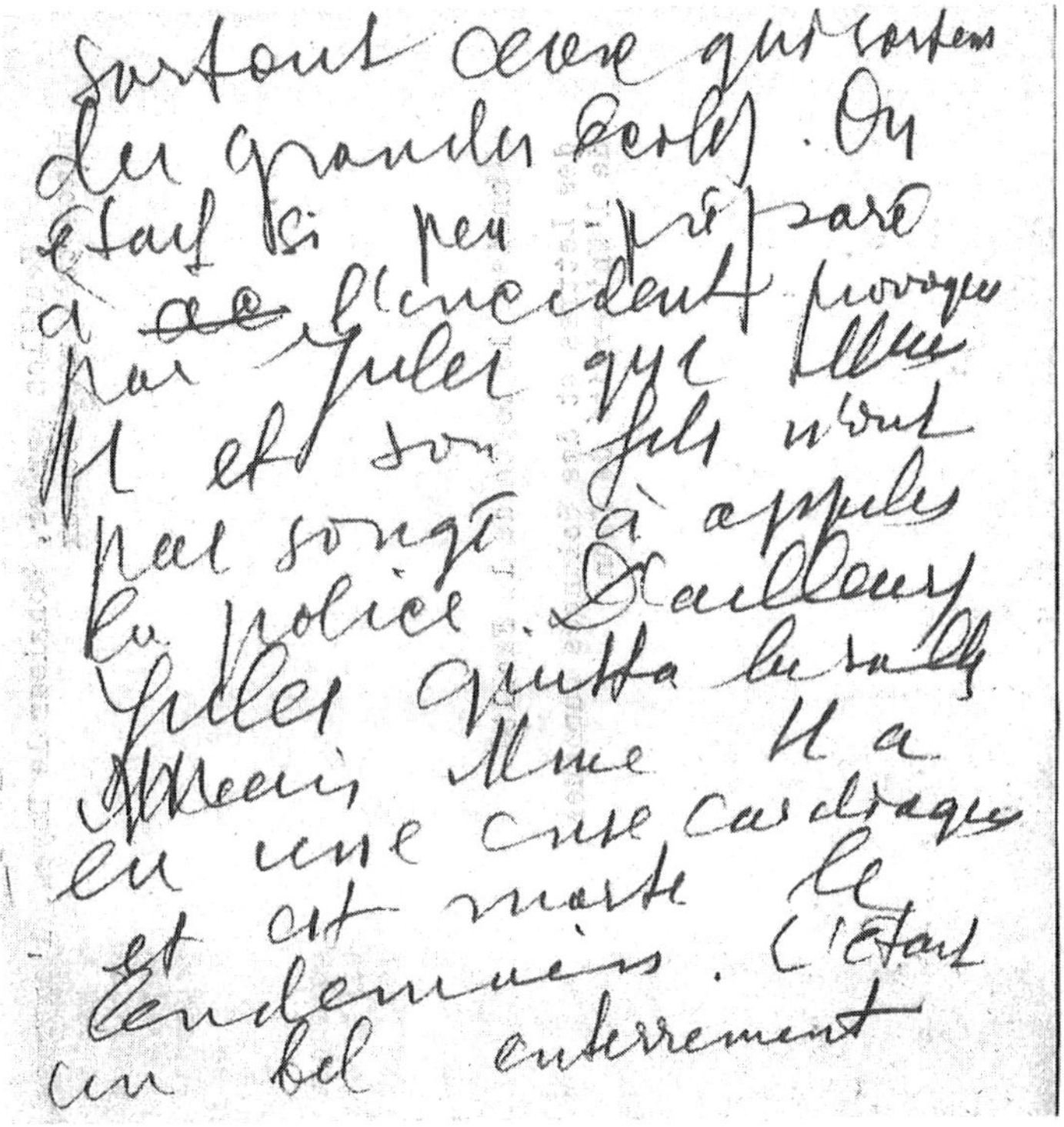

surtout ceux qui sortent
des grandes écoles. On
était si peu préparé
à ~~ce~~ l'incident provoqué
par Jules que Mme
H et son fils n'ont
pas songé à appeler
la police. D'ailleurs
Jules quitta la salle
~~Mme~~ Mais Mme H a
eu une crise cardiaque
et est morte le
~~Et~~ lendemain. C'était
un bel enterrement

図6　104頁

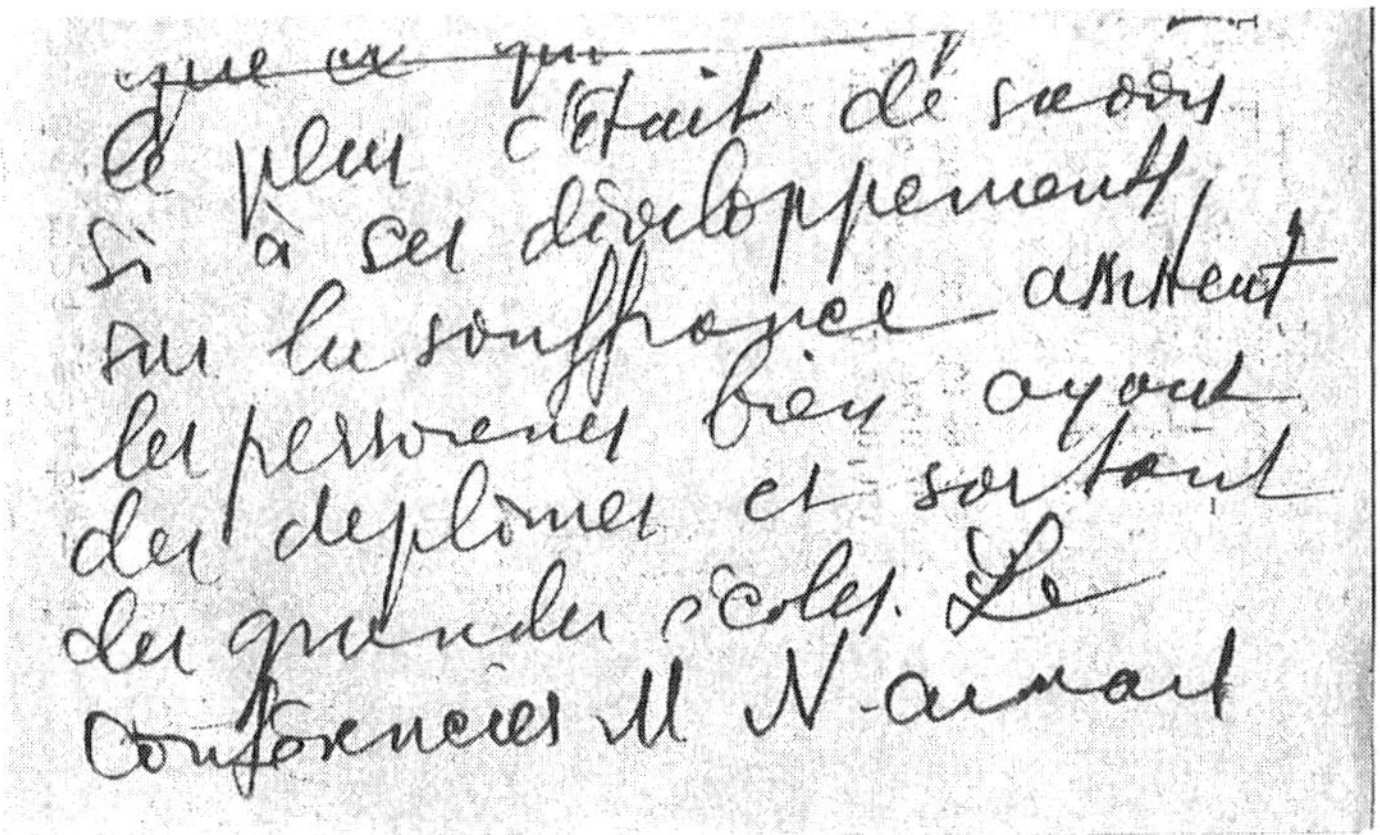

~~que ce qui~~
le plus c'était de savoir
si à ses développements
sur la souffrance assistaient
les personnes bien ayant
des diplômes et surtout
des grandes écoles. Le
conférencier M N-aimant

図7　105頁

［108頁］生活で許容される唯一の物体になるはずだった。~~堅固で~~抵抗力があり、ものの属性をすべて表し、しかし同時に、(a)
自分自身についても、それが含みもっていたり支えていたりするものについても何も隠すことのない唯一の物体に
なるはずだった。ただ頑丈さだけが必要な

［109頁］淫靡——
他者たちがなすような愛(b)
彼は死んだ——このことが意味するのは
彼は私の敵とはならないだろうということだ(c)

ではない
私の企て‥
特別な——［設立?］されたもの les priv
　　私は苦しみについて考えている
他者たちは死んだ——私はつもりはない
特別な状況——私が明らかにしたいのは
［109頁 *bis*］(d) ~~ユダヤ人はけっしてプチ・ブルジョワではない~~
茶番なしに——
しかし祈りないし
省察——あるいは人は［s'abbesse ?］
［110頁］(e) 〈汝〉に、そして人のいるところ
というのも、私たちはかなり遠く離れている。われわれのうちには汝の　まで知らない者もいる。

多くは弱さないし無知ゆえに罪を犯す。**より**多くはもはや汝のことばを理解しない――もはや実直には理解しない

そしてわれわれは約束できるだろうか：実直に言って否

ということはわれわれは偽善的にあるのか――否

しかしわれわれは棄教しつつも汝自身のとても近くにいる――理解してすらいなくても

そしてわれわれがあるのはわれわれがユダヤ人であるからである――そして

汝がわれわれとなした〈契約〉――神秘

ヨム・キプール＝汝のまえでわれわれが裸になる日

衣服のように裏返しにする日

ユダヤ人であること――苦しむこと――

(a) ここで主に参照されているのはおそらくエヴゲーニイ・ザミャーチンのロシア語の小説『われら』であろう。一九二〇年に出たこの小説では、全市民がガラスの家に住むことになっている。この小説は、ハクスリーやオーウェルに先立つ、最初の逆向きユートピアについてのものとみなされている。一九世紀のロシアの小説にはすでにガラスでできた建造物や衣服の事例を挙げるものが多かったが、そこに見られるユートピア的性格は肯定的なものである（とりわけ、チェルヌイシェフスキーの有名な『何をなすべきか』）。ザミャーチンはそれらの例を知っていたが、レヴィナスが一九二〇年の彼の小説しか知らなかったということもありうる。

(b) この文はすでに『著作集』第一巻、四〇四頁〔邦訳四五六頁〕でも言及されている。

(c) 小説はここで終わっていると考えることができるだろうか。

(d) 特異なケースだが、この紙片は前の紙片の反復である。正確に同じ文章が、二つの異なった筆跡で、異なった禁句で、同じノートから取られた端のちぎれた二つの紙片に書かれている。この文はガラスの家に関係しているように思われるために、――単なる事の成り行きで――誤って別の本から二度写しをとったということもありうるかもしれない。

(e) この紙片の状態は悪く、読解は困難である。読解を簡便にするためにわれわれが多少復元している。もはや小説の内部ではない。ヨム・キプールの大いなる赦しの祭日についての言及があるため、おそらく、ユダヤ的条件、祈り、苦しみについての考察であろう。この紙片は、この祭日の時期に書かれたということもありうる。

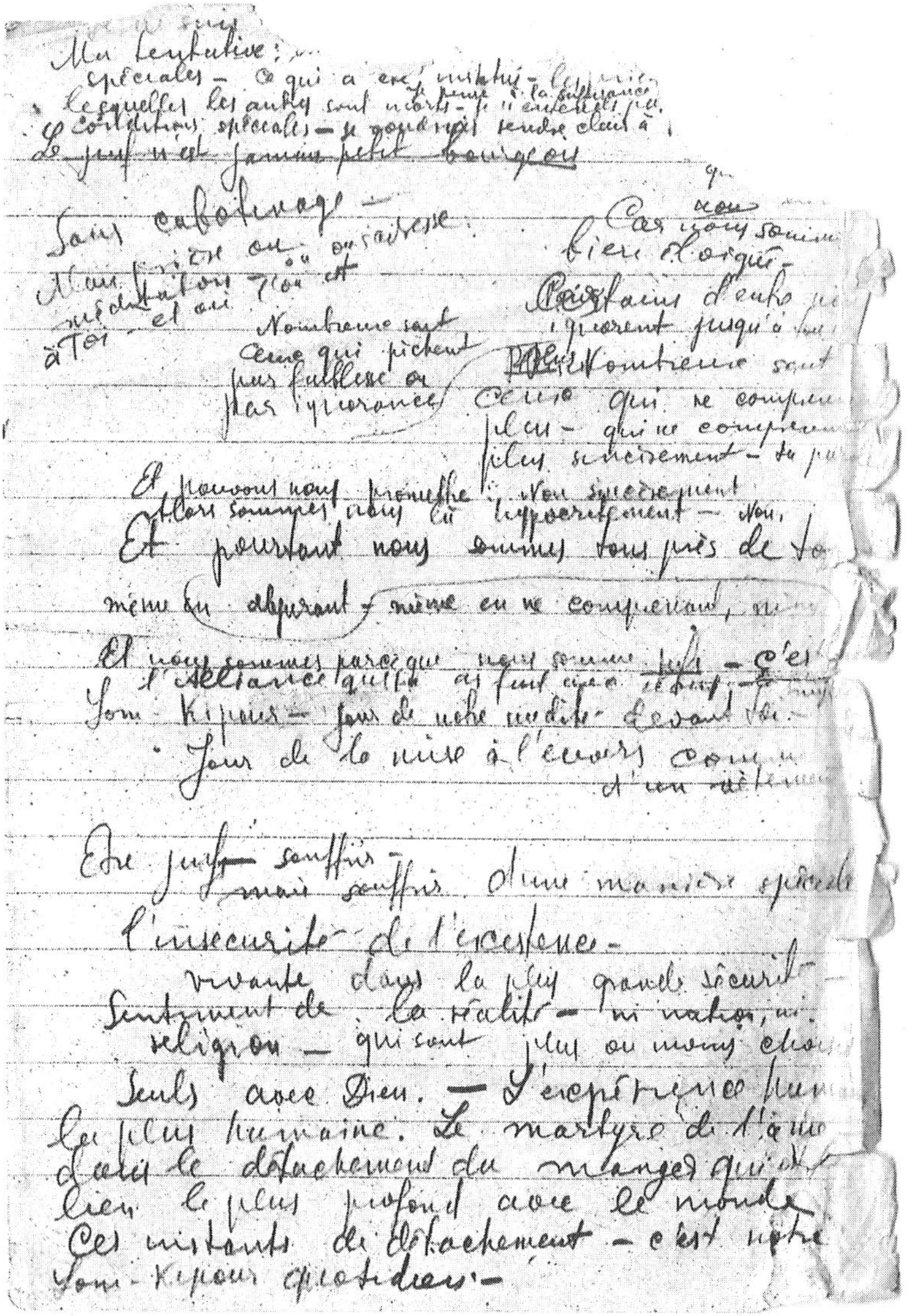

図8　110頁

しかし特別な仕方で苦しむこと
実存の不安定性――
最も安定したなかで生きつつ
現実の感情――民族でも、宗教でもなく――これらは多かれ少なかれ選ばれている
神とともに独り――最も人間的な人間的経験。世界との最も深い紐帯である食べることの離脱における魂の苦難
この離脱の瞬間――それがわれわれの日常のヨム・キプール――

［111頁］(a)

離脱とこの
――希望がある［xxxx］存在への執着。これを私は保存衝動と呼んでいる――しかしこの語は、絶望のうちの希望という並外れた状況を無害で凡庸なものにしてしまう。この希望――人間の突飛なもの――のうちに私は汝の現前を認める――汝のはかない現前を。神は可視的な対象のように現前するのではない神の不可視性はその現前の形態そのものである――それを通じてユダヤ教は反‐異教的［である?］~~として~~
この突飛な希望――これが真の祈りだ――キプールの祈り。われわれはそれに救済を求める言い換えればわれわれはそれを希望する。われわれは求める
感覚的なモノ――というのも~~それらは~~それらに向かってわれわれはとの紐帯を見る
現前――あらゆる瞬間のわれわれのヨム・キプール
われわれはそれをある日行なうそこでわれわれは

(a) この紙片の状態は悪い。エマニュエル・レヴィナスは正しい方向と逆の方向の二方向に書いている。この頁で、エマニュエル・レヴィナスは赤十字から受け取った小包について記したり、手紙の宛先である妻からのものと思われる報せについて触れたり、シュザンヌ・ポワリエに言及している。そこから、この頁は捕囚期間に書かれたものと推測される。

＊＊＊

ついに君からの報せを受け取った。八月一日の葉書だ。それで私は少し生き返った~~が、君の健康がとても心配だ~~~~しかし夏は~~。スランさんのところで休みに行こうとは思わないのかい／君の**兄弟**が来ても、彼女は戻れる。もし君が休む必要があれば費用のことは考えなくていい。そのことは~~体の調子のことは~~医者の［トーラン？］さんに話したのかい。シュザンヌ・ポワリエ[a]は君の健康についてなんでも知っている。私はレンヌの赤十字からすばらしい小包をもらったよ。私の方は体も気分も元気だ。神経は落ち着いたよ。ほかには［後遺症？］はない。~~手紙をよこして~~どうなっているか教えてくれ　~~キスを~~

［112頁］ 主よ、私は〈律法〉博士でも司祭でもありません——〈律法〉博士の息子でも司祭の息子でもありません。私には生まれにしても、手柄にしても、この祈りを~~語る~~書く**ための**知識にしてもまったく適性はありません——わたしたちに馴染みのある言語で、とはいえ世俗的な言語で、シナゴーグの伝統的な儀式の外部にあるこの祈りを。というのも、この日は〈年〉のうちでも／最もおそるべき、最も聖なる日なのですから。しかし~~私は~~私はつねに〈汝〉の前で、私の貧しい、とはいえ実直な考えに結びつくことのできる~~心~~ユダヤ人たちの前で語ることをつねに夢見ていました。〈汝〉がわれわれにとってなんであるのかを、われわれが汝からかくも［遠く離れて？］いる、あるいはそう思っているときですら、〈汝〉が［われわれ？］にとってなんであるのかを。私はそのことを実直に——不可能な実直さで——語ることをつねに夢見ていました。~~申に値する~~われわれは通常のときのように語ることで、茶番に陥ったり、聴衆に阿ったり、神に対して語る代わりに人間に対して語ったり、美しい言葉や素敵な思想で自惚れたりするおそれがあります。

（a）シュザンヌ・ポワリエの綴りは通常rは一つだけである〔原文ではPoirrierとなっている〕。この手紙はおそらくエマニュエル・レヴィナスの妻ライッサに宛てられている。

図9　111頁

〔113頁ⓐ〕

幕間劇

トゥールモンド氏　何が／qui se 起こるのだろう。彼は死ぬのか？

学生その一　ファウストはマルガレーテの愛人になるのです。

トゥールモンド氏　そうするとマルガレーテの兄で、勇敢な兵士のヴァランタンは彼女の名誉を気にかけるのでは？

学生その一　メフィストの助けを得てファウストは彼を殺してしまうのです。

トゥールモンド氏　そうするとマルガレーテの母親は自分の子供を気にかけるのでは？

学生その一　彼女の警戒を麻痺させるために睡眠薬を入れるでしょう。しかし、メフィストフェレスはそこに毒を入れるでしょう。

彼女は死んでしまいます。

~~の大分があっても守れないだろう~~

トゥールモンド氏　~~そうしたらマルガレーテは［咎あるか］ままなのか？　これらの罪すべてから［彼は救うだろうか？］~~そうしたらマルガレーテ自身は

学生その一　彼女は／自分の罪に付け加えます——ファウストとの罪深い愛をです——彼女は子供をもつでしょうが、窒息させるでしょう。

〔113頁 *bis*ⓑ〕〔114頁ⓒ〕

演劇の幕間劇の続きⓓ

トゥールモンド氏　母を殺し、兄弟を殺し、子供を殺し、彼女は罰せられないのか？

学生その一　~~ここに恐ろしさがあります~~。彼女は~~理性を失いました~~狂いました。~~そして正義を~~

彼女は
人間的牢屋に入れられました。

トゥールモンド氏　そうしたらファウストは——ファウストはどこだ——彼は自分の最愛の人を捨てるのか。

学生その一　人間の生が生きられるに値する瞬間を求めて——彼は連れ合いで、この旅の欠かせぬ導き手の悪魔とともに生のあらゆる恐ろしさを知りました。マルガレーテが正気を失って、監獄で呻いているとき、メフィストが彼をヴァルプルギスの夜に連れて行きました。あらゆる地下の下劣な力、魔術師、女魔術師、悪魔、小悪魔たちが集うところ、地下世界のバッカス祭にです。最初そこに登って行くときにファウストはそこを知っていると言っていましたが、しかし悪魔の考えでは、彼はそこで消えてしまうはずなのです。そ

［115頁］

トゥールモンド氏　それから？

学生その一　それから人間が自分の悪魔に打ち勝ちます。ファウストとマルガレーテとの愛のなかに悪魔はあらゆるまやかしをこさえましたが、それにもかかわらず、人はこの悪と嘘の坩堝のなかにしか結晶化することができなかったなにか現実的なものがあったのです

（a）　周知のように、ゲーテの『ファウスト』はエマニュエル・レヴィナスにとって大きな意義をもっていた。彼はカウナスの高校で教師のシュヴァーベのもとでこれを学んでいた。この演劇的エッセーの痕跡は、ほかの資料のなかにも見つかっており、われわれはこれを「エロスについての哲学ノート」の第四のまとまりとしてまとめた。ここには、区別すべきと思われる二つの要素がある。第一のものは三枚の紙片を含み、シラーの『ドン・カルロス』への言及がある。第二のものは、「プロローグ」と題され、五枚の紙片からなる。これは「トゥールモンド氏」と学生の二人の登場人物の会話で、ファウストとマルガレーテが問題となっている。この「幕間劇」が小説に属しているかどうか確信をもって肯定することはできない。

（b）　電車を描いた緻密な絵がある。エヴルーおよびその他の細かい言及がある。これがエマニュエル・レヴィナスの手によるものかは保証できない。

（c）　幕間劇がさらに二頁続いており、エマニュエル・レヴィナスによって1、2と番号が付けられている。

（d）　この指摘はわれわれによるものであって、手稿には見られない。

［116頁］(a)

ファウストは遠くからマルガレーテの姿を見かけた。

~~君は、台所で、ライバルもなく君臨する~~

(a) 文は完成されておらず、頁の上部に一つだけ置かれている。

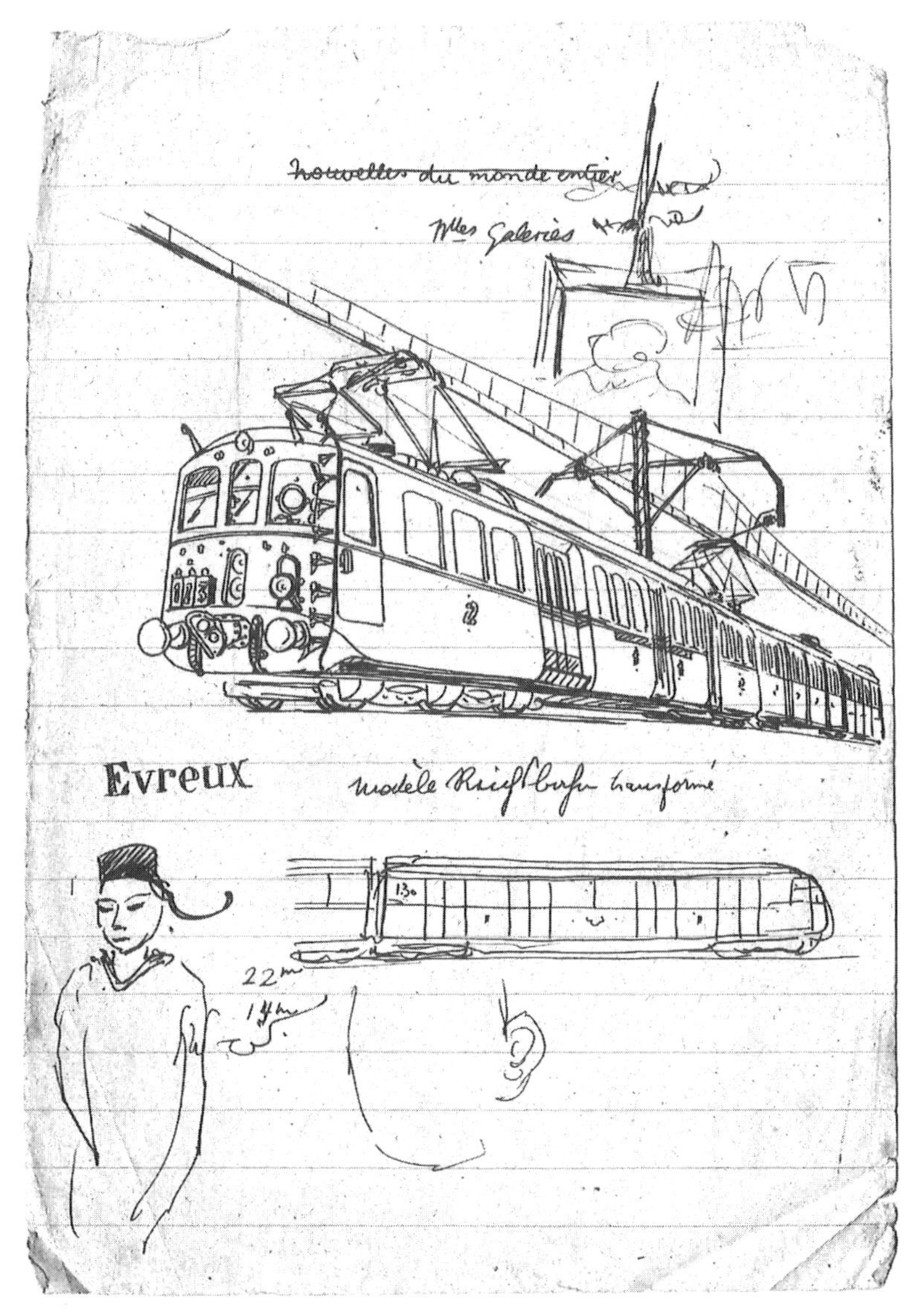

図10　113頁 *bis*

Ⅱ　『ヴェプラー家の奥方』

シモンの妻は気違いだった。療養所に監禁され、処女懐胎でできた子供だという人形をあやしていた。正気に戻るのはまれで、その正気も狂気に包まれたものだったが、そんなときには夫のために静かに涙を流した。自分が世話のできない夫の靴下には、きっと穴が開いていることだろう、と。

医師が診断を下し、彼女が看護師たちの「世俗裁判権」に委ねられる最後の瞬間までは、この狂女と人間関係を維持しなければならなかった。最初は、彼女のたわ言は奇妙な考えが絡み合ったものにすぎなかったが、粗雑すぎる道具としての推理では、それを解きほぐすことはできなかった。どのようなものかわからないが、奇妙な考えを狂気から分ける境界がある。奇妙な考えがこの境界を踏み越えたときも、夫であるシモンにとっては、家庭――かなり混乱していたものの――という枠の中では、それでも妻はルールが存在するゲームのパートナーだったし、シモン夫人という尊厳のすべてを持っていた。病気だったが、まだ気違いではなかったのだ。シモンは奇行の背後に、不幸と戦うための味方となる妻を探した。幽霊、言葉、見せかけの思考でいっぱいの空虚へと飛び込んだ。その後は、日曜日に病院を訪問する短い瞬間、この苦悩にとらわれた。もっとも、苦悩は激しさ自体を失っていた。妻がしばしの間彼に会いにやって来る部屋では、家具や品物や光が装飾という型にはまった存在となり、会話にあらかじめ人工的な調子を与えていた。言葉それ自体の意味は、もう重要ではなかった。儀式だったのだ。

リベラは解放（リベレ）された気分だった。迷宮は出口へと行き着いた。迷宮は突然、平和な小さな公園で終わった。そこでは子供たちが飛び跳ねて遊んだり、母親や姉たちのそばでおやつを食べたりしていた。彼女たちが走り回る中、上品な婦人が一休みしていた。小公園から周囲の大きな家々へと続いていたものはすべて、苦痛と不幸さえも、そして死さえも、人間らしいものであったに違いない。

ここでは再び、木があいまいなところのない木に、木ではないものとの類似性を持たない木となっていたし、パンは単に食べるためのもので、太陽は燃え、女たちは欲望をそそるものとなっていた……。

平時には世界の終わりのように予感されていた戦争さえ、今や既定の事柄の一部となっていた。合理的な幾何学、力学、ヒエラルキーが存在すると考えるのはよいことであった。リベラが暫定的に配属されたパリの部局では、敗北、撤退、退却、収容といった言葉は——苦しみや死、飢餓や寒さや血といった内容を取り除かれて——抽象的で快適なスコラ学に整然と配置されていた。その上そうした言葉は、戦争を間抜けや感傷的な人間としてでなく大局から考えるひとりの大人である、という満足を与えていた。だが何より、この災厄とそれが生み出す苦しみを前にして、何かをなしうるという事実があった。ランベ図法〔一三七頁注c参照〕の方眼に従順に収まる領土それ自体のように、混沌をある形に閉じ込められるという事実があった。だから、妻が収容されてから三週間後の一九四〇年五月二十五日頃、リベラに前線部隊への合流命令が出され、具体的な戦争ともっと直接的に接触する見込みになっても、安定し確実で理解可能な現実という性質が戦争から取り除かれたわけではなかった。この現実もまた、遊んでいる少女たちや編み物をする女中たちがいる日当たりのいい小公園の延長であった。それは平和の秩序に属していた。もうひとつの秩序——無秩序という秩序、そして世界の終わりに真に対応する秩序——を、リベラはすでに経験したことがあった。そこから抜け出したのだ。それは妻の狂気だった。それにリベラは、ずっと以前から秩序と無秩序、堅固な場所が隣り合っていることも知っていた。堅固な場所ではひとは自分自身であり、行動し組み立てている。既知のもので身動きがとれなくなった足が、波の上を静かに歩けないことを認めるとき、ひとはもしかすると臆病に、苦悩の中でこの場所を熱望するのかもしれない。

二十歳で、リベラはある恋愛関係の際にこの無秩序を経験していた。地方出身の若い女子学生と知り合ったのだ。

彼女は黒い木綿の靴下を履き、古風な小学校教師一家の美徳と貯金によって、そして胸躍る読書によって養われていた。彼女は、自分が読んだ小説をまさに体験しようとしていた。ただし、とても深刻かつ純粋に。彼女は人生に好奇心を抱いていたが、これを欲と形容することはできない。なぜならこの言葉は粗雑すぎるからだ——彼女の好奇心は、信頼、恥じらいと不思議な知識からできていた。目立たないが優しさに満ちた顔をしていた。軽率な動きで、リベラは彼女に注意を向けた。期待を持たせてしまったのだが、リベラには期待を裏切る精神力がなかった。こうして小説(ロマン)に巻き込まれたのだ。小説がシュザンヌの魂の中でどれほどの広がりや深さを持っているか、彼には予測できなかった。しかし彼にとっての小説は、良心を持った魂が苦しみを与える際に感じる魂の苦悶でしかなかった。リベラが変化に気づかないうちに、彼女はすでに絹の靴下を履いていた。だがシュザンヌは、自分がようやく体験している書物に新しい章を見つけ出した。リベラはいまや、バルザックやトルストイの作品で愛人を持っていた女たち全員と戦わなければならなかった。可能なあらゆる結末に対処しなければならなかったのだ。

文学作品は、シュザンヌの感情を養うのには役立たなかった。むしろシュザンヌは、人生の予感と象徴をそこで汲み取っていた。旧約聖書に新約聖書が先取りされているかのごとく、そこには人生が先取りされていたのだ。こうしたわけで、彼女が感じたことには成就という性格があった。クリスマス休暇に出発する前日、シュザンヌはロランにオレンジを何個かと葉のついた宿り木の枝を何本か持ってきた。ヴェルレーヌが言ったことが成就するようにである。「ここにありし果実、花、葉、枝」。

リベラは、崇高なもののこうした表明のすべてにうんざりしていた。彼が繊細さを欠いていたのではなく、愛が欠けていたのだ。リベラは、あくびをしてシュザンヌを傷つけたくはなかった。シュザンヌの方は、自分が話題になることやロランが彼自身について話すことを望んでいた——だがリベラは、彼女にどうでもよいことや人や本について話したいだけだった。今シュザンヌがリベラと過ごしにやって来る午後の時間は、彼にとってはいつ終わるともしれないものだった。そこでリベラは、そうした時間に耐える手段を見つけていた。リベラの愛撫は大胆になった。その激しさゆえに、それをもたらす教えの確実性ゆえに物理的と呼ばれる心のときめきを、今やリベラは陶酔のごとく求めていた。ああ、リベラが自分の愛に耐える必要がないように自分を愛撫しているとシュザンヌが知っていたら！

今やシュザンヌは、身支度を調えて、サント・ジュヌヴィエーヴで十一時に彼と落ち合うようになっていた。彼女と昼食を取った後、一緒に会社員や公務員や学生の隣でカフェのテーブルにつく日もあった。誰がいても問題がない群衆の中では安心を感じた。昼食、コーヒー、料理や飲み物の元素的な感覚が、シュザンヌとの差し向かいという空虚を満たしていた。そして男友達と話すように、シュザンヌと話すことができた。しかし一時半を過ぎると、テーブルは空きはじめる。そんな風に人が散ると、ロランの胸のどこかが締めつけられた。どの会社員も、どの公務員も、どの学生も、既知の目的地へ、はっきりした目的へと向かっていくように見えた。どうやら誰もが、どこに行って何をしなければならないかを知っていたようだ。ロランにとっては空虚の始まりだった。シュザンヌ自身と——一緒にしなければならないことや一緒に考えなければならないことで紛らわすこともできずに——この空虚にとどまらなければならなかった。ロランにとっては、シュザンヌの現前という無限と動揺の始まりだった。自分に直接に与えられ、自分のためにそこにいて、もはや仕草や行為ではなく存在を求める人間をどうすればよいのか。そして仕草や行為の口実となりうるものがすべて消え去ったならば。

愛がないことがこの困惑や不安の原因だったというのは確かだろうか。愛する存在の現前を探し求める愛する者は、無数の前置きを通して愛する存在に近づく。そうした前置きの魅力は、現前の約束から生じるのだ。この前置きの段階が超えられるとき、もはや何も言えないとき、何も一緒にできないとき、他人の現前があるだけのとき——残るのは愛撫や倦怠だけである。そうしたわけで、人々は結婚するのだ。人々は、一緒にすべきたくさんのこと、炎を維持すべき炉、育てるべき子供たち、作るべき料理、行うべき清掃、ともに追求すべきキャリアで彼らの愛を包み込む。こうしたことはすべて、他人から発散する不安や倦怠をごまかすために欠かせない。リベラ夫人の狂気という恐るべき冒険は、彼女を耐えられるものにする事物という枠組みからの逸脱以外の何だったのか——事物における共同が断絶し、もはやどんな共通のものも遅らせたり隠したり置き換えたりできない単なる現前に、極度の不在もしくは狂気として現れる単なる現前となることでなかったら。病気はわれわれの仕事を中断し、ベッドに釘付けにし、われわれの制服を脱がせ、寝間着をまとったあの小さな青白い体へと変える。狂気はもちろんのこと、病気もまた、われわれの存在そのものが事物の覆いの外にある他の存在を呼ぶ震える声ではないのか。治療や医師によって、われわれはこの声を聞こうとしないのだ……。

狂女が閉じ込められた今、リベラは孤独を自由のように感じていた。周囲の人間たちが、彼らの衣服や彼らの健康のおかげで再び安心をもたらすものとなっていた。要するに健康というものは、仕事に励み、仕事によって定義され、仕事において自己実現する力にすぎない。それに女たちもまたその性の単純さにおいて、もはや不安を与えない存在として現れた。女たちはつねに刺激的な新しさに満ちている。新しさは、猥褻さを帯びた微笑にかくも容易に同意する、あのありふれた行為へと誘う。この猥褻さの根本は、神秘に包まれた花咲く乙女たちが行き交う詩的な寓意そのものにある。それは人間性をはぎ取られた女、東洋の女たちがそうであるのに似た何か、快楽の道具としての女だった。そして彼の目の前には、忘れていた映像が現れていた。

三年前、リベラはロンドンのある大銀行家の同意を得るため、あるプロジェクトを発表するため部長によってジョルジュ・サンク・ホテルに派遣されていた。待たされていたホールに、噴水を背にして売春婦が立っていた。リベラはその女を高級娼婦と名付けたが、それはもしかすると、彼がそのような女に近づいたことが一度もなかったからかもしれない。それに型にはまった豪華さのために、女がそのような性質を最高度に帯びていたからかもしれない。そうした豪華さは、オスカー・ワイルドの小説に描写されている。階段はつねに大理石で、磁器はセーヴルのもので、絨毯は近東のものだ。それはおおよそ、ピエール・ブノワの『アトランティード』に出てくるような超高級ホテルの豪華さ、大理石、革の深い肘掛け椅子、噴水だった。しかし正確には、この豪華な雰囲気は、あらゆるものがある程度緩められているからではないのか。そこでは何も本気で企てられることがなく、何も深い根を持たず、すべてが旅行中のものとして行われる。旅行中はすべてが許され、すべてが翌日のない「一度だけ」の豪華なものとして行われる。この点で、ホテルはカフェとは違っている。ホテルでは、まるでまだ列車にいるかのようで、すべてが夢幻的ですべてが許され可能である。従僕たちが、一晩で城を建ててくれる地の精のようにそこにいる。女はこの夢幻的な世界に立っていた——いかがわしい店とは違い、恥ずかしさのせいで、彼女が現れた魔法のような自由が多少なりとも邪魔されることもない。だから、このおとぎ話に入り込み、始まりや終わりという見返りのないこの行為——そして同量の負債や利益として帳簿に書きこまれることのない行為——を体験するためには、千フラン札一枚をためらいなく使うだけで足りたことだろう。しかし千フラン札を——リベラはそのときためらいなく使うことができなかった。責任の世界から離脱することはできなかったのだ。こうしてリベラは、宝くじの百万フランを夢見ながら立ち去った。百万フランもあれば、箱から出した一本のタバコのように、思い出すこともなく気軽に千枚の千フラン札から一枚を抜き出すことができるのだ。

今、妻は収容されている。ポケットに明後日の出発命令を入れたリベラは、身中に不道徳な若々しさを、影響を気にせず行動する力を、良心の呵責を感じない快楽の才を感じていた。リベラはパリで生まれずっとパリで暮らしたが、いまそのパリを離れようとしていた。パリは、兵士たちが一晩野営するような村のひとつに変容していた。兵士たちは空になった缶詰や汚れた紙、包帯の切れ端を拾おうともせず、後に残していく。兵士の生活が含む自身のゴミに対するこの自由の中で、そして神話と同時にそれらによって誘惑する[a]。もろもろの存在が、リベラを拘束することなく彼の前を漂っていた。夢の中のように。夢の中では、夢を見ているという意識とともに、目覚めに先立つあまりにも短い瞬間、すべてが許されているという遅すぎる感覚が忍び込む。彼はシャンゼリゼの方へ、ジョルジュ・サンク・ホテルの近くへと足を向けた。リベラには、二年前自分に打ち克つことができずに諦めてしまったあの女以外、誰も必要ではなかった。

女はそこにはいなかった。ここ、ホテルの「Aufmachung〔装い〕」には。もしかするとあの女は、リベラの想像の中でだけ、この場所に、ホテルのロビーにいたのかもしれない。大勢の立派で保守的なブルジョワたちと同様、爆撃の恐怖が女をパリから追い出したのかもしれない。彼女は祖国の子で、彼女にも栄光の日が訪れたのではないか〔フランス国家の冒頭は「行こう祖国の子らよ、栄光の日が訪れた」〕。ヴォーダルは昨夜、ある娼館で起きた話を語ってくれたではないか。彼が選んだ娘は、すっかり震えおびえながらも彼を迎えた。娘は爆撃を恐れて避難した仲間たちについて語り、時ならぬ警報への恐れから完全なネグリジェ姿を禁ずる規則について語った。娼館では、恐れの感情は真摯な感情なのだ。

社会から外れたこの生活は、秩序に復帰し、再び人間的なものとなっていた。一種の兄弟愛、厳粛さが、罪悪の非人間的な喜びに取って代わっていた。下品なあの非人間的な陽気さが、ロマン派やシェイクスピアの悲劇の魔女、小悪魔、道化たちのばかげた台詞や会話や笑いの基礎となっている。そこでは人間的な答えを得ることは不可能で、すべてがあいまいだ。この恐怖は品位のある何かだった。しかしヴォーダルは、自分の訪問は防空壕で和解した市民同士の真面目で兄弟愛に満ちた会話だけだったと断言していた。もっともその会話には、いくらかの不快感も混じっていた。そうした不快感は、リベラ自身が昨夜、一階の店に住んでいる仕立屋の女たちとの会話の際に感じていた。ブルーメンフェルト姉妹は、二人のオールドミスだった。仕立屋の女たちは決して休暇に行かず、夏は夜七時から九時のあいだ自分たちの店の戸口で休んでいた。年上のアンヌには、かつての美しさの痕跡があった。しわだらけで小柄なソフィーは、姉の影でありこだまだった。姉妹が愛する相手はお互いしかいなかった。なぜ姉妹は、まるで洞窟の奥のような、店の奥での生活に固執したのだろうか。戦争が始まったばかりの頃、彼女たちは「リベラさん、私たちはとても怖いんです」と言った。「サイレンを聞くと、とても怖くなるんです！　どこでもいいですから、どこか私たちが行けるような場所を知りませんか。私たちは何でもします、住み込みのどんな条件でも働きます――でも私たちはとても怖いんです」と。不快感。勇気の欠如が不快なのではない。生へのあの薄汚れた本能的な執着、歯の抜けた口が脂っこいものやデンプンの多いものを汚らしくかみ砕こうとしつづけるあの欲望、台所の匂いと油を含んだ紙の中で変質した野菜を付け合わせた、腐肉のあの切れ端が不快だった。食べる喜び、孤独な悪徳のような何かへと膨張する、この存在することの喜びが不快だった。食べ物を楽しむ人間を観察するときに

（a）この一節は著者によって訂正されていないが、文は理解不能なままである。

リベラがいつも考えるのが、この悪徳だった。映画で見たわけのわからない海底の化け物の姿に似た、人間にはふさわしくない何か。その化け物は、すべての足を震わせ、体全体を動かし、発酵中の巨大な練り物と化しながら、大きな魚たちを愚かしく飲み込み消化し、孤独に楽しんでいた。

リベラは路上にいた。神よ。リベラは今、ジョルジュ・サンクの女が自分の心を奪いつづけ、彼女の存在によって毒されていることに気づいた。シャンゼリゼを行き交う女たちには何の意味もなかった。ジョルジュ・サンクの女だけが、現実を越えたいという彼の苦しい欲求を鎮めることができた。あの女は生の甘美さのすべてであり、激しさのすべてだった。もちろん、別の女に言い寄ることはできた。だがどうやって？　三十四歳にして、リベラは青年期の内気さを持ちつづけていた。この内気さは教育の名残だった――もしかすると教育というのは、結局のところ人間本性の不変の基底に基づいているのかもしれない――この基底にとって、性的なものは恥ずべきものでありつづけている。それは、尊敬を性的なものから隔てる深淵を越えることの不可能性だった。リベラは服装の品位に敏感だった。町で出会う存在たちは、その装いのどの細部も周到に計算されていた。頬に無造作に垂れた巻き毛、四分の一ミリだけ――まさしく周到に計算されたもの――ポケットから出たハンカチーフ。そうしたものすべての背後に、抱擁のふしだらさや荒々しさの可能性が隠れていると考えられるだろうか。服装はむしろ会話へと、尊敬へと誘ったのではないか。どうやって女に言い寄るのか。単に女たちに飛びかかり犯すだけであったなら！　首尾一貫性を欠いた夢の中、そしてもろもろの存在たちがいるように見えるにもかかわらず、本当は一人である夢の中でのように。しかしひとは話すことから始め、尊敬すべき存在に近づくことから始める――そしてそこには、嘘のように最も許しがたいあいまいなものがある。なるほど文学があり、感情があり、生、月へと向かうリラの花の若さの跳躍がある。そうしたものは過渡的なものだ。リベラにとっては価値がなかった。リベラは脇道に入った。シャンゼリゼ大通りは明るすぎたのだ。明るい光の下でいきなり女に近づくのが危険すぎるということはなかったが、光のせいで近づくこと自体が不可能でもあった。女はリベラの顔をじろじろと見ることだろう。

薄暗い道でなら、いきなり話しかけられるだろう。しかし今度は光のかわりに女の答えがある。いや、リベラには売春婦にしか話しかけられないだろう。売春婦は不作法に答えるだろうし、すぐさま淫らな話し方をし、身振りのように簡単な言葉を使うだろう。しかしなぜそうした売春婦たちは大通りを求めるのか！　小さな脇道ならば、いくらか平和でじっくり考えられるのだが。百メートル先に女の姿が見える。あれは標石だ、白壁に当たった光だ。リベラは回り道をし、シャンゼリゼの方へと戻る。リベラは疲れて、ジョルジュ・サンクの女の強迫観念はもっと単純なものになった。誰でもいい。一番簡単なのは、娼館に行くことだ。

だが娼館も、直接的であればよかったのだが。欲望と充足のあいだに入り込む、それ自体としては尊敬すべきあのすべての身振りがなければよいのだが。テーブルがあり、ベンチがあり、飲み物や食べ物があり、給仕をするウェイターがいる。サロンのような見せかけのすべて。ヴォーダルはどうやるのだろう。ヴォーダルの場合は、買われた女の恐れだけが、そうした場所の人間的な雰囲気を思い出させることができた。それに大勢の人がいる。重要なのは、知り合いに見つけられて評判を落とすことではない。ひとはむしろ、見知らぬ人々の前で評判を落とすのだ。自分の立場が見知らぬ人々と関係するのは、彼らが自分を見つめるからだ。自分を知らないそうした人々が、自分を見つける。彼らはみな、自分が戻るとこう言い合うのだ。おや、あれはリベラだ、おや、君はここにいたのか。

リベラは、自分が自由を浪費していること、自由を金に換えていること、それが次第に当たり前になっていることを実感していた。通りはすでに、自分がどこに向かっているかわかっている人々でいっぱいだった。脇の下に鞄を抱え、寝に行こうとしている人々でいっぱいだった。寝に行こうとしている人々からは、何という落ち着きが発散することか。彼らは自分の務めをすべて果たしたのだ。リベラはまったく卑小でまったく周辺的な存在で、流浪する軽蔑すべき者だった。通りはすでに、家や重要なビジネスでいっぱいだった。自分の目的地を選ぶよういざなうメトロの出入り口や、偉大な感情、不変の利益でいっぱいだった。リベラはといえば何者でもなく、色欲に苦しむ性悪なガキだった。右に曲がるか左に曲がるか、どんな理由もなかった。

こんばんは部長——不意に背後で声がした。役所でリベラの秘書をしているソラルが、礼儀正しくためらいがちに後ろにいた。義理の兄弟姉妹と一緒で、テルヌ街でビールを飲むんです。お見かけしたので、ご挨拶しようと思ったわけです。

ソラルは放蕩者だという悪評があったが、その晩は家族と一緒だった。それにソラルは、リベラのことを部長と呼んだ。彼らは部局でのこと、動員された同僚、仕事の進展について話した。リベラの代理となった退職した老部長の見事な献身、動員された部局の若者の早熟な英雄的精神。消えつつあると感じていた混沌は、こうして消え去った。リベラは再び堅固な姿をまとった。リベラ部長がソラルに共感と感謝をこれほど感じたことはなかった。もうリベラは帰宅し、床につき、寝る前にルコント・ド・リールの詩をベッドで読むことができるだろう。リベラは地下鉄の次の出入り口を降りることにした。甘美な悲しみがリベラを満たす。妻のこと、フランスのこと、自分自身のことを考えた。自分は物事からずいぶんと切り離されているが、それでも自分のちょっとした地位でささやかな社会的・軍事的な務めを持っている。ああ、自分が枠にはめられ組み込まれていると感じどこかに行くことは、なんと甘美なことか。

もしくは、人生が単純化されていると不意に感じること。ジョルジュ・サンクのあの唯一無二の経験はもはや問題ではない。リベラ部長は、結局のところ強者たちの世界に属していたのだ。戦争は永遠に続くわけではない。彼は単に、放埒な生活を送ろうとしている強者なのだ。これは秩序に属している。人々はとてもうまく放埒な生活を送るし、そのことで自分の価値が下がるわけではない。人々は、放蕩においてさえも自分の船の船頭でありつづけるのだ。一家の父、道徳教師、秩序の支え。ヴェプラーの店の、金髪の女たちがいる大きなテラス席。まさにそうした女がただひとり出てきて、リベラにそっと話しかける。クリシー大通りやガヌロン通りのホテルには行かない、モンマルトル墓地の近くにいる、玄関ホールにゴミ箱があり、絨毯はないがワックスをかけられ清潔な階段のある家。五階。オールドミスの家の匂いがする、狭い入り口。家族写真のあるアンリ二世風の食堂、食事の残りのある台所に開かれた扉。写真アルバムだけ。

『ヴェプラー家の奥方』テクストの校訂についての注記

――青い暗灰色の表紙の二一・五×一七・五センチのノートで、長方形の黄ばんだラベルがノートの中央上半分に貼られている。ラベルにはいかなる表示もない。

――ノートは、小さな方眼紙で二二枚四四頁ある。

――一四頁半が鉛筆で書かれている。最初の二頁はペン（黒インク）による訂正を含む。一五頁以降は、テクストは万年筆で書かれている。一五頁から一七頁までは極細のペンで、次に一七頁の三分の二から最後まではより太いペンで書かれている。ノートはすべてが使用されているわけではない。五頁が手つかずのままである。

――ノートはあまり傷んでいない。とはいえ、頁は非常に黄ばんでいる。書き込まれた最終頁だけが、右下隅で破れている。このことで、いくつかの語が不完全である。その次の頁ははぎ取られている。

――手書きのテクストは、右側の頁にしか書かれていない。左側の頁は、完全に空白のままである（物語への長い加筆が記された四頁目を除く）。

――このノートは『ヴェプラー家の奥方』のテクストしか含んでいない。

図 11　小説の冒頭，133 頁

（生成版）

『ヴェプラー家の奥方』

［1頁］(a)

ヴェプラー家の**奥方**(b)

シモン(c)ロラン氏の妻は気違いだった。~~シャラントンの病院~~療養所に［Dans］監禁され(d)、処女懐胎でできた子供だという人形をあやしていた。正気に戻るのはまれで、その正気~~自体~~も狂気~~［xxx］~~に包まれたものだったが、そんなときには夫のために静かに涙を流した。自分が世話のできない夫の靴下には、きっと穴が開いていることだろう、と。

~~［xxxxxxxxxxxxxxx］~~

医師が診断を下し、~~彼の妻が~~~~シモン夫人が~~／彼女が看護師たちの「世俗裁判権(e)」に委ねられる最後の瞬間までは、

（a）草稿の一部は鉛筆で執筆されている。E・レヴィナスがインクで書いている箇所を示すことにする。テクストは奇数頁に書かれている。

（b）PR : femme〔妻〕.

（c）PR : Riberat〔リベラ〕.

（d）取り消し線の下に、「監禁され」と判読することができる。

（e）一般的規則として、レヴィナスは逆になったイギリスの引用符を用いている。つまり括弧開きが下で括弧閉じが上である。

この狂女と人間関係を維持しなければならなかった。最初は、彼女のたわ言は奇妙な考え~~の織物~~が絡み合ったものにすぎなかったが、粗雑すぎる道具としての推理では、それを解きほぐすことはできなかった推理に~~よってそれと~~~~戦わなければならなかった。むなしいがやむをえない義務に属する試み。~~どのようなものかわからないが、奇妙な考えを狂気から分ける~~理念的な線~~境界がある。~~それらが~~／奇妙な考えがこの境界を踏み越えた(eurent dépassé)(a)ときも、夫である**シモン**(b)~~とその[xxxxxx]~~にとっては~~監禁までは~~、家庭――かなり混乱していたものの――という枠の中では、／それでも妻は~~人生の伴侶~~ルールが存在するゲームのパートナーだったし、／シモン夫人としての尊厳のすべてを持っていた 病気だったが、／まだ気違いではなかったのだ。**シモン**(c)は~~病人~~(d)の奇行の背後に、~~自分の仲間~~不幸と戦うための味方となる／妻を探した。~~発見したのは、狂気全体がこの不幸幽霊、言葉、見せかけの思考といったものに現実性を与えることに執着した~~でいっぱいの空虚へと飛び込んだ。その後は、日曜日に／病院を訪問する短い[courts]~~時間~~瞬間だけ、この~~疲れる態度をとっていた~~苦悩にとらわれた。もっとも、苦悩は**その**

[3頁]

[son]~~その~~(sa)~~疲労~~の激しさ自体を失っていた。妻が~~十時間~~しばしの間彼に会いにやって来る部屋では、~~すべてが~~／~~取り戻していた~~家具や品物や光が**装飾という型にはまった存在となり**(e)、~~演劇の舞台のように見えた~~ ~~**そのような**~~(f)~~ウィンク~~まばたきしていた~~閉じだけ理解のしるしを~~送っていた会話にあらかじめ人工的な調子を~~与えている~~与えていた。言葉それ自体の意味は、もう重要ではなかった。~~十人の人間の接触という緊張は、あまりにも頻繁に暗唱される戯曲における~~ように~~中和されていた~~。儀式だったのだ(g)。

リベラは~~重荷を下ろした~~解放(リベレ)された／気分だった。迷宮は出口へと行き着いた。迷宮は／突然平和な小さな公園で終わっ**た**。そこでは子供たちが**飛び跳ねて**遊んだり母親や姉たちのそばで／おやつを食べたりしていた。彼女たちが走り回る中、上品な婦人が一休みしていた。(h)〔小公園から〔周囲の?〕大きな家々へと／それを続いていたものはすべて〔Tout〕、苦痛と不幸さえも、そして死さえも、人間らしい／{des} もの**であった**／に違いない。ドラは何もとらえられない世界を後にしたところだった。賢明に狂気の険しい道を踏破し〕(i)

ここでは／{que} 再び、木があいまいなところのない木に、木ではないものとの類似性を持たない木となっていたし、パンは単に食べるためのものであったし、太陽は燃え、女たちは欲望をそそるものとなっていた……。

〔5頁〕

／平時には 世界の終わりはこのように予感されていた戦争さえ——平時には、la 以来それは以来それは／

今や これらの既定の事柄の de ces 一部となっていた。動員のよいところは

射角が存在すると考えること、〔que〕兵器の最小および最大射程、〔que〕防衛区域、〔que〕兵舎、〔que〕報告、

（a） PR : dépassèrent.
（b） PR : Riberat.
（c） PR : Riberat.
（d） PR : les〔その〕.
（e） 余白にインクで書かれている。われわれは conventionnel〔型にはまった〕を conventionnelle と訂正した。
（f） PR : autant〔同様の〕.
（g） この文章で、E・Lはインクでいくつかの訂正をしている。
（h） この文は余白に置かれている。「彼女たちが走り回る」はおそらく「母親と姉たちが走り回る」に対応している。もしそうでなければ、「彼女が走り回る」に修正し、「上品な婦人」に対応させなければならなくなるであろう。
（i） 余白の中括弧に従いここで括弧に入れた文章の左側に、「二」という数字が書かれている。次の段落の左側には、別の括弧で「一」とある。よって二つの段落の順番は逆にされなければならない。

~~[que]報告書や[que]命令~~——合理的な幾何学、力学、ヒエラルキーが／存在すると考えるのはよいことであっ
た——
／~~一九四〇年五月一日はまだ遠かった、~~
~~しかも、リベラが動員されたパリのある参謀本部の部局を通じて、~~(a)~~五月一日以前のこの平和な戦争は~~／~~だいぶ~~
~~前から~~ ~~無害な官僚主義へと急速に変容していた。~~／リベラが暫定的に配属されたパリの部局では、 敗北、~~家から引~~
~~き離された人々の絶望、撤退といった、~~退却、収容といった言葉(b)~~と負傷者たちは不快感を与えることはなかった見~~
~~当たらなかったは~~——苦しみや死、飢餓や寒さや血といった内容を~~失って~~ ~~無くして~~ 取り除かれて——~~学者のように~~
~~遂行された演繹からなるque~~ 抽象的／で **快適な**スコラ学に**整然と配置されていた。**その上そうした言葉は、戦争を
~~ひとりの間抜けではないやひとりの感傷的な人間~~／~~ではない~~ としてではなく大局から考える~~[xx]~~ ひとりの 大人
である、という満足を与えていた。~~その知性が、不正なものかもしれない安全を弁解し償うのである。~~
~~妻の病気のときあいだ、リベラは~~／~~上官である大尉の寛大な処置のおかげで、不定期に~~ ~~しか軍の部局に行かな~~
~~かった。彼はそこに常駐している同僚たちをうらやんだ。~~／{~~よりよいことにだが~~~~よりよいことに~~ 何より、~~すべて~~
~~を前にして~~この災厄とそれが生み出す苦しみを前にして、何かをなしうるという事実があった。[ランベ図法の方
眼]に従順に収まる領土それ自体のように、混沌をある形に閉じ込められるという事実があった。(c)} だから、妻が収
容されてから三週間後の／一九四〇年五月二十五日頃、／リベラを 対象と**した**(d)前線部隊への合流命令が出され、／具
体的な 戦争~~の現実~~ともっと直接的に接触する見込みになっても、~~また~~／~~彼には~~ 安定し確実で理解可能な現実という
性質が~~彼の精神において彼が妻の狂気に**対置していた**~~(e)~~この戦争から~~ 戦争から 取り除かれたわけではなかった。この

[7頁]

現実~~はある意味で~~／もまた、遊んでいる**少女たち**や~~女中たち~~編み物をする女中たちがいる日当たりのいい小公園~~の一部であった~~／の延長であった。それは平和の秩序に属していた。~~唯一の戦争、世界の終わりの唯一の形態~~もうひとつの秩序――／無秩序という秩序、そして世界の終わりに真に対応する秩序――を、／リベラはすでに経験したことがあった。~~それを経験したのは~~／~~別の場所で~~／そこから抜け出したのだ。それは妻の狂気だった。〔それにリベラは、ずっと以前から秩序と無秩序、堅固な場所が隣り合っていることも知っていた。堅固な場所ではひとは自分自身であり、行動し組み立てる。~~その土地で~~既知のもので~~たまたま~~身動きがとれなくなった足が、波の上を静かに歩けないことを認めるとき、ひとはもしかすると臆病に、苦悩の中でこの場所を熱望するのかもしれない。~~だが~~**~~これだけが無秩序の経験ではなかった~~。**(f)}~~リベラが~~二十歳で、／リベラはある恋愛関係／の際にこの無秩序を~~eu une~~／経験していた。地方出身の若い~~女~~~~ても人を信用しやすい~~女子学生と知り合ったのだ。彼女は黒い／木綿の靴下を履き、／古風な小学校教師一家の／~~世俗的な~~／美徳と／貯金によって、そして胸躍る読書によって養われていた。彼女は、自分が読んだ小説をまさに

（a）PR：〔大文字ではなく〕小文字の à〔travers〕.

（b）PR：〔Les mots ではなく〕morts〔死者たち〕. この文は大文字の L にもかかわらず〔直前の文と〕つながっている。

（c）「だが何より」から「事実があった」までのこの一節は余白に書かれており、括弧によってテクストにつなげられている。「ランベ」はもちろん「ランベルト」の省略である。ランベルト図法の方眼は、軍の地図作成では有名である。

（d）PR：〔a touché ではなく〕l'a touché.

（e）この下に判読不能な語がある。

（f）この文章は左余白に書かれている。

図 12　136, 137, 139 頁参照

体験しようとしていた／ただし、とても深刻かつ純粋に。彼女は人生に~~好奇心~~好奇心を抱いていたが、これを欲と形容することはできない。なぜなら読んでいた。~~ただし、母親の教えの通りまったく深刻~~／~~かつまったく純粋に~~この言葉は粗雑すぎるからだ――彼女の好奇心は、信頼と、恥じらいと不思議な知識からできていた。~~母親は若い頃［ルナン］に会うためにパリに旅行したことがあった~~(a)目立たないが優しさ~~そして人生への好奇心~~に満ちた顔をしていた。／軽率な~~身振り~~／動きで、リベラは彼女に注意を向けた。期待を**持たせてしまった**のだが、リベラには期待を裏切る／精神力がなかった。こうして小説（ロマン）に巻き込まれたのだ。小説が／シュザンヌの魂の中でどれほどの広がり**や**深さ**を**持っているか、しかし~~苦痛として引き裂いていたか~~彼には予測**できなかった**。

［9頁］

~~そして~~｛彼にとっての小説は、~~苦しみを与える際に良心的な~~(b)｝~~｛彼女は文字通り従った　演出に至るまですべてがいつの日か彼女がリベラの［×××］であった［××××］の花や葉や枝ヴェルレーヌにおける乙女のようにするために~~~~す~~(c)｛良心を持った魂が苦しみを与える際に感じる魂の苦悶でしかなかった。｝~~す［××××××波乱］まるで夢の中でのように、この娘の会話や手紙が押し寄せた自分がその原因である~~(d)。~~それが四年続いた。~~**リベラが**~~その~~変化に気

（a）ルナンは一八九二年に死去している。十五歳の少女が、一九一一年には二十歳、一九四一年には五十歳だったことになる。われわれは、リベラが同い年であったかもしれないと仮定することもできる。

（b）この一節は余白に書かれており、文の最終部分の前の、先行する紙片に対応する取り消された別の一節に先行している。

（c）この取り消された括弧は、左側に書かれた八頁に一本の線で結ばれいる。

（d）余白に訂正がある。「彼女にとって、苦しみを与える良心を持った魂の苦悶でしかなかった」。頁の下には別の訂正がある。「良心を持った魂が苦しみを与える際に感じる」。

づかずないうちに、娘は彼女はすでに絹の靴下を履いていた。そこで彼にもどちらにもつらいものだったこの文学から抜け出すために、興奮した(a)彼女の現前がもたらす倦怠から離脱するために女、女というものが、すべてを単純化するわけではないだろうがリベラは［la］(b)娘に触れた。彼女は他の女と同様の女だった。リベラは／崇高な瞬間を経験しなかった、忘れ去られる瞬間ばかり／だった。だがシュザンヌは、me 自分がようやく体験している書物に新しい章を見つけ出した。リベラは／いまや、もうして バルザックやトルストイの作品で愛人を持っていた女たち全員と戦わなければならなかった。可能なあらゆる結末に対処し予測しなければならなかったのだ。／そして それが四年続き、［母親？］の介人のおかげで終わった［XXXXXXX］彼らは奇跡的に殺人も自殺もなく別れた

娘

なく

［8頁(c)］

文学作品は、シュザンヌの感情を養うのには役立たなかった。むしろシュザンヌは、人生の予感／と象徴をそこで作品から借りて汲み取っていた。旧約聖書に新約聖書が先取りされているかのごとく、そこには人生が先取りされていたのだ。こうしたわけで、彼女が**感じた**ことには成就という性格があった。クリスマス休暇に**出発する**前日、彼女は瞬間にロランにオレンジを何個かと葉のついた宿り木の枝を何本か持ってきた。ヴェルレーヌが言ったことが成就するようにである。「ここにありし果実、花、葉、枝」。

リベラは me することを恐れていた、崇高なもののこうした表明のすべてにうんざりしていた。彼が繊細さを欠いていたのではなく、愛情が欠けていたのだ。リベラは、あくびをしてシュザンヌを傷つけ（blesser）たくはな

（a）　PR : exaltante〔興奮させる〕.
（b）　PR : cette〔この〕.
（c）　八頁――左頁――に二つの段落が書かれており、一・二本の線によって右頁にはっきりしない仕方で結ばれている。状況はかなり混乱している。

図 13　140 頁参照

かった。シュザンヌの方は、自分が話題になることやロランが彼自身について語ることを望んでいた——だがリベラは、彼女にどうでもよいことや人や本について話したいだけだった。今シュザンヌがリベラと過ごしにやって来る午後の時間は、彼にとってはあたかもいつ終わるともしれないものだった(a)。そこでリベラは、そうした時間に耐える手段を見つけていた。彼はリベラの愛撫は大胆になった。その激しさゆえに、それをもたらす教えの確実性ゆえに物理的と呼ばれる心のときめきを、今やリベラは陶酔のごとく求めていた。

彼はアルコールには求めなかったああ、リベラが［自分の愛に耐える］必要がないように自分を愛撫しているとシュザンヌが知っていたら！　リベラが(b)］

［11頁］

avait un

［瞬間に自殺／彼らの方では瞬間に／何も知らない／リベラの両親は、彼の状況を最も心配していた。しかしそうした心配は、リベラにとってはどれほど取るに足らないことに思われたことか。彼はようやく、触れることのできる困難、つまり戦うことのできる困難に取り組んでいたのだ。リベラはたった今まったくの戦争状態のうちに、すべてがあいまいでよろめき、消えゆく世界から、小さな公園へと出てきたのだ。そこでは午後四時の春の日差しが、散歩道の砂や乳母車の白さを金色に染めていた。］

人生はそれ以来つまらないものとなった今やシュザンヌは、身支度を調えて、サント・ジュヌヴィエーヴで十一時に彼と落ち合うようになっていた。彼女と昼食を取った後、行ったり再び出た一緒に会社員や公務員や学生の隣でカフェのテーブルにつく時日もあった。自分自身がいても問題がない

それは［XXXXXXX］だった

誰がいても問題がない群衆の中では安心を感じた。昼食、コーヒー、料理や飲み物の元素的な感覚が、避難していたシュザンヌとの差し向かいという空虚を満たしていた。

［13頁］

そして男友達と話すように、シュザンヌと話すことができた。しかし一時半になると、テーブルは空きはじめる。

この空虚はなっていた持っていた

~~そうしたことが昼食を取る部屋で生じたときはたいしたことはなかった~~／まだ~~コーヒーを飲まなければならな~~
~~かったのだ。しかし~~(a)~~の上には~~

そんな風に人が散ると、~~何か~~ロランの胸のどこかが締めつけられた~~ません、それは不安になった~~。どの会社員も、どの公務員も、どの学生も、どこかへ既知の目的地へ、はっきりした目的へと向かっていくように見えた。どうやら誰もが、どこに行き何をしなければならないかを知っていた。~~そして確信に満ちたこうした人々のことを、彼はどれほど羨んだことか。~~ロランにとっては空虚の始まりだった。彼はそこにシュザンヌ自身と一緒に残らなければならず、~~それ~~共通のなすべき用事や考えるべき思考の陰に身を隠すこともできない——ロランにとっては、~~キ~~シュザンヌの現前という無限と動揺の始まりだった。~~いまや、シュザンヌの相手をしなければならなかった~~自分に~~ホ裸々な人間存在として~~直接に与えられ、自分のためにそこにいて、~~なしに~~／もはや仕草~~と~~や行為ではなく存在を呼び求める人間~~と一緒に~~をどうすればよいのか。仕草や行為の口実となりうるものすべてが消え去ったならば。

[15頁]

愛がないことがこの困惑や不安の原因だったというのは確かだろうか。愛する存在の現前を探し求める愛する者は、無数の前置きを通して愛する存在に近づく。そうした前置きの魅力は、現前の約束から生じるのだ。この前置きの段階が超えられるとき、もはや何も言えないとき、何も一緒にできないとき、~~唯一残った事実が存在するという事実である~~他人の現前があるだけのとき——残る~~やるべきこと~~のは愛撫／や倦怠だけである。そうしたわけで、人々は結婚するのだ。人々は、一緒にすべきたくさんのこと、炎を維持すべき炉、／育てるべき子供たち、作~~らなくてはならない~~るべき料理、行~~わなくてはならない~~うべき清掃、ともに追求~~しなくてはならない~~すべきキャリアで愛を包み込む。こうしたことはすべて、~~無限を耐えうるものにする~~他人から発散する不安や倦怠をごまかすために

（a） テクストの中で取り消された「あたかも（comme un）」は、——「あたかも〔いつ終わるともしれない〕時間／長さ／期間」のように——単数が想定されていたことをおのずから示している。
（b） テクストの左側に垂直に書かれた文章。

［17頁］欠かせない。~~その~~リベラ夫人の狂気という恐るべき冒険は、彼女を耐え~~られない~~られるものにする事物という枠組みからの逸脱以外の何だったのか——~~共通していた~~事物における共同が断絶し、(a)もはやどんな共通のものも遅らせたり隠したり置き換えたりできない~~他人の~~単なる現前に、~~そして他人とのこの関係の発見~~極度の／不在もしくは狂気として現れる

〔病気はわれわれの仕事を中断し、ベッドに釘付けにし、われわれの制服を脱がせ、寝間着をまとったあの小さな青白い体へと変える。狂気はもちろんのこと、病気もまた、われわれの存在そのものが事物の覆いの外にある他の存在を呼ぶ震える声ではないのか。治療や医師によって、われわれはこの声を聞こうとしないのだ……。〕

単なる現前となることでなかったら。~~狂女が閉じ込められた今、リベラは孤独の喜びを感じていた。彼は自由を感じた~~狂女が閉じ込められた今、リベラは孤独を自由のように感じていた。~~そしてすべて~~周囲の人間存在が、彼らの衣服や~~その~~彼らの健康のおかげで再び安心をもたらすものとなっていた。要するに健康というものは、~~perm~~仕事に励み、仕事によって定義され、仕事において自己実現する力にすぎない。それに女たちもまたその性の単純さにおいて、もはや不安を与えない存在として現れた。女たちは／つねに［刺激的な？］新しさに満ちている。新しさは、~~明白な目的である複雑さのない~~猥褻さを帯びた微笑にかくも容易に同意する、あのありふれた行為へと誘う。~~なぜならは~~この~~yaum te~~猥褻さの根本は、神秘に包まれた花咲く乙女たちが行き交う詩的な寓意／そのものにある。それは人間性をはぎ取られた女、(b)［19頁］東洋の女たちがそうであるのに似た何か、快楽の道具としての女だった。そして彼の目の前には、忘れていた映像が現れていた。

(a) この頁の左余白に、取り消された文章がある。「渇望——もしくは性欲——としての愛——結婚は愛の長い［~~XXXX~~］の終わりに仕事を与える——狂気の無秩序は、本当にシュザンヌとのこの事件とは別のものだったのか」

(b) 左余白に以下のようにある。「道徳に対する自由——すべてが可能——ジョルジュ・サンク・ホテルの夢」。この文章には横線が引かれており、前後には全体が取り消され判読不能な文がある。

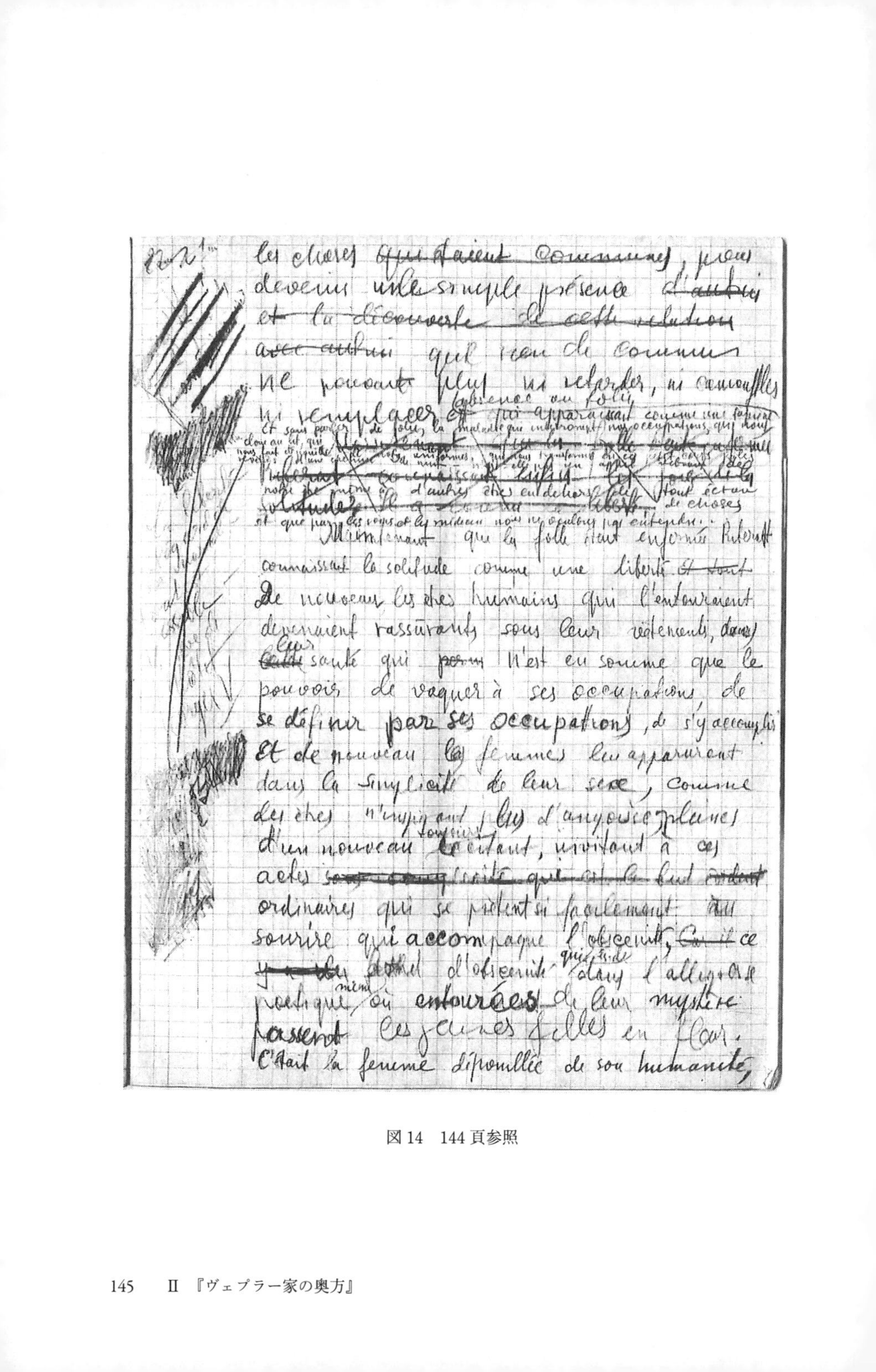

図 14　144 頁参照

三年前、リベラはロンドンのある大銀行家の同意を得るため、あるプロジェクトを発表するため部長によってジョルジュ・サンク・ホテルに派遣されていた。待たされていたホールに、噴水を背にして売春婦が立っていた。リベラはその女を高級娼婦と名付けた(a)が、それは／もしかすると、彼が~~それに~~そのような女に近づいたことが一度もなかったからかもしれない。それに型にはまった豪華さ／~~超高級ホテルの豪華さ~~のために、女がそのような性質を最高度に帯びていたからかもしれない。そうした豪華さは、オスカー・ワイルドの小説に描写されている。階段はつねに大理石で、磁器はセーヴルのもので、絨毯は近東のものだ。~~女のそうした性質は、ある air にあった~~それはおおよそピエール・ブノワの『アトランティード』におけるような、超高級ホテルの豪華さ、大理石、革の深い肘掛け椅子、一個の泉噴水だった。しかし正確には、この豪華な雰囲気は、あらゆるものがある程度緩められているからではないのか。そこでは何も本気で企てられることがなく、何も深い根を持たず、すべてが旅行中のものとして行われる(b)。旅行中はすべてが許され、すべてが翌日のない「一度だけ」の豪華なもの ~~として~~ として行われる。この点で、ホテルはカフェとは違っている。~~土台そのものが変わる。~~ホテルでは、まるでまだ列車内にいるかのようであり、すべてが夢幻的ですべてが許され可能である――／従僕たちが、一晩で城を建ててくれる地の精のようにそこにいる。~~すべてが許される~~(c)。女はこの夢幻的な世界に立っていた――いかがわしい店とは違い、恥ずかしさのせいで、彼女が現れた~~おとぎ話の~~／魔法のような 自由~~にわずかな~~ ~~制約を多少なり加える~~ が多少なりとも邪魔されることもない。だから、このおとぎ話に入り込み、~~この無責任な行為~~始まりや終わりという／見返りのない この行為――~~dont~~：そして同量の負債や利益として帳簿に書きこまれることのない行為――~~に参加~~を体験するためには、~~必要となるであろう~~千フラン札一枚をためらいなく使うだけで足りたことだろう。しかし千フラン札を――リベラはそのときためらいなく使うことができなかった。責任の世界から離脱することはできなかったのだ。こうしてリ

［23頁］

ベラは、宝くじの百万フランを夢見ながら立ち去った。百万フランもあれば、箱から出した一本のタバコのように／ように、いかなる思い出もなくすことも／なく同じ気軽に、同じ千百万枚の千フラン札のあいだから一枚を抜き出すことができるのだ。

今、妻は／収容されている。／ポケットには 単独移動許可証、由の前には見知らぬ人 ポケットにポケットに理由明後日の出発命令を入れたリベラは、身中に無責任で不遜で無道徳で釈明 不道徳な 若々しさを、影響のことを考える心配する／を気にせず試みる行動する力を、中の中をからからにして由を覚ますことなく楽しむことなく楽しむ良心の呵責を感じない快楽の才を感じていた。この兵士の自由リベラはパリ／で生まれずっとパリで暮らしたが、いまそのパリを離れようとしていた。パリは、彼には一瞬兵士たちが夜到着して翌由には出発する 一晩野営するような村のひとつのように見えた のひとつに変容していた。一晩兵士たちは空になった缶詰や汚れた紙、ぼろ切れ包帯の切れ端やぼろ切れの［xxxxxxxxx？］を朝拾おうともせず、後に残していく、人間存在にとっての唯一の［下品な？］［人間の唯一の？］特権／生活兵士の生活が含むみずからのゴミ自身のゴミに対する／この自由の中で。／そして 美徳を逸脱し／神話と同時にそれらによって誘惑する。しかももろもろの存在由が、リベラを拘束することなく彼の前を漂っていた。

夢 十部の夢 夢の中のように。夢の中では、夢の夢を見ているという意識とともに、［夢の消滅目覚めに先立つあ

（a） PR : qu'il qualifia de ［と形容した］.

（b） この頁の左余白には以下のようにある。「娼家の［xxxxxxx］や売春宿の下品さのない［xxxxxxx］自由」。

（c） この文には、線で囲まれ横線を引かれた判読不能な二行半の文章が続いている。

〔25頁〕

まりにも短い瞬間、〕(a)すべてが許されているという／遅すぎる感覚が忍び込む。彼はシャンゼリゼの方へ、ジョルジュ・サンク・ホテルの近くへと足を向けた。リベラには、~~リベラには~~二年前自分に打ち克つことができずに諦めてしまったあの~~ジョルジュ・サンク・ホテルの~~女以外、誰も必要ではなかった。

女はそこにはいなかった／ここ、ホテルの「Aufmachung〔装い〕」には。(b) もしかするとあの女は、リベラの想像の中でだけ、この場所に、ホテルのロビーにいたのかもしれない。大勢の／立派で保守的なブルジョワたちと同様、／爆撃の恐怖が彼女をパリから追い出したのかもしれない。／彼女は祖国の子で、彼女にも栄光の日が訪れたのではないか。ヴォーダルは昨夜、ある娼館で起きた話を語ってくれたではないか。彼が選んだ娘は、すっかり震えおびえながらも彼を迎えた。／彼女は〔爆撃を恐れて避難した仲間たちについて語り、時ならぬ警報への恐れから完全なネグリジェ姿を禁ずる~~不合格者~~規則について語った〕(c)。[xxxxx ?] ~~とは無縁なある感情~~ ~~奇妙だった~~ 娼館では、恐れの感情~~そして何より誠実な感情~~は 真摯な感情 なのだ。~~それは[xxxxxxx]~~社会から外れたこの生活は、~~社会~~生活に／~~帰着し~~／秩序に復帰し、~~運命に参加~~ ~~もうして pren~~ 再び 人間的なものとなっていた。一種の~~人間的な~~兄弟愛、／~~そして一種の~~ 厳粛さが、罪悪の非人間的な [la] 喜びに取って代わっていた。／下品な **あの**非人間的な陽気さが、／ロマン派やシェイクスピアの 悲劇**の**魔女、小悪魔、道化たちの／ばかげた 台詞や会話／や笑いの基礎となっている。そこでは人間的な答えを得ることは不可能で、すべてがあいまいだ。／この恐怖は品位のある何かだった。

［27頁］

しかしヴォーダルは、自分の訪問は╱防空壕で和解した市民同士の真面目で兄弟愛に満ちた会話だけだったと断言していた。もっともその会話には、いくらかの不快感も混じっていた。そうした不快感は、リベラ自身が昨夜、一階の店に住んでいる仕立屋の女たちとの会話の際に感じていた。ブルーメンフェルト姉妹は、二人のオールドミスだった。仕立屋たちは決して休暇に行かず、夏は夜七時から九時のあいだ自分たちの店の戸口で休んでいた。年上のアンヌには、かつての美しさの痕跡があった。しわだらけで小柄なソフィーは、姉の影╱でありこだまだった。╱姉妹が愛する相手はお互いしかいなかった。なぜ姉妹は、まるで洞窟の奥のような、店の奥での生活に固執したのだろうか。~~それは喜びのためだったのか~~戦争が始まったばかりの頃、彼女たちは「リベラさん、私たちはとても怖いんです」と言った。「サイレンを聞くと、とても怖くなるんです！ どこでもいいですから、どこか私たちが行けるような場所を知りませんか。╱私たちは何でもします、住み込みのどんな条件でも［落ち着きます╱働きます？」――でも私たちはとても怖いんです」と。~~それは~~何か不快感。勇気の欠如が不快なのではない。生へのあの薄汚れた╱本能的な執着~~には~~は、歯の抜けた口が~~汚い~~脂っこいものやデンプンの多いものを汚らしくかみ砕こうとしつづけるあの欲望~~には~~は、台所の匂いと油を含んだ紙の中で変質した野菜を付け合わせた、腐肉のあの切れ端~~、やせ細ったこの肉体たちのこの欲望には~~が不快だった。~~空気を呼吸し風を感じることにおける~~食べる喜び、孤独な悪徳としての何かへと膨張する、この存在することの喜びが不快だった。~~なぜなら生は、彼女たちにとって別のものでありえたのか~~

（a）括弧内の文章は、原稿の指示によりこの位置に入る。

（b）Aufmachung は、これ見よがしという意味の「装い」を意味する。よってこの文章はおそらく、将来の描写のために残されたメモであろう。

（c）この文章は左余白に書かれており、一本の線によって明確に本文に結びつけられている。

〔29頁〕

食べ物を楽しむ人間を観察するときに
~~食べそして働くことそして食べ再び働くことの~~

リベラがいつも考えるのが、この悪徳だった。

映画で見たわけのわからない海底の**化け物**の姿に似た、人間にはふさわしくない何か~~、そしてそれが不快さのもひとつの原因だった~~。その化け物は、すべての足を震わせ、／体全体を動かし、発酵中の巨大な練り物と化しながら、／大きな魚たちを愚かしく飲み込み消化し、孤独に楽しんでいた。

リベラは路上にいた。／神よ ~~彼の夢なぜなら~~リベラは今、ジョルジュ・サンク[a]の女が~~この三年来彼から去ることを~~自分の心を奪いつづけ、~~そのことによって~~／彼女の存在によって毒されていることに気づいた。

シャンゼリゼを行き交う~~すべての~~女たち~~は~~には何の／意味もなかった。~~彼は~~ジョルジュ・サンクの女だけが、現実[b]を越えたいという彼の苦しい欲求を鎮めることができた。あの女は生の甘美さのすべてであり、~~淫らな~~激しさのすべてだった。もちろん、~~まったく同じように欲望をそそる~~別の女に言い寄ることはできた。~~そして~~だがどうやって？　三十四歳にして、リベラは青年期の[c]／~~soi di~~ 内気さ~~と呼べるようなもの~~を持ちつづけていた。この内気さは教育の名残だった――もしかすると教育というのは、結局のところ人間本性の不変の基底に基づいているのかもしれない――この基底にとって、性的なものは恥ずべきものでありつづけている。~~あるいはむしろ~~それは、~~会話と~~尊

(a) ここから鉛筆がインクに変わる。このインクでの文章はまた、筆跡の変更も引き起こしている。インクでの文章は「自分の心を奪いつづけ」で始まる。ここで始まる文章は、後日執筆されたものではないかとも考えられる。しかし手稿を綿密に確認しても、判断を下すことはできない。

(b) PR : vie〔生活〕.

(c) PR :〔l' ではなく〕son〔彼の〕.

quelque chose d'inique de l'homme ~~et elle~~
~~était sans autre cause de dégoût~~ — semblable au spectacle
de je ne sais quel ~~[illegible]~~ sous-marin vu
au cinéma qui avalait et digérait [avec grosse passion] ~~stupidement~~
avec ~~la palpitation de tous ses membres~~ [des remous dans tout son corps] ~~devenant~~
une énorme pâte en fermentation et qui
croissait tout seul.
Riberat se trouva dans la rue. [illegible]
~~[illegible]~~ Il voyait maintenant que la femme
du Georges V ~~[illegible]~~ [illegible]
~~Et~~ qu'il en était empoisonné [par sa chair]. ~~Toutes~~ Les femmes
qui passaient sur les Champs Elysées [ne signifiaient] ~~n'étaient~~ rien.
~~Il~~ La femme du Georges V pouvait seule apaiser
son besoin douloureux de mordre sur le réel,
elle était toute la douceur et toute la violence
~~[illegible]~~ de la vie. ~~Il~~ pouvait évidemment en accepter
d'autres ~~tout aussi désirables~~ Et Mais comment ?
A 34 ans il avait conservé ~~ce qu'on pourrait~~
~~appeler~~ la timidité ~~de~~ ~~sa~~ adolescence. Elle était
faite d'un restant d'éducation — basée peut être
après tout sur un fond inaltérable de la nature
humaine — pour lequel le sexuel demeure honteux.
~~Ou plutôt~~ C'était l'impossibilité de franchir
l'abîme qui sépare [le respect du] ~~la conversation~~ ~~du respect~~ ~~et~~ le sexuel.
Il était sensible à la décence du vêtement. Ces
êtres qu'on rencontre dans la rue, [dans lesquels] ~~où~~ chaque détail
de toilette était étudié, cette boucle qui descend

図 15　150–152 頁参照

敬を~~尊敬の~~性的なものとから隔てる(a)深淵を越えることの不可能性だった。リベラは服装の品位に敏感だった。町で
[31頁] 出会う存在たちは、~~あるいは~~／その装いのどの細部も周到に計算されていた。頬に無造作にかかった巻き毛、四分
の一ミリだけ――まさしく周到に計算されたもの――ポケットから出たハンカチーフ。そうしたものすべての背後
に、抱擁のふしだらさや~~もしかすると~~荒々しさの(b)／可能性が隠れていると考えられるだろうか。~~組み合わされてい~~
~~たのではないか~~服装はむしろ会話へと、尊敬へと誘ったのではないか。~~どうやって振る舞い、近づくのか、モノとして~~
~~の存在に。そして一緒に~~どうやって女に言い寄るのか。~~目的があまりにもあからさまな言葉をかけるのかしかも上品~~
~~な形でどうやって存在 qu'on に言うのか~~単に女たちに飛びかかり犯すことだけであったなら！ 首尾一貫性を欠い
た／夢の中、そしてもろもろの存在たちがいるように見えるにもかかわらず、本当は一人である夢におけるように。
しかしひとは話すことから始め、~~としての女~~尊敬すべき存在に近づくことから始める――そしてそこには、(c)~~付け加~~
~~える 二重の冒瀆、com~~ 嘘のように
最も許しがたいあいまいなものがある。~~恋愛文学や恋愛感情の文学のすべてが発明されたのは、この許しがたい~~
~~「矛盾の」を隠すためである。~~なるほど文学があり、感情があり、生、月~~の~~へと／向かうリラの花の若さの［跳躍？］(d)
がある。~~そして~~そうしたものは過渡的なものだ。リベラにとっては価値がなかった。リベラは脇道に入った。シャ
ンゼリゼ大通りは明るすぎたのだ。明るい光の下でいきなり女に近づ~~き抱擁を求める~~くのが危険すぎるということ
はなかったが、光のせいで近づくこと自体が不可能でもあった。女はリベラの顔をじろじろと見ることだろう(e)
[33頁] 薄暗い道でなら、いきなり話しかけられるだろう。しかし今度は光のかわりに女の答えがあるだろう。いや、リ
ベラには売春婦にしか話しかけられないだろう。売春婦は不作法に答えるだろうし、すぐさま淫らな話し方をし、
身振りのように簡単な言葉を使うだろう。しかしなぜそうした売春婦たちは大通りを求めるのか！ 小さな脇道な
らば、いくらか平和でじっくり考えられるのだが。百メートル先に女の姿が見える。あれは標石だ、白壁に当たっ

た光だ。リベラは回り道をし、シャンゼリゼの方へと戻る。リベラは疲れて、ジョルジュ・サンクの女の強迫観念はもっと単純なものになった。~~単に女が、どんな女~~誰でもいい。一番簡単╲なのは、娼館に行くことだ。~~娼館はつねに、ひとがいる場所からかなり離れている~~(f)。

だが娼館も、直接的であればよかったのだが。[le] 欲望と充足のあいだに入り込む、それ自体としては尊敬すべきあのすべての身振りがなければよいのだが。テーブルがあり、ベンチがあり、飲み物や食べ物があり、給仕をするウェイター╲~~、そして大勢の人~~がいる。サロンのような見せかけのすべて。~~Pour~~ ヴォーダルはどうやるのだ

［35頁］

ろう。ヴォーダルの場合は、買われた女の恐れだけが、そうした場所の人間的な雰囲気を思い出させることができた。それに大勢の人がいる。重要なのは、知り合いに見つけられて評判を落と~~さない~~すことではない。ひとはむしろ、見知らぬ人々の前で評判を落とすのだ。╲自分の立場が見知らぬ人々と関係するのは、彼らが~~である~~自分を見つめるからだ。~~自分を見つめる~~知らないそうした人々が、自分を見つける。彼らはみな、自分が戻るとこう言い合うのだ。おや、あれはリベラだ、おや、君はここにいたのか。

リベラは、自分が自由を浪費していること、自由を金に換えていること、それが次第に当たり前になっていることを実感していた。╲通りはすでに、自分がどこに向かっているかわかっている人々で╲いっぱいだった。脇の下

(a)「尊敬を性的なものから隔てる」と読むべきである。
(b) PR :［「の」ではなく］la.
(c) PR : par［によって］.
(d) 下にはおそらく「権利の」とある。
(e) 紙片の右側にインクのシミがあり、そのせいで残りの語が読めなくなっている。
(f)「娼館はつねに」はその後の文より強く取り消されている。

に鞄を抱え、寝に行こうとしている人々でいっぱいだった。~~通りを満たすそうした人々がうらやましく見えた。彼は寝~~
に行こうとしている人々からは、何という落ち着きが発散することか。彼らは自分の務めを~~すっかり~~すべて果たし
たのだ。リベラはまったく卑小でまったく周辺的な存在~~と感じていた~~で、~~少々流浪す~~流浪する軽蔑すべき者、色欲
に苦しむ性悪なガキだった。通りはすでに、家や重要なビジネスでいっぱいだった。／自分の目的地を選ぶよう誘
うメトロの出入り口や、偉大な感情／、不変の利益でいっぱいだった。~~そして~~リベラはといえば何者でもなく、色
欲に苦しむ性悪なガキだった。右に曲がるか~~むしろ~~左に曲がるか、どんな理由もなかった。
こんばんは部長——不意に背後で声がした。役所でリベラの秘書をしているソラルが、礼儀正しくためらいがち
[37頁] に後ろにいた。~~妻の家族~~義理の兄弟姉妹と一緒で、テルヌ街(a)でビールを飲むんです。お見かけしたので、ご挨拶し
ようと思ったわけです。
ソラルは放蕩者という悪評があったが、その晩は家族と一緒だった。それにソラルは、リベラのことを部長と呼
んだ。~~リベラは自分を取り戻した思いだった~~。彼らは部局でのこと、動員された同僚、仕事の進展について話した。
リベラの代理となった退職した老部長の見事な献身、動員された部局の若者の早熟な英雄的精神。~~Rリベラはa~~
~~con~~消えつつあると感じていた混沌は、~~laのために消えた~~こうして消え去った。リベラは再び堅固~~で~~な姿をまとっ
た。~~リベラが~~リベラ部長がソラルに共感と感謝をこれほど感じたことはなかった。もうリベラは帰宅し、床につき、
／眠りにつく前にルコント・ド・リールの詩をベッドで読むことができるだろう。リベラは地下鉄の次の出入り口
を降りることにした。甘美な悲しみがリベラを満たす。妻のこと、フランスのこと、自分自身のことを考えた／自
分は物事からずいぶんと切り離され~~、奉仕者~~ているが、それでも自分のちょっとした地位でささやかな社会的・軍
[39頁] 事的な務めを持っている。ああ、自分が枠にはめられ組み込まれていると感じどこかに行くことは、なんと甘美な
ことか。~~しかしヴェプラーの大きなテラス席は~~
~~だがなぜしないのか~~

もしくは、~~まさに~~人生が単純化されていると不意に感じること。ジョルジュ・サンクのあの唯一無二の経験はもはや問題ではない。リベラ部長は、結局のところ強者たちの世界に属していたのだ。戦争は永遠に続くわけではない。彼は単に、放埒な生活を送ろうとしている強者なのだ。これは秩序に属している。人々はとてもうまく放埒な生活を送るし、そのことで価値が下がるわけではない。人々は、放蕩においてさえも自分の船の船頭でありつづけるのだ。一家の父、道徳教師、秩序の支え。~~重要なのは~~ヴェプラーの店の、金髪の女たちがいる大きなテラス席。まさにそうした女がただひとり出てきて、リベラにそっと話しかける。クリシー大通りやガヌロン通りの／ホテルには行かない。

モンマルトル墓地の近くにいる、玄関ホールにいくつかゴミ箱があり、絨毯は**ない**がワックスをかけられ清潔な階段のある~~小さな~~家。五階。オールドミスの家の匂いがする、狭い[(b)]入り口。家族写真[(c)]のあるアンリ二世風の食堂、~~「語が欠落」~~食事の残りのある台所／に開かれた扉。~~それは放蕩の場所のためのま「語の終わりが欠落」なので。そしてすべての~~写真アルバムだけ[(d)]。

(a) カフェ・デ・テルヌはテルヌ広場から遠くないヴァグラム大通りにある。リベラはそこから、ブラスリー・ヴェプラーのあるクリシー広場まで歩いたと考えなければならない。
(b) 紙片の右下が欠けているが、「狭い」、「オールド」、「の [?-]」、「がする」という語が推測できる。
(c) 頁の隅が破れているため、文の終わりが欠落している。
(d) これが最後の言葉ではない。頁の破れた隅の端には、判読できない語の冒頭が残っている。

Ⅲ　エロスについての哲学ノート

『エロスについての哲学ノート』の校訂に関する注記

『エロスについての哲学ノート』は、かなり雑多な外観を呈している。まずは、ノートがさまざまな媒体に書かれていることを明らかにしておかなくてはならない。たとえば、細かい方眼のある傷んだノートの内側に保管された、横一七センチ縦二一・八センチのペラの紙片に書かれたもの。このノート自体に書かれたもの。便箋帳に由来する縦二一センチ横一五センチの固定されていない紙片に書かれたもの。さらには縦一七センチ横一〇・五センチの小さな手帳に書かれたもの。

合計で五つの集合があり、そのうちの最初の二つが量的に最も多い。

――第一の集合：罫線のある学習ノートから取られた固定されていない紙片。すべてが鉛筆によって、多くの場合は頁全体にわたって整った筆跡で書かれている。裏側にあるいくつかの注を除き、表側だけに書かれている。より小さい判型のものが三頁ある。

――第二の集合：細かい方眼のある縦二一・八センチ横一七センチの傷んだノート。青灰色の表紙があり、その中央にあるラベルには、眼鏡をかけた顔が描かれている。この集合は、すべて鉛筆で右側の頁に書かれている。

――第三の集合：赤い余白のある方眼のノートに由来するかなり傷んだ八枚の紙片。紙片は主として黒インクで書かれているが、鉛筆による加筆や注釈がある。

――第四の集合：縦二一センチ横一五センチの便箋帳に由来する、罫線のある固定されていない紙片。紙は非常に黄ばんでいる。七枚が哲学ノートに関するもの、三枚がシラーの戯曲『ドン・カルロス』に関するもの、そして最後の五枚はファウストとマルガレーテをめぐる序幕に関するもので、学生と「トゥールモンド氏」との対話である。序幕の第一頁の最初の半分は紫色の鉛筆で、残りは鉛筆で書かれている。

――第五の集合：縦一七センチ横一〇・五センチの方眼の小さな手帳に書かれた四頁を含む。手帳はごく薄い青色で、黒い縁取りがしてある。この手帳は「スタンダール」という銘柄（手帳の中央に書かれている）のものである。上部には「パン」、右下には青インクで「ジャニーヌさん」と手書きされている。最初の頁はゴーゴリの『賭博師』についてのメモである。それに続く二頁は哲学ノートを含んでいる。最後の頁は買い物リストである。手帳の残りはすべて白紙である。

D・C－L

『エロスについての哲学ノート』(a)

第一の集合(b)

［1頁］

希望のためのこの希望の成就、e

~~この現象は［前？］~~運動それは「私」である~~これをわれわれは、日常生活や労働生活の水準では、もろもろの巣なる瞬間の同一性~~(c)~~として理解する~~ひとは普通、もろもろの瞬間の変様を横切る存在体として理解する。「私」は純然たる個体化ではなく、脱個体化する個体化である。あるいはむしろ、「私」は個体化の束縛を打破する可能性を伴うような個体化の方法である。~~主体の統一性~~この脱個体化は何を本質とするのか。ある（イリヤ）の無名態への回帰だろうか。基体化〔品詞転換〕（hypostase）の崩壊だろうか。

~~〈私〉はひとつの希望である――希望~~(d) すでに述べたように、現在のためのための〔原文ママ〕希望の――成就――あるいは信仰。~~しかし〈私〉が現在のために希望しうるには、それが~~は、あるの無名態への回帰

（a）この表題はレヴィナスによるものではないが、ノートの内容からしてこのような表題が留保なしに可能である。

（b）編者による表記。

（c）PR : une identité［ある同一性］.

（d）いくつもの取り消し線があった。以下のような文を再構成することができる。「しかし〈私〉が現在のために希望しうるには、それがあるの無名態に回帰するだけでは十分ではない」、次に「しかし〈私〉はあるの無名態に回帰することはできない」、次に

［2頁］

[retour][a]を／意味し~~だけでは十分では~~えない。~~なぜならゆ 死は~~なぜならこの完全な脱個体化は、〈私〉の喪失となるであろうからである。〈私〉の条件としての死は、〈私〉の復活を前提としている。そもそももろもろの神秘——もろもろの人格。それゆえドラマは単に多数の行為ではなく、多数の人物である

未来の無は——つねに同一の無ではない。——否定的な。瞬間が別の瞬間に付け加えられる仕方は、一様ではない。この仕方が問題である。エロス。

［3頁］

~~XXXXXXXX~~

サリー　RM8

リウー　K　~~XXXXX~~　RM3

コブレンツ　BM 4

~~XXXXX~~　RM 2

アルヌー　RM 2

非我の他性——光の消滅、それゆえ関係。認識に対置される実存

——

時間の諸瞬間の相互関係。エロス。時間の多数性、多数性

［4頁］[b]

第三章。[c]

エロス

現在のための希望——長年の苦労は「無駄」ではない——現在によって、瞬間の決定的なものは決定的ではなく、瞬間の反復を含んでいる。とはいえ現時点では、この反復を時間における反復として考えることは不可能である。なぜなら、われわれが日常生活や労働生活の水準で見出し解釈するような時間は、独立した諸瞬間から構成される

単なる形式だからである。後続性や先行性——諸瞬間が持ちうる唯一の関係で、特有の時間的内容を欠いた関係——は、空間的配置のひとつが有する秩序のように考えられている。そうした秩序では、不可逆性が時間の最後の遺物として残っている。ところで、瞬間の反復を禁じているように見えるのがこの不可逆性である。瞬間の内容だけが、このような特権を持つことができる。行為、活動、感情は、反復ごとに変化する文脈によって本質が変化しないのであれば、繰り返されるのである。

探究の順序を逆にすべきかもしれない。瞬間と瞬間に対する希望から出発することで、われわれは時間を前提するのではなく時間自体について語り、諸瞬間の関係を空間的装置の空虚や中立によるのとは別様に述べ、反復を不可逆性と和解させることができるであろう。時間はもしかすると瞬間の反復という出来事かもしれず、それゆえ孤独な理性の秩序やそうした理性が存在者について理解しえたことの秩序とは一線を画する。反復は時間を前提とするのではなく、時間を構成するのである。それはどのようにしてかを語らねばなるまい。

時間を前提とする反復——内容の反復は、瞬間に対する希望には応答しない。なぜなら、瞬間の個体化そのものの害悪を埋め合わせ、それが基体化によって描き出す決定的なものの循環を打破することが課題だからである。もう一度、以下の所与について明確にしておこう。われわれの出発点となった瞬間の観念は、個体化の出来事の周辺に結びつけられていた。瞬間は単に個体化の場ではなく、出来事であった。そして個体化自体は、当初はある主体

「しかし「私」はあるの無名態への回帰を意味しえない」。

（a）　PR : retourne、retourner と訂正されていた。

（b）　この頁の字は、前後の頁のそれよりはるかに密である。「章」と表題「エロス」の記載は、明確に説明できない。これは、ノートをもとに練り上げられた執筆の試みであるように見える。レヴィナスが考えていた他の「章」の表記も登場する。この頁からは、（方眼のない）単なる罫線の別の手帳へと移る。

（c）　第二章への言及はどこにもない。その代わりこの草稿の六頁、第三章で、レヴィナスは第一章に言及している。第四章は草稿の八一頁で始まる。第四章は父性を論じている。すべては、レヴィナスがノートですでに著書のモティーフ、形式、構成を想定していたことを示している。

を別の主体から区別するものではなく、存在一般が存在者、主体、基体化、それゆえ自己同一性によって自己へと捧げられ、苦しみ、解放を願うようにするものであった。とはいえ解放を願いつつも、基体化の恩恵を放棄するわけではない。基体化がなければ、解放されるべき何者も存在しないことになりかねないのである。かけがえのない瞬間——そして知、欲求、充足を通じ自己から出ることなく自分自身へと回帰する瞬間——は、~~希望~~希望の成就に**おいて、**自己と断絶しつつも自分自身でありつづけるはずである。

［5頁］[a]

自我と〈きみ〉(le toi) が混同されるところ——逆に神秘においては、自我と〈きみ〉が両者の最も極端な対照において見出される。この対照は、対照の秩序に属するものでも論理的矛盾の秩序に属するものでもなく、羞恥によって記述される——そして両者がある意味で接触するのは、極端なものとしてなのである。絶対的に矛盾するものたちのこの無関心の不可能性 (non-indifférence) は、しかしながら一方が他方によって定義されるような関係の二項のあいだにわれわれが認識する非・無差別性ではないし、矛盾の単なる排除でもない。これは神秘と羞恥によって記述されるもの——~~われわれ~~すなわちエロスである。エロスはコミュニケーションであり[b]、根源的表出である。incommunica- のこの積極性から〔中断〕

［6頁］

ハイデガーとは対照的に、人間は存在を了解する者として哲学の中心にいるのではなく、すぐれて存在者として——つまり存在を引き受け開始する主体として哲学の中心にいる。(そして第一章に導入)

性——「類、種」の範疇に入らないものとしての

残る連携の問題

(a) 頁全体が取り消されている。説明困難なことに、頁の右上で「一二」に「七」という数字が上書きされている。

(b) ダッシュの記号が「エロスはコミュニケーションであり」の後のテクストを中断しようとしているように見える。

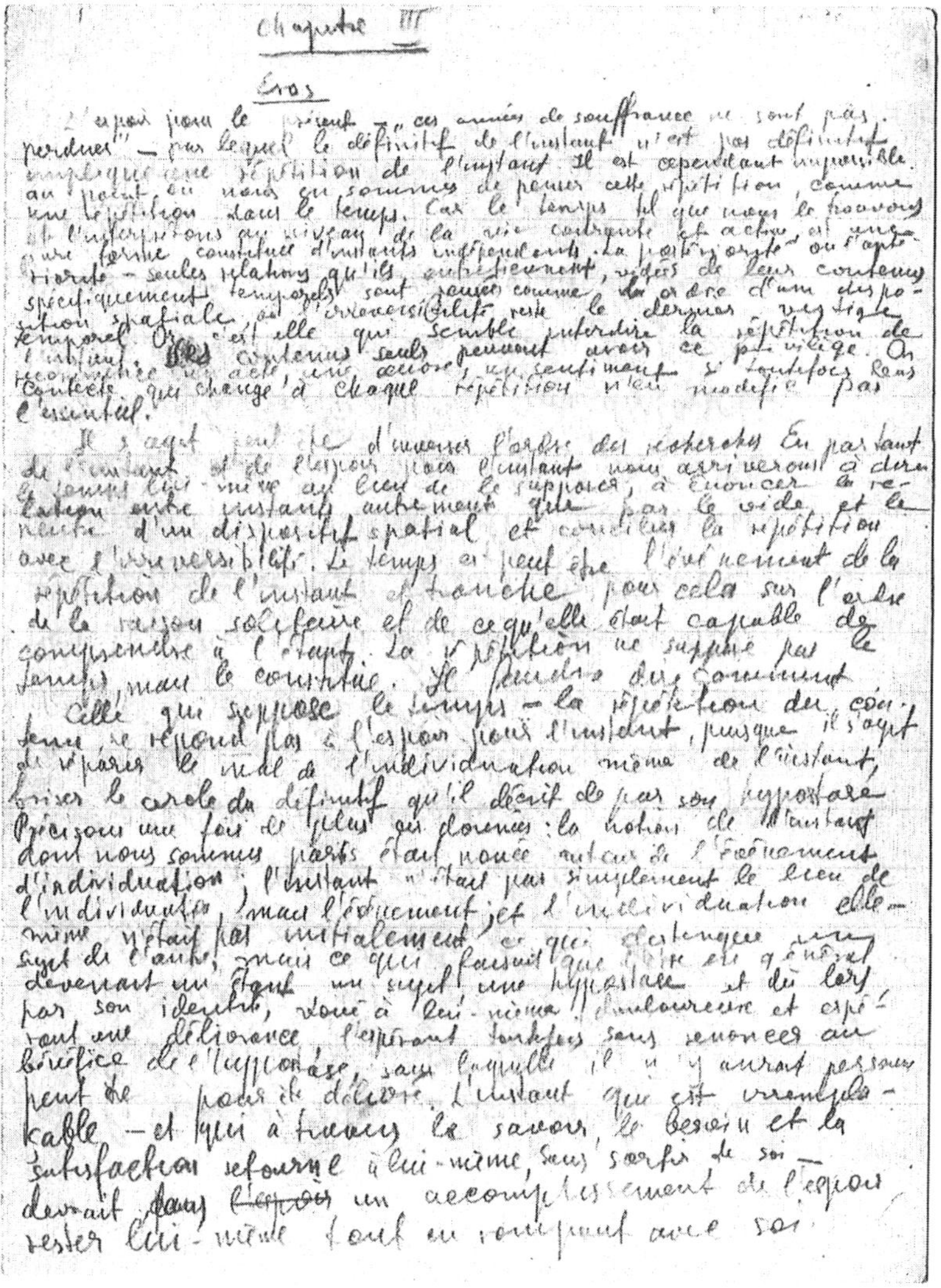

Chapitre III

Eros

図 16　162–164 頁参照

27

où le moi et le toi se confondent — au
contraire dans le mystère le moi et le toi
se retrouvent dans leur contrariété la
plus extrême — contrariété qui n'est ni de
l'ordre de la contrariété ni de l'ordre de la
contradiction logique, mais qui se décrit par
la pudeur — et c'est en tant qu'extrêmes
qu'ils se touchent en quelque manière. Cette
non-indifférence des contraires absolus qui
n'est cependant pas la non-indifférence
que nous connaissons entre deux termes
d'une relation où l'un se définit par l'autre,
ni la simple exclusion des contradictoires, —
et que le mystère et la pudeur décrivent —
~~nous~~ c'est l'éros. L'éros est la communi-
cation et l'expression première.
De cette positivité de l'inconnu-

図 17　164 頁参照

(1) 反動を起点とする現在の引き受け——そして瞬間の隔たりを介した現在の引き受け

(2) 公的な秩序——未来—— Felix culpa〔幸いなる罪〕——親密さ〔内密性〕と公式のもの

［7頁］ 他人という主題を記述するべき。自然の流れを変えるものとして——実在しないが専制的な世界——プルーストの社会的なもの

［8頁］ ある（イリヤ）への回帰はそれ自体としては不可能である。〈私〉という出来事、「基体化」は不変である。〈私〉は、その脱個体化~~において~~がまさに新たな個体化~~、再生~~となるように脱個体化するはずである。その実効性の限界内で、その存在の重さの**下で**、基体化は自身がそうではないところのものとなる。自分とは異なるものを構想したり、自身が自分とは異なるものであると想像したりするということではない。

なぜならそれは表象の世界だったからであり、われわれは「私」がそこから自分自身へと回帰することをすでに見た。**そして**とりわけ、脱個体化においては——思考の再個体化が問題なのではなく、基体化とその存在との関係が問題なのである。〈私〉は、その自己性~~を引き受ける~~から 抜け出す ことで自己の存在を引き受ける。重要なのは、~~キロネの第~~

［9頁］ 〈私〉がもろもろの異なる状態を経験するということや、異なっているという内容ではなく、むしろ、~~主章~~自我と自己のあいだを循環するのではなく、その自己性において新たな「私」を開始するということである。

だが他方では、この新たな~~〈私〉~~ 始まり は、~~〈私〉始まり~~ ~~ま~~ 存在に魅了された古い始まりを贖うものである。古い始まりはこの新たな始まりと関係を結ぶが、これら二つの始まり~~のあいだ~~に共通する媒体を前提する必要はない。この関係が、〈私〉の特性のすべてとなっている。~~それゆえ~~この関係は同と他である。他人と**化す**同ではなく、その(a)自己性において別の運命に足を踏み入れ、その立場から離脱し、別の立場に身を置き╲そして 他人となった同

［10頁］(b) である。自我－自己の古めかしい関係ではなく、われわれは他人との関係を〈私〉の主たる出来事として理解する。

（a） 下余白に書かれた文章がここに挿入される。「しかし脱個体化の主たる出来事は、別の運命へとこのように身を置くことではない——そうではなく、［xxxxxxxxxxxx からの］離脱の瞬間である」。

（b） 頁の左上に丸で囲まれた「A」が記されている。

他人との関係は、いくつもの形式で現れる。諸個人がサービスを交換するため~~相互に~~互いを頼る日常生活の諸関係——店での売り子との関係、物を作ってもらう職人との関係、路面電車の切符を売る徴収官との関係、道を教えてくれる巡査との関係、給仕をしてくれるカフェのギャルソンとの関係——われわれの経済的・物質的生活の一部となっているもののすべてにおいて、／われわれを客あるいは公衆として相手をする個人は、とはいえわれわれにとっては単なるモノではないし、自動販売機ではない。だがそこでは個人は匿名で交換可能のまま、知らない人のままであり、われわれに提供するモノによってわれわれと関係するだけである。このような間主観的関係を、商業（コメルス）〔11頁〕と呼ぶことができるかもしれない。——商業を外れれば、人々はわれわれに対し自己自身として現れることができる。~~それはかくして~~たとえば／知的商業〔交流〕と呼ばれるものは、推測されるような、単なる思考の交換ではない。ひとは思考を事物のように交換するわけではない。知的商業は、~~われわれを現前させる~~人格自身との関係である。~~そもそも~~そもそも~~ce qui rend~~人格自身へのこの関心ゆえに——人格は雨や晴天についての会話**によって**、「こんにちは」や「お元気ですか」によって顕現し、われわれが商業と呼んだ関係を二重化するのである——こうして商業は、匿名の間主観的関係でありながらも、自動販売機との関係ではないのである。

　だが文明社会において人格の尊厳が示されるのは、中立的になりつつも人格を起源とするこれらの形式によってである。

　しかし知的商業自体は、われわれを他人そのもの、その無条件の他性へと連れ戻す関係ではない。なぜなら知的〔12頁〕商業は、ある内容を／中心として成立するからである。内容は他人の人格の源泉に**浸っており**、[a]この意味でこうした商業の人格的接触は匿名で交換可能な何かとの接触ではない。商業という職業は、諸個人が区別なく身を置きうる一般的範疇である。［しかし／そして?］あらゆる思考があらゆる人々によって発せられるわけではない。とはいえ思考——ある客観的内容——は、真に思念される／ものである。知的関係の~~ためには~~基盤には、他人の他性そのものとは別の根拠がある。~~主人と奴隷の関係~~しかも——この事実はとりわけ重要である——知的商業は本質的に交感（コミュニオン）である。╱誰かを説得すること、それは自分と同等の者を作り出すことである　交感は、似たような者としての他人をわれわれに与える。そして交感を社会関係の基礎としていた伝統的哲学全体が〔一四頁に続く〕

［13頁］

誰かを認識すること

反論：職務が［人格？］の一部となる主人と奴隷

反駁

仲間関係、友情、栄光——誇示

友情のエロス——

エロス

他人＝羞恥

羞恥させる——冒瀆

ある他人、絶対的な他人、~~しかし~~

しかし……　それは女である

商業においても、労働者——職人——芸術家、自由業、商業——資産家としての他人——職務を持つ者としての他人——才能を持つ者としての他人との関係もまた考察しなければならない

［14頁］

そう言明しようとしまいと、社会関係をある普遍的精神の中心に置いていた。そうした精神においては、諸個人の多数性は偶然にすぎなかった。社会関係は普遍的精神への回帰を、つまり純然たる脱個人化を意味するだけであった——これは、われわれの最初の分析では、「私」の出現の第一段階にすぎなかった。われわれの試みのすべては、まさしく個人のこのような考え方に異議を唱えることにある。このような考え方は、個人の脱個人化をその精

（a）PR：prolonge〔延長される〕.

神的価値の起源とし、その〈人格〉の尊厳の起源とするのだ（スピノザ、カント、ブランシュヴィック）。

経済的ないし知的商業のこうした間人格的関係の傍らに、商業を直接的に基礎としない社会関係が［位置している?］。まず、

A[a]

［15頁］商業にごく近いものの、それに尽きるわけではない関係がある。かくして、たとえば同じ職業の成員たちは、自分たちの利益の擁護／や競争によって ~~ont~~ 互いに結びついてはいるものの、共にいるという事実そのもの、いわば互いを近くで知っているという事実そのものによって、ひとつの関係を／結んでいる——この意味で、彼らは同僚あるいは〔中断〕

だが正確に言えば、純然たる共存は中立的な事実ではない。それは仲間関係や敵対関係や競争であり、競争者や同業者である。関係は、ここでは彼らの純然たる共存からなっている、~~それは ne s 関係 dans un certain~~ この共存が ~~se grou~~ ある仕事に起因するとしても。彼らは、彼らの人格ではない何かを理由として共にいる。彼らの共存は、［16頁］協力や競争である。——集合体が共同の仕事よりも粗暴な何かを基礎としているとき、たとえば同居~~のような~~、もしくは同じ作業場や同じ事務所や同じ部屋、／あるいは同じ教室や列を詰めた共同の行進における滞在ではないとき、共存は仲間関係と呼ばれるその基礎的で真正な形態に近づく／仲間関係はつねに、押しつけられるものである。ここでは、他人は純粋な共存ゆえに、もしくはその実存の基礎的な現出ゆえにわれわれにとって重要であり、われわれに関わる。他人がわれわれの関心を引くのは、協力者や競争者としてではなく、不運や幸福の仲間として同じ運命、同じ境遇を共にする者だからである。仲間関係は他人との関係であるが、それ自体としては、類似において、［17頁］私との共通性によって他人に関わる。今度は、共通性はもはや単なる行いに関わるのではなく、実存の事実に関わる。この実存は同時間的である。二人の仲間を結びつけるのは同じ瞬間であり、それゆえ二人の仲間は彼ら自身から抜け出すことがない。／彼らの一方が他方の内奥 ~~dan~~ に入り込むことはない。なぜなら彼らの瞬間から抜け出

さないからである。仲間関係や同時性は、そもそも共通の場所という限られた空間を超えている。あるいは彼らは出会う——なぜなら仲間たちは必然的に出会うからであり、つきあいをする人々だからである。より広い空間では、彼らは同じ町の住民であり、同郷人であり、同国人である。この純然たる隣接性を豊かにしうるあらゆる精神的要素にもかかわらず、同じ空の下、同じ大地の上でのこの共存——同じ傑作をめぐる共通の記憶、共通の愛、〔19頁に続く〕

［18頁］[b] 同時間性——現在の起源としての

友情と同時間性

<u>最初の間主観性としての平和と戦争</u>[c]

官能：平和と戦争

［19頁］そしてもちろん共通の利益としての——彼らの同時間性の要となっているのはこの空間的共存であり、この広い意味でのつきあいである。共通世界。隣人関係。

しかしこのような記述は、仲間関係の意味をまだ教えてはくれない。空間はいかなる点で仲間関係に介入するのか。空間の［La］共通性は、仕事の共通性と同一ではない。空間は、内包するものであると同時に分離するものである。住居という形式の空間は、定位のひとつの様式である。国、地方、都市、家は、腰を落ち着ける仕方、つ［20頁］まり実存し開始する仕方である。仲間関係とは共存である。共存の現在は、ハイデガーが考えるように現在を外部にあるものによって定義すること——それゆえ行為の水準で把握された、派生し頽落した現在の形態ではない。「内包する空間」、住居、避難所は——扱いやすい事物ではなく、定位つまり実存と〈私〉の成就である。住むことは行為ではなく、存在することである。空間は~~しかし~~瞬間の成就である以上、現在の定義そのものである。~~として~~

（a）「A」は丸で囲まれている。
（b）このテクストは、頁上部中央に斜めに書かれている。
（c）下線が四回引かれている。

の空間この意味で、仲間関係は現在の同時間性 ce の**起源**なのである。

［21頁］しかし**同**時間性は、同じ瞬間でありながらも、cet に空隙を許容する瞬間内の隔たりでもある。仲間は私の瞬間である、そして彼は私のしかしそれはそれはただ単に私の瞬間というわけではない。なぜならそれは私の瞬間であるが、私はこの瞬間に対してあたかも自分のものではないかのように接近するのだ。

瞬間は［無限：xxxxxxxxxxにおいてそれを他人と同一化させる。］と同一化することで成就する

同時間性が諸個人の多数性において確立されるのではなく、諸個人の多数性が瞬間の隔たりの構造において確立される。そして瞬間の隔たりのこのような構造は、瞬間が成就であり、要するに自我が始まりであるという事実にほかならない。始まるのは〈私〉ではなく、われわれである。つまり存在は隔たりと、瞬間をそれ自体から分離する無－間（néant-intervalle）を介して引き受けられる。Ce qu 要するに、外的経験と呼びうるであろうものを正当化するのは、この成就の現象である。他人の認識を退廃の水準におとしめ、他人の［la］真の認識、他人との真正な関係としての共感を――「他人の立場に身を置くこと」と呼ぶ現代哲〔23頁に続く〕

［22頁ⓐ］

再認

栄光

開いた、あるいは閉じた自我

仲間関係

経験［xxxxxxx］問題の解決

仲間関係の社会：諸特徴

共感――友情

愛：友情と仲間関係の。

［23頁ⓑ］

共感

学（――ベルクソン）のいくつかの傾向とは対照的に――われわれは外的な認識を不可避のものとして、また私

自身の現在の、つまり私の実存の成就の条件そのものとして復権させる。同時間者たちのこの外在性により、瞬間は存在することの始まりであり、基体化、主体なのであって無名の存在なのではない。

仲間関係~~においては~~

[Le] 同時間者——仲間——それは私がみずからを肯定し再認する私の仕方であり、

——それはそのままで感動的な外部性である

それは私が自分である私の仕方である。栄光を、それに付随する権力、富、権威といった現象と~~も~~混同するべきでは／ない——栄光は、同時間者たちからのこの再認による実存の肯定からのみなっている。

[24頁] 自我は本質的に独我（solus ipse）であり、つねに推定的な後の／確信の経験によって／しか他人と接触することができないのか、それともその本性によってすでに他人に開かれているのかという観念論の有名な問いに、われわれは総合的な解決をもたらす。自我に他人を与えるのは、自我の実存と本性を同じくする認識ではない——瞬間内の隔たりを通じて生じるもの、それゆえ共存であるものは、~~en tant~~ 自我の成就そのもの、つまりその自我性そ[25頁]のものである。独我は抽象であり、共同相互存在は凝固物であり、同時間性は瞬間の離散性そのものであり、この離散性によって瞬間は瞬間である、つまり主体であり基体化であり始まりである。多数性の条件たるベルクソン的空間は、／運動の条件、同時間性である。この運動によって自我は存在し、存在者について論じることができる。存在者と成就は同義語である。同時間者はわれわれがわれわれの傍らに認識するものではなく、われわれは同時間者と語り、考えをやりとりすることなどができる。われわれはこれによってわれわれ自身の現在を引き受ける、つまり存在しはじめるのであり、存在者なのである。この意味で、仲間関係は存在論的出来事であって、たとえば他人の実存への信憑といった認識形而上学的なものではない。

（a） 頁上半分に斜めに書かれたテクスト。

（b） 哲／学という語の切れ方ゆえに、数頁前からテクストが右頁に書かれ、左頁は簡潔なメモのために取っておかれたと推論することができる。

［26頁］

同時間者たちの社会は同じ瞬間の多数性であり、~~外的なものとしての他人~~瞬間内の隔たりである。よってそれは、交感の社会性である。他人の他性は同じ瞬間を共有する鎖である。~~それは~~**確かに**外的ではあるが、その他性は空間的他性にすぎない。それは別の瞬間へと導くわけではない。~~他人の他性は、確かに光明ではない。~~それゆえ仲間関係は、厳密に言えば他人が主題とはならないような状況である。~~他人は~~／仲間は傍らにいて、「傍らに感じられ」、「同じ足取りで」歩くのであり、この歩行の目的なのではない。

友人は、その世話をできない可能性がある者である

~~もし他人が間主観的関係の対象そのものとなるなら——もし観想されるのが他人であるなら、われわれは友情を手にする~~

［27頁］

もし他人が間主観的関係の対象そのものとなるなら——もし観想されるのが他人であるなら、われわれは友情を手にする。ここが自我の再生の**場**ではないのか。友情においては、他人の実存という裸の事実が成就するわけではなく、何よりまず、他人の特権たるこの実存の選択が成就する。他人はもはや匿名の者ではない。とはいえ友人の特権は、その実存という裸の事実の特権ではない。~~それは~~／それはもろもろの性質、価値からなっている／のではないか。~~それは~~完璧さ、美しさ、知性ではないのか。~~それゆえ友情は、知的商業〔交流〕である~~ ~~それ~~ 友情へと投写された愛~~それ~~の古代的概念全体が、友人への愛着を唯一正当化する完璧さの観想へと愛を連れ戻すのではないか——とはいえ私がうやむやにしてはならないのが、この愛着である。なぜなら、友情〔φιλία〕の固有性はこの愛着にあるからである。厳密に言えば、仲間関係は愛着ではない。なぜなら、事実上の愛着があるから仲間関係が

［28頁］

「生まれる?」のであって、その逆ではないからである。友情で**最初に**あるのは愛着である。／愛着は何を意味するのか。この観念は、以下のように形容されうるし、そうされるべきである。すなわち特権、所有、外部化がその

本性である。　瞬間の多数性において引き受けられる自我－自己の運動は、他人との特権的関係を持つことができる。この特権は**いかなる点に**あるのか。

なるほど友情は、ある考え方や感じ方に対する偏愛、ある対照性へのある共通の確信に対する偏愛のうちで明白となる。しかしこうした性質が発する魅力は、結局のところ他人の人格の表出としての価値しかない。要するに友情において好まれるのは、他人の生(なま)の非合理的な心根である。友情は、それゆえ第一にそれぞれの他性の非・無差別性を明らかにする。**友人の他性は**

愛着

他性の特権

忠誠の観念

所有の観念——間(ま)はない

告白の観念：外部化

友情：共感

羞恥を感じない関係

(2) 羞恥の告白[a]

［30頁］〔他者との関連で。仲間たちの多数性は、同質の環境ではない。各点は単に相互に外的であるだけではなく、相互に位置づけられる。そうした多様性がまさしく成就するのは、友情のこの好みによる〕[b]絶対的他性ではない、友人の他性は依然として私との関連で定義されており、定義される——それは自我の他性である。私と私の友人は、お互いとの関連でみずからを定義する。友人は分身であり、「他我」である。オレステースとピュラーデスはほと

(a)「友情」から「羞恥」までのテクストは囲まれている。「友情」は下線を二回引かれている。

(b) この文章は取り消されている。

［31頁］

~~んど~~相関的な項の関係である。~~私の定位と私の友人の定位は、実存の裸の事実でありながらも、ある規定を有する~~友情の関係、それはビー玉とそれが収まる穴の関係のようなものである　プラトンの『饗宴』におけるアリストファネスの二重の存在の神話は、~~se ref~~愛よりも友情に関係している。~~そこからdans中の関係~~そこから、友情における一切の力動性の不在が帰結する。友人たちは不安なしに互いを所有するのであり、友情が友情として成就しうるような身振り、╲そして唯一成就するはずの身振りは存在しないのだ。それはモンテーニュが言った「穏やかな暖かさ」、穏やかで一様な暖かさである。友情においてはすべてが語られ、~~そして~~╲友情については別のことが語られる――沈黙は、╲友人たちの友情についての╲友人たちによる真の言説である。自分のそばに、われわれの実存に愛着し、われわれの実存を補完する実存の鼓動を感じるだけで十分なのだ。こうして、友情の他性はその一部

［32頁］

を失う。友人が、光の中で与えられる対象と化すわけではない――他人との、その裸の事実とのあの関係である╲のは、逆に友情だけである。だがこの事実は、それがわれわれの事実を補完するという事実自体ゆえに、それほど裸ではない。そして友情の関係とは友人の所有である――友人は与えられるのだ。

しかし自我と友人のこの規定は、いかなる点にあるのか。実存の裸の事実はいかにして、定位によってしか規定されない瞬間は、補完する他人をいかにして呼び求めるのか。何を補完するのか。瞬間の構造から、いかにして友情が生じうるのか。そして、すでに導入した瞬間の存在論、すなわち〈私〉と成就の出来事そのものである脱個人化と再開における友情の機能はいかなるものか。

［33頁］

構成
名誉
個人の威厳

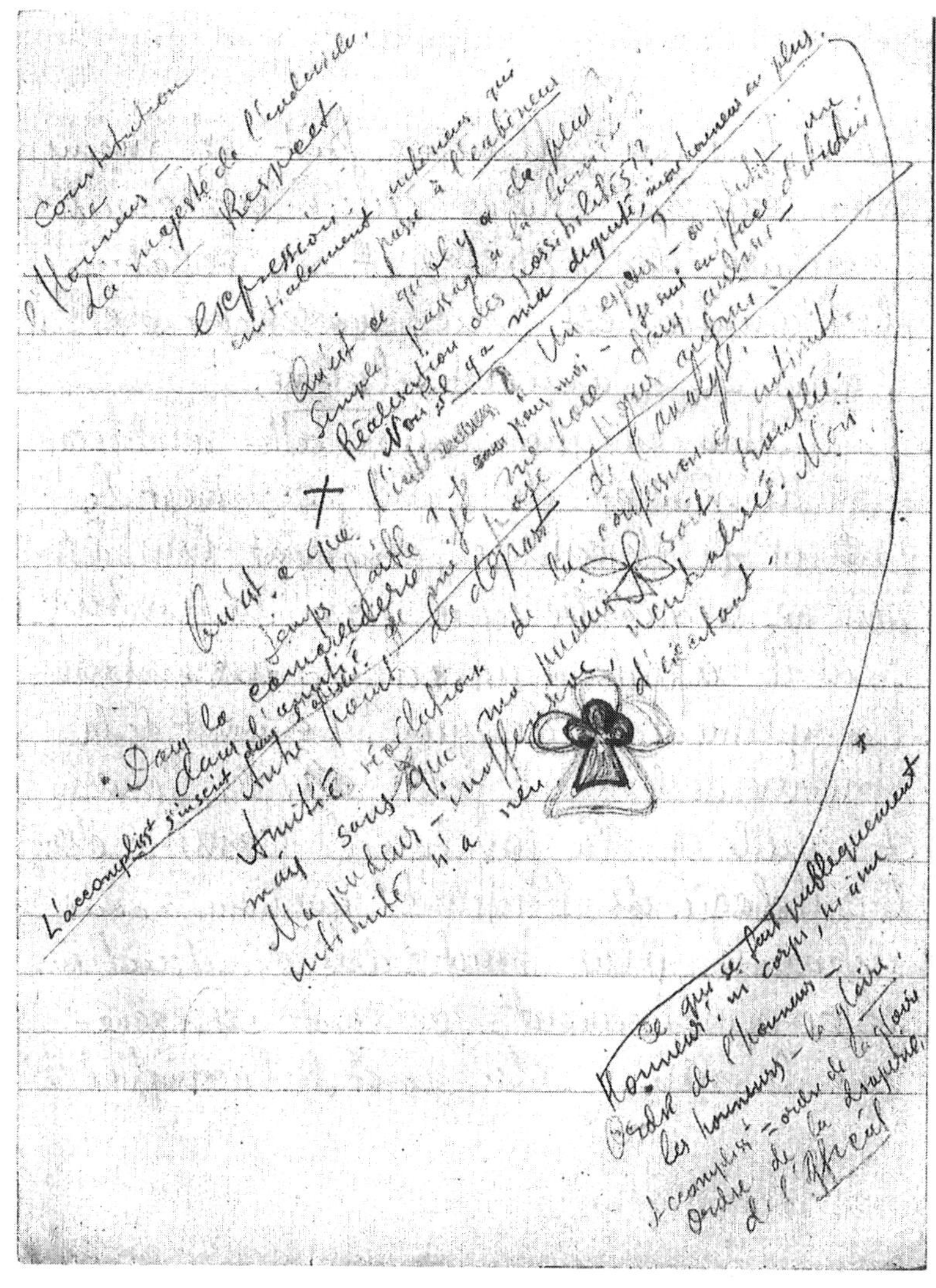

図 18　176–178 頁参照

尊敬
表出
当初は内的だが
外的なものへ移行するもの
それ以上何があるか
光への単なる移行か
可能性の実現か
X　いや、それに加えて私の尊厳が、私の名誉がある[a]
［内的なもの］とは何か。希望か——あるいはむしろ脆弱な時間か。私は自分に対している——私は他人の面前にいる。

仲間関係において、私は他人のうちに定位する——友情において、私は他人に対して定位する。

成就は絶対的なものに属している。

分析の別の出発点。
親密さの告白を啓示する友情
だが私の羞恥が妨げられることはない[b]。
私の羞恥——無害で、中立化された。私の
親密さには、刺激的なものは何もない[c]。
~~これは友情において成就する〈私〉の外部化もしくは表出である。~~
友情において、他人は主題と化す。他人の実存はそれ自体によって、ポールとピエールの実存として、まさしく

［34頁］

［35頁］私の実存が私にとって重要であるのと同様に重要である。それゆえ友人の存在は、親密さとして与えられる。友情において出現するもの、それは親密さである、つまり他人もまた自分が引き受けた実存の対象となるということである――私の外で、ただし反省において生きられるという仕方で、それゆえ他我のように、しかし自我として発見されるもの、それが受任の自由であり、自己に対する責任であり、自我と自己との対話である。仲間関係の混乱に付け加えるべき混乱は他に何もない。自我の他性は、［仲間?・］の他性以上のものではなく、それ以下のものである

〈私〉の主要な出来事としての、**その関係**~~他人におけるアンガジュマン~~との関係。~~être われわれは呼~~ しかし他人とのこの関係は、本来は会話や連帯ではないし、**あるいは**社会的と呼ばれるまったく別の関係（隣人に対する愛や憎しみ）などでもない。会話、連帯、別の関係は、他人としての他人やその自我との関係がすでに成就している~~dans~~ ような、すでに構成された社会的世界にしか存在しない。こうした関係は、／すでに他人の出現そのものに依拠している――そしてありのままの他人のこの出現こそが、〈私〉の自己性の出来事そのものである。その自己［36頁］性の基底そのものであるような、他人に対する本源的な開放性[d]である。他人に対する〈私〉のこの開放性――これをわれわれは〈私〉の性と呼ぶ。性が〈私〉を構成している――基体化は本質的に性的である。

なぜわれわれは〈私〉の他人とのこの関係を性と呼ぶのか。なぜならその成就は愛撫にあるからである。

愛撫は、他者と接触~~のうちにある~~する主体が、~~en comm ではなく~~この接触を越えて目にされる、つまり愛撫さ

（a） ここで著者による矢印が、頁右下の加筆を示している。「これは公的になされる。名誉：身体でも魂でもない。名誉の秩序。もろもろの名誉――栄光 成就すること＝栄光の秩序。〈公式〉の飾り布(ドラプリー)の秩序」。一九六六年に、エマニュエル・レヴィナスは「旗なき名誉」（*Les Nouveaux Cahiers*, nº 6, juin-août, p. 1-3）という重要なテクストを発表する。このテクストは、「無名」という題で『固有名』（*Noms propres*, Éd. Fata Morgana, Montpellier, 1976, p. 177–182）に再録されている。

（b） 「羞恥」という言葉の後に、四つ葉のクローバーの絵、もしくは次の絵〔次注参照〕の素描がある。

（c） この場所に、紋章の百合の花に似た絵。

（d） この三五頁には何度も×印がつけられている。

〔37頁〕れる存在と主体と客体の関係にいるのではないような主体の存在様式である。~~あらゆる~~愛撫の内的運動は、この~~剝奪~~自我によるその自己性の放棄から、〈きみ〉との混同からなっている。愛撫におけるこの交感という性格、二つの存在の混同という性格は、最も一般的に認められているものの、掘り下げるべき状況の表面でしかない。

〔ひとは柔らかく肉体的なものを愛撫する。柔らかいものは肉体的なものから分離することができず、肉体としての他人の現前は――複合体であり、この複合体の分析なくして愛撫の意味を把握することはできない。

肉体は生の環境そのもの~~のうちに~~である。それは物理的物体の荒々しさと固さであるが、とはいえ壊れやすい、揺らぐものとして、傷にさらされたものとして~~包み隠す~~出現する(a)〕

この交感の特殊性を浮き彫りにするために、まずは愛撫がいかなる点で単なる接触ではないかを指摘しよう感覚としての接触は、光の世界の一部である。触られた対象は意味を持つ、つまり理解されるのであって、自我〔38頁〕をその自己から抜け出させることはない。愛撫されるものは、厳密に言えば触られるわけではない。愛撫が目指す（vise）のは、接触において完全に与えられるこの手のビロードのような感触やぬくもりではない。それは~~この手ですらなく、人格である。~~~~それは一般的な方法であって、もしかすると~~╲この手ですらなく、人格かもしれない。この手とこの肩は、有機的な対象を愛撫しているのではない――それらは「肉体」なのである~~しかしながら~~だがこの場合、「目指す」は何を意味するのか。言語の╲単なる要素と~~なり~~╲~~ない~~なりうる愛撫、意味することができ、╲ある人格にこれこれの感情を表現するのに用いられる愛撫~~は~~がそうした機能を担え~~ない~~るのは、愛撫が当初は人格との関係であり、この関係を成就するからにほかならない。しかし、何が愛撫に与えられるのか。――この問いは、愛撫が所有する、あるいは愛撫が所有を求めることを前提しているであろう。そもそも日常の言語とはそうしたものであり、所有者の言語である。この言語がどのように正当化されるにせよ、この言語は愛撫の真の状況を覆い隠している。

〔39頁〕愛撫は所有を求めるのではない。とはいえ、愛撫が探し求めるというのは正しい。愛撫のこの探求は愛撫の運動

自体において顕現し、その本質を構成している。~~愛撫は―における探求である。~~しかしそれは所有を目指さない探求である――それは、逃げ去るものとの戯れのようなものである。愛撫の本質は、まさしく探求のうちにある。抱擁がその絶頂において所有のごときものと化すとき、抱擁は、まるで／自分が求めていなかったものを捕らえてしまったかのごとく死んでしまう。

これはまさに、愛撫は永遠に逃れ去るものとの**交感**であるということである、~~なぜならそれは交感であり~~そして探求としてそうであるということである　　それゆえ愛撫は、他人としての他人との関係である。われわれのものやわれわれと化す対象とではなく、光の世界とは対照的なもの、そして永遠に隠されたものとの関係である。他人――それは否定的には隠されたものである。そしてエロスとは、隠されたものとの交感である。

［40頁］

隠されたものは、単に認識にとって隠されたものではない。~~それではなく~~知られていないものではない。~~なぜなら愛撫~~ある意味で他人への接近であるのが愛撫である。しかし接近という語は、（探求が所有を求める限り）探求という語と同様、愛撫が成就する状況の特殊性を説明していない。というのもいずれの場合も、／ある存在に接近することと、あるいはある**存在**を見つけることが問題となっているからである。探求としての愛撫は、もはや存在の範疇や光の世界の一部ではないものとの**ある**関係を成就する――しかし

［41頁］

テーゼ〈エロス〉の関係――〈私〉の再生の関係。
よって〈エロス〉における死を示さなければならない
（死は快楽の増大のうちにある）〈エロス〉における時間
快楽、それは空虚－逃走の緩和である

（a）以上の二つの段落には×印がつけられている。

そこにおいて〈エロス〉は父性を呼び求める（成就と表出として）(a)

計画：I　愛撫が前提とする隠されたものを定義すること

(1) 愛——戦い——

(2) 愛、外的なものの出現

(3) 抗いがたい何かとしての外的なもの。

［外的なもの？］の経験の復権

共感は、埋もれたままの〔42頁に続く〕

(4)〈処女的なもの〉の——〈女性的なもの〉の——〈神秘〉の観念(b)

II　冒瀆としての愛撫の関係

〈神秘〉との接触——冒瀆

~~羞恥の親密さ~~

~~冒瀆——他人の前で~~

他人~~への~~跳躍

［42頁］他人をありのままのものとして与えない。そしてこの意味で探求としての愛撫はすでに、本質的に逃げ去るものとの／肯定的関係なのである。

しかし~~すべて~~逃げ去るものとの関係であるのは、もちろん**愛撫**ではない——その探求の構造にはない。なぜなら逃げ去るものは、本質的に逃げ去るからである。愛撫特有の契機とは何か。よってこの関係の意味は何か。愛撫の本質、それは快楽である。

こうした問いに／より正確に答えるために、隠されたものが愛撫においてどのように隠されるか特徴づけよう。

通常二つの存在の融合として提示される愛は、ある側面では——この側面は愛の偶有性ではない——戦いである。

「美神たちの戦い」ある存在が別の存在を探し求める、しかしこの探求の激しさのすべては、探し求められる存在［43頁］の奇妙さにある。愛撫は ~~appr~~ みずからを与えると約束する何かに近づくことであるが、約束されたものに近づくたびに、捕らえられないものへの**ある**新たな展望が開ける。愛撫によって捕らえられないものは、捕らえるという身振りにおいてそれに近づく際に捕らえられないものとなる。それは捕らえる、放つという平面の外部にある。それはその異人としての形態そのものにおいて異人なのである。愛撫が探し求めるものは、他人の所有でも／他人の認識でも　他人との混同でもない。こうした現出はすべて、~~押しつけられる~~同一性を含意している。奇妙さのうちにある異人は、その定義上接近不可能である。そしてこの接近不可能なものの接近可能性、異人とぶつかり~~異人となり~~、そこから跳ね返るこの仕方が、愛撫の独自性そのものとなっている。~~かくして~~

［44頁］Ｉ　性もまた「持つこと」なき関係であり、それゆえ責任なき関係である。性的な出来事——官能や愛撫——のうちで、自我は所有の支配から抜け出す——自己自身から、自我‐自己のトートロジーから抜け出すのだ。

［45頁］~~存在。われわれはこれを〈神秘〉と呼ぶ。存在と無という基本的範疇の外へとわれわれを［xxxxxxx］強いる範疇。~~

しかし羞恥するものもみずからを与えるが、官能においてみずからを与えることはない。官能は、まさしく現前から不在への、不在から現前への**この**絶えざる急変の運動である。与えられるものとしての羞恥するものは、裸性（nudité）である。裸性の観念は、羞恥と神秘から分離することができない。裸性は、衣服がないという事実ではない。それは神秘の出現と呼び声であり、〈神秘〉がみずからを啓示するという事実である。

（a）「よって〈エロス〉における死を示さなければならない」以降の文章は線で囲まれている。矢印が頁下部に書かれた以下の文を示している。「存在の希薄化であると同時に——［判読不能なテクスト］御しがたい何か［判読不能なテクスト］快楽」。この頁はかなり傷んでいる。

（b）左余白に「5」と「6」が付け足され、残りのテクストと線で結ばれている。⑸存在と〈無〉のあいだにある神秘の観念。⑹恥の裸性［存在？·］の観念。親密さ。夜」。

[46頁] 神秘によって画定された官能、羞恥そして裸性によって――われわれはエロスと他性の中心に――〈処女性〉を置くことが可能となる。処女性が女性的なものの定義そのものである――これは他人の実存という事実そのものであり――社会性の根本的な事実である。

しかしわれわれの当初の問題に戻ることで――われわれはエロスのうちに――自我のドラマを――そして時間の再生と起源を感じつつ基体化 ~~dans~~ のドラマを示さなくてはならない。

この観点から、官能の分析を再開しよう。

[47頁] ~~しかしこの~~ [ ] 異人が触れられる仕方は――[~~もはや~~] 接触ではない――それは愛撫の官能そのものである。官能は他と同じような快楽ではない。~~それは最初の要素~~／〔他の快楽：特性：光明？〕 官能の瞬間においては、官能はより大きな官能の約束である。官能による官能のこの定義は、トートロジーではない。この定義は、官能のうちに志向を発見する。官能は空虚の前にある、それは失神である／愛撫によって超えられる隔たりのすべてが、改めてより超えがたくより目がくらむものとしてうがたれる

官能において、主体は自己の存在そのものを、あらゆる所有を捨てる。~~自我~~しかしこの空虚は単なる無ではない。~~そこには~~なるほどそれは別の存在の接触ではない

[48頁] ――それは別の存在への侵入であるが、ただし同時にこの別の存在の後退であり、他人をその他性において、その不可侵性において肯定することである。他人は不可侵なものである。ここから、官能において抵抗し御しがたいものの、現実をはみ出すもの、美神たちの戦いについて~~の言~~語ることを可能にする現実感といったものが帰結する。他人――それは真の外部性であり、あらゆる外部性の条件である。

〔~~近さ~~外部性の**この概念**~~は、ひとつの~~、そして外部性の経験と呼びうるものとしての官能**のこの概念**は――接触と同時に不可侵性からなっており――エロスを他人との関係の中心に置く。他人――それは本来不可侵なもの――処女である。(a)〕

[49頁] 処女性は、本質的に光から逃れ去る存在様式によって構成されてい~~な~~いる。~~われわれはこの存在様式を〈神秘〉~~

~~と呼ぶ~~。

隠されたものという純粋に認識形而上学的観念とは対照的に、認識されるのではなく官能的である神秘は――存在論的接触である。存在の逆転としての無の観念、そしてある(イリヤ)の夜の／息苦しいざわめきとしての存在の観念とのあいだで、存在を引き受けた主体は、他人の神秘と女性の処女性の神秘のうちで、そこから解放される。プラトンの理論が知らなかった、官能を単なる快楽と同一視する卑俗な美神と〈善〉の観想である天上の美神とのあいだにある永遠に女性的なものが、〈エロス〉の中心的概念となる。

[50頁]

× 官能は、もはや存在の領域には位置しない出来事である。官能において、主体は実体変化する。とはいえこの実体変化は、ある段階や新たな存在への単なる到達ではない。自我は〈きみ〉のなかで我を失い／我に返るのだが、官能の言葉にしえない出来事とは、~~それを~~我を失い我に返る~~状況~~運動である。言葉にしえないのは、この出来事が存在の平面には位置していないからである。神秘について語りうるのは、否定的なことだけである。~~しかし~~それは単に認識と言葉の否定ではなく、存在の否定でもある。神秘は認識だけでなく、官能自体をも拒むのだ。官能は、永遠に不可侵である処女性の冒瀆のごときものである。

[51頁]

計画

自我の再生のために必要な二つのもの

別の契機――〈他人〉

再開の可能性――。

〈神秘〉

エコノミー(b) ~~エコノミー~~

(a) この段落には×印がつけられている。

(b) 「エコノミー」以降、この頁は斜めに書かれている。

構造
として
不眠と倦怠
苦痛に満ちた不眠
存在が粘着し押しつぶす
これは空虚（倦怠）としての存在ではない

［52頁］他人との関係は——官能においては——関係と対立という逆説においては——比類なき関係である。この関係は光ではない。闇である。エロスの外部性は、それゆえ認識と理解の外部性と何も共通するものを持たない。われわれはエロスとともに、親密さと呼びうる関係の世界に入り込む。この親密さは、伝統的な心理学の「内部‐外部」という対とは無関係である。それは、視覚的空間に広がることがなく、遠近法を形成することのない、共にありか［53頁］つ別にあるものすべて——闇の中で共にあるものすべてである。だがこの闇はあるのざわめき（イリヤ）ではなく、自我の周囲に凝集した、あるいは自我を中心とした闇であり、自我は自身のうちにあり~~そしてqui~~ながらも他人である。社会性から分離することができず、その基盤であるような親密さ。だが光の用語でこれをいかにして表現すればよいのか。

官能は——他人としての他人との関係においては——まずは自我の死である。快楽主義者たちが通常そう示していたように、官能は瞬間の強度だけ~~ではない~~を含んでいるわけではない。あるいはむしろ——いかなる意味で、瞬間は強度を含んでいるのかをより詳細に考察しなければならないだろう——それは他人の瞬間や他人における再生のごときものである。現在の瞬間は死んだ。官能は、われわれの存在全体の希薄化、軽減のごときものである。存［54頁］在の各部分が、さらに細分化され自失する。~~そしてこの自失は、約束のごときもの——pr~~ しかしこの自失は、再生へと急変する——そしてまさしく他人という強度の契機となるのは、この再生の瞬間である。だが他人‐自我は死ぬ。他人から私を分離する間（ま）の全体が、新たに出現する。官能は、より大きな官能の約束からなっている。決して守られることのない約束である。

決して守られることのない約束という要素は――エロスには成就が必要であることを、親密さが表現されなければならないことを示している。エロスが成就するのは、父性においてである。

[55頁][(a)]

責任――有名な反動のような――

定位の自由の特徴としての責任。

[56頁]

だが時間の理論において、この学説の帰結はいかなるものとなるのか。

現在まで、われわれは瞬間にとどまっていた。主体の自発性であった瞬間は、同時に主体が引き受けた重荷に主体が押しつぶされることでもあった。主体の自由は、同時に責任でもあった、つまり主体が引き受けたものによって主体が所有されることでもあった。瞬間のこの「体勢〔スタンス〕」の状況は、自我の自己への宿命的な回帰――自我の自己への束縛によって表現される。それゆえ瞬間は自我と同一であり――それゆえ存在は決定的なものであり、永遠に成就されたものである。官能において、自我は自己から離脱する。自我は神秘と関係するのだ。決定的なもの

[57頁]

性的なもの[(b)][テクスト欠落]

事物の関係を

単に[(c)]模倣しただけの――それは羞恥の接触のうちにある。反対のもの――女性――は、優れて隠されたものであり、光に対して閉ざされたものである。しかしこれは、単に認識形而上学的な行為ではない。認識にのみ閉ざされたものではない――まさしく羞恥は、この隠されたものを具体化するのだ。隠されたものは、隠れる存在の出来

(a) 斜めに書かれた頁。

(b) テクスト欠落。この頁は、最初の二行のところで破られている。

(c) 同前。

事となる――しかも任意の行為としてではなく、この存在の存在様式そのものとしてである／表出の出来事は、隠されたものには無縁である。

そして存在の固有性は啓示にあるというのが本当ならば、羞恥する隠されたものは
[58頁] 存在ではない。われわれはこれを〈神秘〉と呼ぶ。この範疇ゆえに、われわれは存在と無という基本的範疇の外部に位置せざるをえない。

[59頁] ~~だが神秘は、それにとって実在するのか。~~

エロスのエコノミーにおいて、神秘は何を意味するのか。われわれは、神秘は表出とは無縁であるというわれわれの定式から出発する。この純粋に形式的な構造が、その内容となっている。表出とは無縁なものの存在様式においては、その自己同一性が仲間関係――これは本質的に表出である――の社会性から切り離されている。神秘は、絶対的に孤独な実存である。この実存は、自分自身を逃れるのだ。この実存を特徴づけるのは意識ではなく、意識の反対の運動であり、神秘のあの[a]代用たる非意識でも潜在意識でも――そこでは神秘が再認されるが、その本性は意識の用語で表現される――ない運動である。神秘の存在様式、それは羞恥である。こうしてわれわれの形式的記
[60頁] 述は内容を獲得する。神秘は単に他人に対して隠されたものではなく、自己自身に対して隠されたものである。とはいえ、「自己自身に対して隠された」が事物の単なる惰性を意味することはない。神秘の実存そのものを記述するのは羞恥である。他人としての他人は、表出に対するこの離脱において、他人の他性を保証する羞恥において与えられる。ところで神秘の存在、すなわち羞恥をその実存とする存在とは女性であり、より正確に言えば女性のなかの処女である。エロスと官能は、羞恥の冒瀆にある。エロスが認識以上のものであり認識とは別のものであるのは、そのためである。~~認識は~~エロスは、神秘が認識されうる――そして冒瀆においてのみ認識されうる――ような方法である。

[61頁] よって神秘は、自我ではなく〈きみ〉を特徴づけるものであり、優れて〈きみ〉であるもの、それは女性であり処女である。

しかしながら、自我には神秘がないならば、なぜ他人にはそれがあるのか。

このように自問することは、エロスの意味を理解することでも、成就の平面を理解することでもない。エロスは、~~付け足される~~二つの事物のように、あらゆる点で似通っておりそれから恋愛関係が確立される二存在の共存をすでに前提する何かではない。　共通性には極性が与えられ、女性的なものはそこでは本質的である(b)　共通性を確立する

［62頁］

のはエロスであり、出来事としてのエロスである。神秘の平面は、まさしくみずからに時間を与えうる、／つまり再開する存在へと到達しうる自我によって素描される平面である。自我は、自我の心理学にとどまるわけではないのだ。自我はみずからの定位を修正するのだが、そうすることができるのは、何かを成就することによってのみであり、みずからを認識したりみずからを感覚したりすることによってではない。自我はみずからを再開する。そして自我が再開しうるのは、いまだ性質ではなく、いまだ表出されていない、むしろ純粋な無ではなく純粋な可能性であるような何かのうちに定位することによってのみである。神秘を存在とする女性的なもの——永遠に女性的なもの——が、時間を持つために不可欠なのだ

［63頁］

v レヴィ・ユリス　　手紙一通＋葉書一枚
v アトラン　　手紙二通。葉書一枚＋葉書一枚
v コレンツ　　手紙一通。葉書一枚
v ツュープァーファーべ（？）　　手紙二通。葉書一枚
v ヴェイユ　　手紙二通　葉書一枚＋葉書一枚

（a）　限定詞「あの」の前には、垂直な棒線もしくは一種の背の高い丸括弧開きがある。

（b）　右下隅、「本質的」と「まさし［く］」の傍らには「（プラトンに反して）」とある。頁下部には上下逆に「~~リベラは自由な気分だった~~」とある。

手紙一通　葉書二枚＋手紙[a]

［64頁］[b]　哲学者たちが認識に神秘的経験を対置するとき——哲学者たちは神秘的経験に意識を認めないわけではない——というのも哲学者たちは、この経験の記憶を保持するからだ。だが哲学者たちは、その伝達不可能性を強調する。この伝達不可能性は何を意味するのか。言葉への抵抗か。概念への抵抗か。╲それによって、神秘的経験が認識から解放されるわけではない。記憶を~~維持~~意識に準拠するものとしてではなく——独立した啓示として理解しない限り。

［65頁］　ここでは、真の多元性の定立を可能にするこの他者との関係がいかなるものであるかを理解することが課題である。

救いとなるのはあるがままの集合性ではなく、それが可能にする他性である。

［66頁］　起源に対しては、三つの立場が可能である。被投性（Geworfenheit）としての起源。~~知る~~以前に存在したもの、よって記憶が存在しないもの——人間から逃れるものとしての、そして過ちとしての感覚すること。

起源の可能的な記憶、しかし時間の起源へと回帰せずプラトン的想起と化す記憶は——自我をイデアの永遠性へと結びつける——〈理性〉

起源が基盤、安全、創造であるような、起源との関係。それに達するのは記憶によってではない。しかし真の過去がもたらすのは、記憶の拒絶ではない。権力と意識の外部で起源を論じること。

（a）この頁は横線を何本も引かれている。

（b）白い紙に青インクで書かれた頁で、紙の中央にはロレーヌ十字と、それに重ねて後足で立った獅子または竜の紋章が印刷されている。

Quand les philosophes opposent
l'expérience mystique à
la connaissance — ils
ne lui réfèrent pas la
conscience — puisqu'ils en
conservent le souvenir.
Mais ils insistent sur
son incommunicabilité.
Que signifie cette
incommunicabilité ?
Résistance aux mots ? Résistance
aux concepts ? Cela ne [illegible] pas l'expérience mystique de la conscience
et moins de concevoir le
souvenir non pas comme
se référant à ~~l'expé~~ la
conscience — mais comme
une révélation indépendante.

図 19　190 頁参照

#『エロスについての哲学ノート』

第二の集合

〔67頁〕

A[a] 同時間者は、単にそのなかで私が現在を引き受ける者であるだけでなく、私の現在に達するという事実である。それは単に隔たった現在だけではなく、隔たった自我である。他人が私に達する限りにおいて、私は他人に達する。私は他人にみずからを啓示する。そして他人が私を把握した限りにおいて、私は他人においてみずからを把握する。現在の引き受けは公共的な行為である。みずからを定位することで、私は秘密を離れたのであり、同時間者たちに対して、仲間たちに対してである。間主観的秩序は、それゆえ主観的秩序と同時間的である――二つの秩序は相互に条件づけあうのだ。

この啓示の出来事によって成就するのは、表出を新たな方法で理解するのでない限り、純然たる表出ではない。通常の意味での表出の場合、内的なものが外的となる。作品においてみずからを表出する芸術家は、ある私的な考えや構想を万人の認識へともたらす。芸術通は、作品を通して芸術家の内奥へ、その当初の意図へと遡行するのに成功したとき、作品を理解する。だがそれゆえ二つの解釈が可能である。一つ目の解釈では、表出が得られなかっ

〔68頁〕

たのは、当初の意図を犠牲にすることによってのみであった――ここから表出の苦悩が帰結する（『フィガロ』紙

（a） 丸で囲まれた文字。この丸で囲まれた同じ「A」が原稿の一〇頁ですでに登場していたことを指摘しておく。

の『消え去ったアルベルチーヌ』／における マルセル・プルーストと彼の記事も参照）。この場合、表出は内的な現実の減退もしくは変質である。表出は、より豊かであると同時により柔軟な現実のひとつの側面を見せるだけである。——第二の解釈では、表出は、芸術家の構想が**その**ひとつの可能性でしかなかったものの現実化であった。この場合、作品、表出は、それが表出する内奥以上のものである。表出は、芸術家の意識的意図になかった意味——現実態ではない単なる可能態——の豊穣さをまとっている。第一の仮説では、表出は芸術家の思考や内奥に侵入するための手段、道しるべにすぎない。第二の**仮説**では、表出はもっぱら芸術家の形のはっきりしない熱望に~~ま~~形を与えるもの、それを現実の地位に引き上げるものである。

~~ところで~~表出の問題は、外部が内部に忠実であるかどうかではなく、両者の類似がいかにして可能かを問うこと［69頁］にある。この問いに対し、第一の仮説は、厳密に言えば類似があるのではなく、通路があるだけだと答える——そして第二の仮説は、類似ではなく現実化があるのだと答える。——だが主体の構造（エコノミー）における表出の地位はいかなるものか。第一の仮説では——表出は伝達を前提としている。第二の——より深い——仮説では、表出は芸術家の存在の現実化そのものである——そこでは、伝達は付随的なものにすぎない。だがこのとき、現実化は単に即物主義的な存在論の助けで理解される。~~芸術作品~~(a)

われわれが存在の啓示もしくは存在が秘密から抜け出すことと呼ぶものは——伝達の瞬間に伝達の水準そのものに位置している。伝達（communication）とは表出である。存在は、伝達することでのみみずからを表出する。存在の成就と開始の運動そのものが、他人に対する実存である。存在は／まず実存し、次いで自己を表出する内部性ではなく、存在をはみ出すことが表出なのである。存在は私生活において、自己の表出から撤退する。しかしそこ［70頁］に、われわれは主体としての主体の~~ま~~光輝を示したところである。成就は、／単に~~な~~照明された~~もの~~何かではない。魂でも身体でもないし、「万人に知られたもの」でもない——それは威厳として、栄光として実存する。（主体の威厳——それは主体の幸福である。われわれはそこを経由して、ようやく人格としての主体の特性にたどり着く。人格は伝達と表出の外部で定義されることはない——それは対自的な実存や、即自的な目的ではない——それは他者たちに対する実存である。ただし~~それ~~それは対自的実存の条件、つまり実存の引き受け、基体化の条件としての他者に対する実存で~~はない~~ある。栄光が人格の定義である――他者に対する実存~~ま~~の裸性における栄光、いかなる商業もいかなる知的感情的内容もない~~ものにおける~~、名声や評判の荒々しさのうちにある、同時間者たちの注目の的であるという事実のうちにある栄光。人格の威厳あるいは名誉は、まさしく各人の栄光であり、一般人の栄光である。

栄光が表出の意味である。栄光の存在の秩序は、主観的と呼ぶのが適切なものではない。というのも栄光は、［71頁］他者たちに対して現出するからであり、この現出そのものにほかならないからである。この現出自体、啓示――~~ある~~認識~~の~~――ではない現出であり、それゆえ栄光は単に客観的な何かではない。栄光は認識ではない――なぜなら栄光は伝達であり、伝達は情報の交換ではなく共存だからであり、共存は主体がその存在を引き受ける方法そのものだからである。栄光はしかしながら、絶対的なものに属するひとつの仕方である――それは成就の絶対的なものそのものである。そしてこの意味で、人格の絶対的なものについて語ることができるのだ。

ある意味で、外部の復権**である**のは、成就と栄光のこのような側面である。表出は、そもそも現実の外部性の起源そのものである。存在の引き受けの隔たりそのものの外部性――成就を可能にする間[ま]である。それゆえ人格は、［72頁］(b) ~~われわれに~~「構造」の代わりに「エコノミー」という用語――〔νόμος〔ノモス〕〕の〔οἶκος〔オイコス〕〕（内部性）という観念を示すと同時に、エコノミーの存在論的観念に含まれる経済的な事柄を暗示する――を導入するならば、成就の装飾そのものである威厳に満ちた飾り布の中心で活躍する。

［73頁］しかし人格の外部性が意味を持つのは、成就との関係においてのみである。この隔たりの源泉を探す作業が残っ

（a） 行間にあり、左余白に続いている。「芸術作品の現実化は、表出ではなく使用に供される製造物の現実化として理解される。それゆえ第二の仮説においてさえ、問題となっているのは類似である。あるいは少なくとも、事物から出発する――それを現実化する事物――作品へと移行するわけではまるでない行為の［開花?］である」。

（b） 左頁に、斜めに書かれている。

ている。仲間関係において、外部性が引き受けられる。だが外部性がその源泉なのか。同時間者は、すでに外部のものとして現れている。外部性はどのように成就するのか。外部性の場はどのように記述されるのか。外部性はどのように投影されるのか。換言すれば多数の同時間者たちは、みずからを成就するために~~cette~~、他人がいかなる制約もなく他人であるような他人との関係を必要とするのではないのか。すなわち、この他性が現れ自我と実に親密な関係であるため、われわれが本章{ce~~tte~~}の冒頭から探求している他人における再生が可能になるような関係である。仲間関係——同時間性——は、~~同時に~~瞬間が成就し、それゆえ仲間が自我のエコノミーの［~~xxxx~~］一部をなす——とはいえ匿名的にその一部をなすような関係である——仲間は主題ではなく、~~また同時に~~それゆえその外部性は同時に、瞬間の共通性によって制限される——そしてその親密さは、仲間の個人的無関心によって損なわれる(a)。

［74頁］

共感は、友人と共に存在する固有の仕方である。それは友人の立場に身を置くことであり、私自身の感情を助けとして私の友人の感情を再現することであり、友人の喜びを喜び、友人の苦しみを悲しむことである。それゆえ、友人の他性はつねに減少する。友情が引き受け乗り越えることを可能にするのは、まさしく同時間者の未知なるものと［敵意］である。

しかしそれゆえわれわれは、他性の経験~~における~~としての友情と仲間関係は二次的であるという証拠を共感に見出す。友情と仲間関係は、すでに他人の出現そのものに依拠している。われわれが探求すべきは、自我の自己性における他人の他人としての出現である。本源的な開始（ouverture）である。

［75頁］

この分析を、別の形式で再び行うことにしよう。性的関係は、いかなる点で友情とは異なるのか。性的関係は、たとえどれほど強いものであれ、共感ではない。それは、同じ本性では~~ない~~ないにしても、少なくとも同じ存在意義を持つ類似した存在を、単に観想することではない。それは背反するものとの関係であり／［自己の？］背反そのものである　背反する構造を持つ何かを観想する知性にとって背反するものとの関係ではなく、背反するものは官能の「感覚」そのもの／の中心にある背反において与えられる——あるいはむしろ与えられない——官能には、所有者と所有物の関係は存在しないのだ。まさしく永遠に所与となりえない背反するものがある——そして背反するものが所有物となることなく、あらゆる諸項の対をある関係において相互に結びつけるまったく形式的な所有物とさえなることなく、背反するもの~~とのあいだ~~との関係であることが、官能の独自性のすべてである。(b) 背反するもの——絶対的に背反するもの。~~それとの関係は背反から何も取り去ることがない~~ その背反は関係によってはいささかも作用を受けず、　それゆえ背反するものは絶対的に他であることが可能となる——それは女である。そして性の意味と神秘はここにある。すなわち、~~共通平面である~~関係でありながら背反。~~人類においては~~／~~——関係の保証~~ ~~——それは保証する差異である~~ 関係が——その関係の内容において——現実の関係としての関係というその現実において——全面的な背反が、［xxxxx］の共通性の上に築かれるようにすること。ただし背反が、この関係にもかかわらず、〈判読不能〉なそれであることはない。

［76頁(c)］

背反

二つの意志の対立による——

(a)　余白には以下のように書かれている。「この隔たりは何を記述するのか。仲間関係はこの隔たりを前提としている。もしかすると、そこではすでに時間が必要なのかもしれない。もしかすると、瞬間における隔たりがうがたれるためには、別の瞬間が必要なのかもしれない。もしかすると、仲間関係はすでに別のものの残りかすなのかもしれない。瞬間が可能であるためには、隔たりが必要であり、［l'ext?］以上のものが必要なのかもしれない。

(b)　斜線によって挿入されている。「T T を参照」——二番目の T はより小さく、一番目の T の下に書かれている。

(c)　この頁は、判読が十分に可能ではない。

sな何か

[77頁] 二つの種の組成には帰着しない差異。性は何らかの、**ある**種差ではない。それは優れて差異であり、移行する類と種差への論理的分割とは別のものである。(a) 類と種差への分割が、性の現実のすべてではない。この形式的構造が、現実の物質的構造のすべてでは決してないだけではない。性は内容ではない──それは区別分類である、とはいえ単なる種差ではない。性は人間の現実の差異のごときもの──この現実の両面のごときものである。

この背反はまた、矛盾でもない。存在と無の矛盾は、一方から他方へと導く──隔たりの余地を残さないのだ。無は存在へと変わり、われわれをある(イリヤ)の観念へと導いたのだった。存在と瞬間の否定は、瞬間から存在から脱出させはしない。というのも夜のざわめきは、われわれを普遍的で無名的な存在に閉じ込めるからだ。性的なものの背反は、われわれを他人と関係させつつも、この他人を馴化することはなく、むしろ反対にその他性のすべてを保存

[78頁] する。そしてこれがまさに、他人がその他性を保存しつつもわれわれと関係する、官能固有の出来事──比類なき状況──である。

官能における他人の背反は、二つの意志の対立とは何も共通するものがない。それは甘く優美で従順な何かであり、無限に他であり続け、われわれがそうである現実そのもののまた別の面としてその他性をわれわれに差し出す。それゆえわれわれは、官能はわれわれが**友情**(b)の基底に見出したような共感とは全面的に異なると考える。友人の「魂」への感覚不能なこの移動／侵入──そこでは共感する「内部」にすぐさま／われわれが近づけるようになる──は、絶対的に他である他者、その羞恥がたえず冒瀆されるあの他者と衝突する官能、愛撫とは最も対立するものである。というのもこの冒瀆の観念が、エロス固有の概念だからである。

他人──は絶対的に閉じられた何かである。そして存在のこの隔離された閉鎖性──これがその羞恥である。こ

[79頁](c) の本源的で独特の背反は、瞬間を要約し、そして存在は決定的ではないものとしてある。自我は処女的なもののうちで、再生し再開するものとしてみずからを再び見出す。そして神秘のこの実存、これが時間そのものである。時間とは存在が決定的で死んだ何かではなく、その基底においては時間の神秘である、つまり死と再生であるとい

う事実である。それゆえ時間は、存在するという行為の二重性そのものである。二つの行為におけるこの存在——これが性である。時間はよって同時に行為の二重性であるが、この二重性の原型としての性が、われわれにその劇的な／性格を　明らかにする。

完璧さのモデルとして特徴づけられ構想された実存は、伝統的哲学によって時間の外部に、永遠なるもののうちに位置づけられていた。時間は永遠的実存の堕落として、またその運動において永遠なるものの不動性を模倣するものとして構想されていた。こうした構想全体において、存在者は存在との関係において考察されていなかった。存在にとっては、存在するという行為の二重性、みずからが再開し再生する可能性~~は~~が、救済と幸福の条件である。

〔80頁〕

だが**存在**における二重性は、その本質をなす行為の二重性のうちにあり、これがドラマとしての存在を可能にする——すなわち性の水準における時間であるが——これは成就の時間であろうか。性の水準における時間が自我の再生と存在の救済を可能にするならば——~~どのような点で~~どのような点でこの時間は不幸への薬以上のものをもたらし、どのような点で幸福の積極的な条件をもたらすのか。なぜ存在しない~~こと~~よりも存在する方がよいのか。われわれに残された課題は、成就の観念そのものを~~見出す~~掘り下げることである。そしてそのために、自我の成就の最終段階——その繁殖性を発見~~しに行く~~することである。二つの時間の関係という観念——われわれはこれを felix-culpa〔幸いなる罪〕と呼ぶ——が、時間の単なる二重性に加えられるであろう。

（a）行間には、おそらく消しゴムをかけられ判読不能でもっとぼやけたテクストがある。

（b）PR：［empathie〔感情移入〕?］

（c）改頁にともなう意味の断絶は、説明するのが非常に難しい。細かい方眼紙の手帳の頁は、確かにこの順番となっている。デジタル化によって提案されたように、切り離された紙片をここに挿入したとしても、紙片が傷んでいるだけに満足すべき明確な連続性はやはり得られない。われわれは、紙片を手帳の最後に置くことを決断した。

[81頁]
エロスは第二の瞬間に入ることである。だが自我は成就とともに〈きみ〉へと実体変化するわけではない。抱擁が逃げ去る~~伴侶~~処女をとらえるのは、その背反においてである。自我は、みずからの自我から解放されて異人となる／責任なき自由となる　わけではない。処女は逃げ去る。抱擁は、友情や仲間関係と比べればひとつの成就である。抱擁は本質的な飢餓の状態を定められているわけではない**ある**関係を満たす。だがこの成就は完全なものではない。私でありつつ私ではない〈きみ〉──あるいはむしろ、〈きみ〉でありながら私である〈きみ〉──それは息子である。そしてここにこそ、自我の最終的可能性、もしくは性の最終的要件がある。抱擁、自我の実体変化の冒険において、自我が〈きみ〉となる可能性──自我は息子において〈きみ〉となるのだ。自我の基底、それは繁殖性である。

われわれは、繁殖性を生物学的範疇と見なしているわけではない。生殖の研究がわれわれに／その秘密を明かしてくれるわけではない。われわれはこの観念を、瞬間を掘り下げることによって獲得した。引き受けられた存在の
[82頁]
重さの**下で**、主体はこの重さが決定的なものではないと気づくことでみずからを解放する。存在は、その基底においては再開可能性である。この再開可能性、それが時間である。そして時間の成就、それが自我の繁殖性である。

そこでは諸瞬間の多数性が確立されるだけでなく、諸瞬間の結合の具体的な形もまた確立される。われわれは、〈私〉とはある瞬間と別の瞬間との関係にほかならないことを見た。この関係は、自我にとっては息子において再開する可能性である。しかしそこで与えられるのは、単なる新たな瞬間ではない──むしろ二つの瞬間を包含する時間の空間（espace）である。なぜなら父性は新たな瞬間の単なる出現ではなく、父を息子に結びつける場──父性愛だからである。~~ate~~自我と、非自我でありながらも自分であるような異人との関係──自分とは異質な自分自身と共にある自我。子は単に私の作品ではなく、私である。所有の範疇は、事物に適用されるようには子に適用さ
[83頁]
れない。／その代わり事物は：[xxxx？・] の責任である。私は、もはや私自身には帰着しない。関係は所有の秩

序ではなく、存在の秩序に属する。他方では、子は、たとえば私の悲しみや試練や死のように存在の範疇を適用できるような、私に到来する何らかの出来事ではない。この場合、私は実詞であり主体であり基体化である。父性愛とはまさしく、同時に自我であり非自我であるような別の自我への私の実体変化という具体的出来事である。

ここにおいて、時間が完全な仕方で成就する。時間は二つの自我のあいだの関係である。~~それは歴史である~~二つの世代としての。それは歴史である。

自我の繁殖性を介して獲得された、歴史の観念とそれが依拠する間主観性の観念によって、われわれは歴史の観念をその真の独自性において確立することが可能となる。伝統的な哲学の場合、間主観的・歴史的な心理学的現実の支柱は、個人のままである。歴史と独自の現実としての社会は、方法的もしくは慣習的な現実しか持たなかった（デュルケーム）。

[84頁][a] 心理学［xxxxxxxxxx］

歴史心理学（逆転）

統一性の新たな概念

社会関係の場

強調すること：成就＝
融即

[85頁] 歴史の基盤である繁殖性、それは存在の成就としての自己の自我性を捨て去る自我の事実そのものである。出来事の否定的側面は自我のうちにあるが、出来事の現実はこの否定的側面のうちにはない――現実は出来事である。

＼しかし、出来事が「客観的」だという意味ではない。客観的－世界：光　自己同一性。ここでは：融即　この意

（a）左頁に斜めに書かれている。

味で、歴史的出来事は個人を凌駕し命令する。個人の成就は、その脱個人化にある。個人は、個人を超越する現実たる歴史から命令される。個人を超越する、しかし現実である。歴史的出来事は自我に依拠するどころか、まさしく自我の脱自己化なのである。

しかし他方では、歴史的出来事は自我と無縁なものではない。歴史的出来事が成就するのは、種のよくわからぬ利益の名においてではない。自我は、種に奉仕する者として存在するわけではない。歴史的関係は、自我自身という存在との関係の成就である。われわれは、自我をあらゆる属性の媒体として定位するような存在論の習慣に反対
［86頁］する。~~として~~歴史的関係は［本源的？］事実であり、自我の実体的な性格から独立したその解釈が、共存の「心理学的事実」——この共存の記録、そしてこの記録がわれわれの心理学の残余へもたらす帰結——としてだけでなく、存在するという出来事として間主観性を知解することをもっぱら可能にする。間主観性は、出来事および成就となる。その心理学的反映は反映にすぎず、その現実は現実の融即のうちにある。

集団心理学、そして歴史心理学のすべてでは、歴史と時間の範疇そのものである融即の範疇に従って作られるべきである。志向性としての行為という関係によってわれわれが理解したのは、われわれには「心的‐対象」というものはなく、われわれは対象へと実際に導かれるということだった。同様に融即の観念は、われわれに共存の効果を教える。主体の繁殖性——それは、融即のひとつの要素として理解された主体である。哲学的社会学は、融即とい
［87頁］う一般的な名において企てられるべきである。仲間関係、友情、愛、家族、階級、身分——戦争、勝利、栄光などの観念は——融即や歴史的関係のもろもろの名にすぎず、存在体ではない。それらの源泉と意義は、エロスと父性のうちに、そして最終的には自我の繁殖性のうちに求めるべきである。

融即をある自我によって生きられたものとして想像する必要はまったくない[a]。自我が生きるものは、それを凌駕する融即を内包することができない。融即を、神的思考の前で演じられる光景[b]——神的思考はこの光景を観想する——のように想像する必要はまったくない。自我の自己同一性そのものを拘束する歴史的関係の現実のすべては、この関係自体に含まれる。ある観察者にとって共存するだけのもろもろの存在体の世界では／（そしてこれが世界

という言葉の最終的な意味である：構成なきもろもろの存在体）　融即は矛盾である。なぜならそこではもろもろの存在はみずからの自己同一性を持つが、それらを観想する意識の統一性の総合だけがそこに関係を打ち立てるからである。融即の光景を、真の光景を観想することはできない。

〔88頁〕(c) 絶対的なものとしての愛——

〔89頁〕融即の社会関係という意味では、それは観察者が光景に融即することであり、かくして融即が行われ、その現実は／観察者を包含する諸関係自体にある。

ディルタイやハイデガーの「理解の循環」——単に参入するだけでも、／すでに参入していなければならない——一切の価値が、内部によって理解に結びつけられる、等々——のような諸観念の源泉は、融即にある。／弁証法は、融即の一形式である。すなわち共存と繁殖性である。　歴史の観念が、世界の観念を指揮している。

この意味で、歴史の観念は絶対的なものの観念である。歴史の観念は、それを可能にする間（ま）と無を前提する。この観念により、事実は——あらゆる因果性とあらゆる知覚の外部で、その実在によってのみ価値を持つ。この観念により、ひとつの犠牲がそれに参加するすべての者を巻き込む。彼らはそれに融即するのである。

しかしわれわれは融即の、つまり兄弟関係と自己の繁殖性の条件をより詳細に検討しなければならない。死の時間の間が二つの瞬間にとって帯びる**［que］**意義——その待機と過ちという特徴——を明らかにすることで、われ〔90頁〕われは成就と救済の時間のリズムという観念へと行き着く。われわれはまた、善の**観念**をも手にするであろう。あ

（a）余白には「主観的実存と客観的実存の区別を超えた成就としての融即」とある。

（b）余白には、以下が一本の線によって挿入されている。「神が主体として理解されるのでないかぎり。なぜならわれわれが記述しようとする状況と、われわれが導き出す実存の観念は——「神の面前で」という言葉によっても同じようにうまく表現されるからだ。」

（c）この頁は左側に書かれている。

る志向の成就としての実存全体。それゆえ、これは拡張されたフッサール哲学である。

定位においてわれわれに対して出現した――存在以上の存在としての――成就は[a]、始まりゆえに、その構造(エコノミー)を構成する間(ま)と受任ゆえに――融即における歴史的成就となる。これは、成就の新たな段階や階梯ではなく、定位においてすでに含まれているものの完成である。定位は成就である――そして主体の始まりである。しかし主体の主観性自体は、~~主体が~~その存在だけでなく存在の主観性が引き受けられるような出来事において成就される。そしてこの出来事が、父性を基礎とし、最終的には主体の繁殖性を基礎とする融即なのである。かくして時間は、融即と成就の出来事そのものである。

[91頁]

だが父性のうちには、そして成就に存在からの解放という特徴を与えるその間(ま)のうちには、何があるのか。

それは~~脱由己~~脱自己化である。脱自己化は――「観念論者たち」が考えるような――単なる自己忘却、放棄、犠牲ではない。そうした哲学では、放棄は心理学的事実として思考されるのであって、融即として思考されるのではない。それは何より所有物の犠牲であり、愛着の犠牲であって――主観性の犠牲ではないし――自我によるその自我性そのものの放棄ではない。それは死においては存在の犠牲であるが、ただし所有物や貴重な財のようなものとしての存在の犠牲である。死とともに消滅するのは主体であるが、しかしこの消滅が現実である限り、死は主体の行為であり心理学的事実である。全面的犠牲の出来事――それは観想する第三者にとっての、あるいは神にとっての出来事である。父性の融即は／それとは逆に――主体が出来事の媒体であるような平面の放棄である。それは基体化の埒外の出来事である。さらには、放棄、犠牲、自己忘却がその独自性と存在のドラマで果たす機能において存在論的に

[92頁][b]

再開

時間となる

だが最初のものとの関係：歴史

(1) 歴史
(2) 赦し
(3) メシア

[93頁] 理解可能となるのは、融即の観念によってであると言える。

主体が存在することの重荷を下ろす可能性[c]は、ドラマが、つまり~~二重の~~／多数の行為が存在するという事実そのものにある。瞬間において永遠に成就されていながらも、存在は再開することができる。行われたことは破棄することができる。そしてこの存在のエコノミー、すなわち各瞬間において完全に成就されつつも二つの瞬間にわたって広がる力、これが時間である。われわれの努力のすべては、時間が得体の知れない／抽象的な源泉から到来するのではなく、諸存在との関係から到来すると示すことにあった。時間のドラマそのものであるのは、他人との関係である。

これはつまり、時間は単に抽象的瞬間の多数性ではなく、この多数性が歴史を基盤とすることでしか可能ではないということである。ドラマを構成する行為の二重性は、それゆえ時間の観念によって説明され尽くすわけではない。そしてこのことは、われわれにはすでに「私」の観念の研究の時点で明らかとなっていた。

[94頁] 「次の」瞬間は、絶対的な再開を成就しつつも、前の瞬間に準拠する。〈私〉とは、まさしくこの準拠である。これは、統覚の統一性~~における~~という意味での多数性の抽象的 [la] 総合ではない。この準拠は、諸瞬間を隔てる間（ま）そのものに依拠しており、この間によって第二の瞬間が第一の瞬間を成就する。というのも、間はここでは本質的なものだからである。第二の瞬間は、第一の瞬間を目的のごとく成就するわけではない。第一の瞬間は、ある目的の手段ではないのだ。第二の瞬間において解消したのは、瞬間の体勢そのものの悲劇である。だがそれは、第二の

(a) 余白に「成就＝融即」とある。
(b) レヴィナスは、この場所で裏面にいくつかの言葉を書いている。
(c) 余白には「成就の二つの時間：過去」とある。

瞬間が第一の瞬間より良いからではない。善は、間によって分離された諸瞬間のリズムそのものである。第二の瞬間がより良いのは、再-開だからである。その／再生の再-開という性格のうちに、先行する瞬間への準拠がある。それが成就であるのは、赦免、先行する瞬間の赦しであるというこの事実による。その成就の目的性は、その過去から分離することができないのである。

[95頁] よって諸瞬間が相互に準拠するのは、諸瞬間の二重性という形式的構造の力そのものによって内容を捨象するからである。諸瞬間の歴史の根本的出来事——それは再開という特徴であり、~~ではない~~ 時間は本質的にリズムである。リズムは、諸瞬間をそれらの特徴と体勢の悲劇から解放する。

こうして、われわれは〈善〉の観念についての最初の見解を手にする。〈善〉はひとつの存在ではない。〈善〉は積極的なものなのか、あるいは悪の単なる不在なのかと問うことがあるのは、〈善〉を存在と混同するからである。善はひとつの存在ではない——善は時間のリズムそのものに由来する。それは時間のリズムである。かくして、悪の問題そのものに光があてられる。〈善〉は悪なしには不可能である。〈善〉は歴史から分離することができない。〈善〉は抽象的な完璧さではなく、歴史の帰結である——存在が一挙にあるわけではないという事実そのものである。厳密に言えば、〈善〉は完璧さではない——なぜなら完璧さは、永遠に成就された申し分のないものであって——〈善〉は完璧なものが崩壊するという事実だからである。かくしてわれわれは、〈善〉がなぜ存在の彼方にある——エペケイナ・テース・ウーシアス[a]——なのかを理解する

[96頁][b] コミュニケーション——ブランショは言う。わが家では意思疎通できない、意思疎通できないのは神秘だからだ。意思疎通〔伝達〕の問題は——表出の問題である。~~外部では~~神秘は言い表せないものである——神秘はむしろ父性において外在化する……。要再開

（a） ギリシア文字で書かれている。このプラトンの表現の一般的な訳によれば、「存在の彼方」である。「〈存在〉の彼方の〈善〉」に関する『国家』第六巻。

（b） 左頁は斜めに書かれている。

Il ne s'agit donc pas d'envisager à proprement parler la relation entre le sujet et son existence, comme si le sujet existait déjà et comme si la relation partait de quelque chose qui possède déjà l'être; il s'agit de comprendre une relation qui est en quelque manière en deçà de l'existence subjective et de la maîtrise du sujet sur l'être. La relation à son être n'est pas un acte quelconque d'un sujet constitué, elle s'étend dans une autre dimension que celle d'une vie s'écoulant dans un temps. Elle est cependant autre chose aussi qu'une relation logique idéale, puisqu'elle s'accomplit en réalité, aboutit à un sujet.

Nous aboutissons ainsi à un plan de recherches absolument original où se poursuit la trace du commencement même du sujet sans que cela soit dans le temps constitué ni dans l'ordre de relations intelligibles ou idéales. Nous appellerons ces recherches initiales. Les recherches initiales ne se proposent pas la découverte de la cause ni des conditions de la création au sens d'invention. Elles n'abordent pas le mystère de la création ex nihilo. Elles s'attachent en premier chef à la signification de l'existence du sujet, c'est-à-dire de la relation entre le sujet et son existence, autrement dit à l'événement qui rend le commencement possible. Si le commencement est un autre nom pour la liberté les recherches initiales sont l'étude de la liberté, étude du commencement en tant que commencement. Mais liberté signifie dès lors non point ce qui est sans cause dans l'action, mais la possibilité même de commencer d'être, d'avoir l'être comme attribut.

archéologie

L'instant

Le sujet est inséparable, in concreto de l'existence. La relation que nous lui prêtons avec l'être précède cependant le sujet concret. Il faut donc admettre que dans l'instant de l'existence du sujet il y a un passé, un passé à partir duquel l'instant est constitué et assumé. Il faut un sujet pour qu'il y ait sujet et cette antériorité du sujet à lui-même, loin d'être une façon de reculer infiniment le problème est [illegible] même de sa subjectivité, c'est sa [illegible] même, c'est-à-dire sa position. Il nous sera possible de montrer dans la position [illegible] dans son instant cette assomption de l'instant dans l'instant par une espèce de retard de l'instant sur lui-même.

Pour approfondir nous partons du concret, qui n'est pas — quoi qu'on en pense — le point d'arrivée mais le point de départ d'une méditation philosophique. Nous partons de la position concrète du sujet, de ma position.

[illegible] En me posant j'abandonne en quelque

図20　210–212頁参照

他動的実存——これが私の全哲学を司り融即の根底にある実存の観念である。

——時間の源泉は歴史である

私は時間を他人において得る。父性における私の超越は、現実の関係であり——この関係が時間である。私が第二の瞬間を「他人」として扱うことは——それゆえ時間の概念に対する歴史の概念の優位を意味しているだけである。

『エロスについての哲学ノート』

第三の集合

［97頁］(a)

定位〔位置〕については、幾何学者の観点がある。それは空間の二点間の関係である。

重さとしての私は、力である。私の定位は、私の中の何かである。

意識としての私は、重さの諸感覚たる内容の集合である。そうした感覚には対象がある——基盤。

だがこの意識にはそれ以上のものがある。みずからを定位することで、私は私の重さから解放されるのだ。そしてみずからを定位する前に私が向かう先は、私を私の重さから解放するであろう何かである。しっかりと立つこと——それはまさにみずからの重さを再び下ろすことである。そして基盤となるのは、私の重さを受け入れるものである。休息。

だがみずからの重さを再び下ろすことは——みずからを維持することに等しい。それは主体として存在することである。開始することである。

主体——休息。

主体——身を落ち着けていること。

(a) 以下に続く八頁は、赤い余白のある方眼ノートに由来する。頁は傷んでおり、主に黒インクで書かれ、鉛筆での注や加筆がある。

休息の活動性。後退体勢（rétrostance）の現象。

どの決断、どの企ての基底にも休息がある。

しっかりと立つことは、厳密に言えば安定性の現象ではないと明記すること。それは跳躍、水泳、歩行において
みずからを維持することにある。

重い軽いとしてではなく、質として考察された重さが――実存そのものである。

問い：主体の観念は、重さ自体を考慮に入れているか。

sou-venir〔想起する〕――subvenire〔souvenir の語源である同義のラテン語〕――venir〔来る〕という語［紙片が破られている］

［98頁］
「これが‐実存する（ceci-existe）」という関係は、ある（イリヤ）が引き受けられるという事実による〈これ〉の誕生である。存在と無の中間であり、あるの普遍性を免れる何か。死ぬことか。内部にず〔らかる〕ことか。逃走することか。
だがこうしたことはみな、存在した後でのみ可能である。
神秘的に実存することか。動詞

［99頁］
(1) 定位
(2) 想起
(3) 動詞
(4) 成就(a)　引き受けること

それゆえ厳密に言えば、あたかも主体がすでに実存し関係がすでに存在を所有する何か**から**出発するかのごとく、主体とその実存の関係を考察することが課題なのではない。いわば主観的実存と主体による存在の支配の手前にある関係を理解することが課題なのである、~~しかし同時にこの関係を維持しうるには~~　この関係の方も、構成された主体の何らかの行為ではなく、ある時間のなかで経過する生とは別の次元に広がっている。とはいえこの関係はまた、観念的な関係とも別のものである。なぜならこの関係は~~est~~、現実に成就し、主体へと行き着くからである。

かくしてわれわれは、まったく独自の探究の平面へと行き着く。そこでは主体の始まりそのものの痕跡が、構成された時間においてでも、知解可能もしくは観念的な関係の秩序においてでもなく追跡される。われわれは、このような探究を始原の探究と呼ぶことにする。(b) 始原の探究は、原因の発見も、~~新しき~~発明という意味での創造の条件も目標とはしない。始原の探究は、無からの創造の神秘には取り組まない。探究は何よりまず、主体の実存の意義に、つまり主体とその実存との関係の意義に、換言すれば始まりを可能にする出来事に専念する。始まりが自由の別名であるならば、始原の探究は自由の研究であり、始まりとしての始まりの研究である。だがそれゆえ自由は、行為において原因を持たないものを意味しないし、――無差別の自由も自由意志も意味しない。そうではなく、存在しはじめる可能性そのもの、存在を属性として所有する可能性そのものを意味する。

主体は、具体的には実存から分離しえない。われわれが主体に与える存在との関係は、しかしながら具体的な主体に先行している。それゆえ、主体の実存の瞬間にはひとつの過去があること、それ以降瞬間が構成~~されそして~~引き受けられるような**ひとつの**過去があることを認めなければならない。主体があるには主体が必要であり、自分自身に対する主体のこの先行性は、問題を際限なく後退させるやり方であるどころか、主観性の**生**あるいは**瞬間**そのものであ~~る、なぜなら~~り、その~~定位そのものの~~実定性（positivité）そのもの、つまりその定位である。われわれは定位を**掘り下げることで、**その瞬間のうちに、~~瞬間における~~瞬間の自分自身に対する一種の遅れによる、瞬間のこの引き受けを示すことができるであろう。

定位を掘り下げるために、われわれは具体的なものから出発する。~~われわれは出発する、~~具体的なものとは――ひとが**それについて**どう考え**え**ようと――到着点ではなく哲学的省察の出発点である。~~われわれは出発する~~〔われわれは〕主体の具体的定立から、私の定位から〔出発する〕。

（a） これらの四つの語と「引き受けること」は、頁上部のテクスト外に書かれている。

（b） 余白に「考古学」とある。

［100頁］

注　~~私は地面の上にいる~~。みずからを定位することで、私はいわば~~私の［xx］の重さを~~私自身の重さを捨てる。私は私自身にとって重さである――これが、あらかじめ明らかにすべき定位の最初の瞬間である。私は私自身にとって重さであるが、これは私がみずからを身体として認識することを意味するだけではない。自分自身にとって重さであることは、認識の現象ではなく、主体の存在そのものの特徴である。主体は、いわば無償な仕方で存在するような精神として、微笑として、恩寵として――「淡い肉色かくも明るく空中に漂う[a]」として実存するわけではなく――自分自身によって満たされている／［xxxx］これがこの現象の最後の根拠~~（例）~~である。すなわちつねに克服される何か、つまりつねに克服すべき何か~~としての、臆病なものと~~臆病さ。欲求。われわれにはつねに多くのものが必要である。荷物、財産。そして自己にとっての重さとして実存するこの仕方は、まさしく引き受けられた実存のしるしであり、主体とその存在との関係のしるしである。――しかしこの仕方は、われわれが定位を把握することを可能にする。~~みずからを定位することで、われわれはみずからを取り除き、ある基盤の上~~このような理由で、ここでわれわれは定位を考察する。私自身へのこの重さによって、あたかも私は、底なしの深淵の上にいるかのようである。私はそこに転がり落ちるかもしれず、転落のこの不安、私の重さのこの経験がまさにめまいであり、ある種の夢でわれわれがたえず転がり落ちる無としての深さの経験である。~~これは~~定位を理解しうるのは、めまいのこの深さとの関連においてである。

　定位において、~~めまいは~~重さは捨て去られ、下ろされ／かくして彼はみずからの出現の自発性を知る[b]。主体は休息し、まさしくこうして主体となる。主体の不動性、その体勢とはこれである。これは、ある固定軸との関連で定義され、固定された事物の不動性、よってつねに相対的な不動性ではない。事物の不動性は、本質的に相対的である。めまいに対する勝利においては、めまいに対して、われわれは純粋な不動性へ、自分自身にしか準拠しない体勢へと行き着く。これは自己に対しての不動性であり、始まりの不動性、出発の不動性である。みずからの重さを下ろすことで、主体が始まるのだ。

しかしこのように重さを下ろすことは、いかなるものか。それは単なる負担の解消ではない。重さは、~~それぞれの~~それが下ろされるまさにその瞬間に再び担われる／主体が自身に引き受けるのだ　そこでは下ろすことと再び担うことが継起するわけではなく、下ろすことは下ろされた重さを保存するものなのである。~~これが不動性の緊張である。基盤が引き受けられるのは何らかの~~主体の範疇そのものである柔軟さあるいは弾性。

［101頁］

~~足の支えそのものによる、努力による仕方。定位と休息のうちには努力があり、瞬間が瞬間であるのは、この努力と疲労という要素による。~~始まりは再開であり、反復である。まさしくこれが定位の反省の契機である――私はみずからを定位するのだ。~~みずからを定位するもの~~下ろされた重さは、定位そのものに~~よって~~おいて再び担われ、自分自身へと帰還する。主体は同時に自我であり自己である／定位するもの、そしてそのことがのしかかるもの。(c)自己はしばしば言われるような自我の対象ではなく、自分自身の対象となった自我ではない。自我が反省‐思考作用において自分の対象になれるのは、まず自我が自分自身にのしかかり、そしてみずからを下ろすことでみずからを取り戻すからである。自我が自己自身に束縛されているのは、自我が永遠に自己自身だからである。

~~しかし~~定位における自我‐自己のこの運動**ゆえに**、定位は緊張であり、支えであり努力である。そして定位の努力のうちには、自己に対する遅れという現象が存在する。これは疲労にほかならない。緊張のうちには、未来のある瞬間へと向かう希求というよりも、むしろ現在の瞬間に対する恒常的な遅れが存在する。自己へと至るひとつの方法。そして自己へと至るこの方法、それはまさしく始まりと主観化の逆説そのものである。定位、ある基盤上での実存は主体の出現であり、主体によってある(イリヤ)は属性となることができる。

（a）マラルメの『牧神の午後』からの引用。正確なテクストは［en l'air ではなく］dans l'air である。
（b）加筆「かくして彼はみずからの出現の自発性を知る」は余白に書かれている。
（c）余白にある。

緊張[a]としての定位は、瞬間において停止し自分自身へと至る出来事である。その現在のうちに、深い過去が現出する。この過去は出来事に先行するのではなく、出来事のうちにある。**それは**瞬間以前には何ものでもなく、いわば以前存在している存在したものとしてみずからを示す瞬間の後にある。その先行性は事後的なものである。われわれはこの状況を、後続先行性（postéro-antériorité）という語によって定める。後続先行性は、われわれが記憶を認識する再認する時間の様式である。始原の記憶は時間の逆転である。この逆転によって後続先行性の「署名」が成就する。記憶という語の通常の意味は、存在したものの想起に関連づけられている。しかしこの想起は、現在にとっては時間の遠近法を前提としている。〔102頁〕しかし瞬間の後続先行性は例外的である。というのもそれは現在と瞬間においてこのように形成**され**るからであり、ここでは現実は記憶に先行するのではなくまさしく後続するからである。とはいえ記憶の逆説の本質は、まさしく始まりのこの逆転にある。想起された事実が、実際に構成された時間において想起された事実となっているのは、想起された事実が完成される現在、そしていわばそこから養分を得ている現在との関連においてのみである。このような意味で、過去はつねに現在において形成される。過去は現在の下方から、その深さからのようにやって来る。現在に下からやって来た〔思い出した（sou-venu）〕のだ。始まり、主体、定位はそれゆえ本質的に記憶（souvenir）である。われわれはこのことをもっと巧みに言うこともできるだろう。すなわち、主体は思考されるのだ。後続先行性は、思考のひとつの定義である。

この点を詳述する前に、われわれの後続先行性の構想が、時間についての現在の学説に関してもたらす帰結を示しておこう。過去と未来がいわば現在に属していることは、フッサールのような哲学者の場合は無限の持続の学説へと行き着いたが、カントの場合これは第一の二律背反の反定立命題であった。というのも、いずれの現在も過去と未来を前提しており、背後に他の現在を持たない現在を構想することは不可能であり、要するに始まりは不可能だからである。このような論法において前提されているのは、現在がみずからの自己同一性に至るための過去もまた現在であり、同等で先行する瞬間だということである。緊張についてのわれわれの分析は、過去が現在の下からやって来ることを再び提示する。これは、過去が現在自体に属し、後に la st 後続先行的逆転によって現在に出現するということである。このような仕方でのみ、始まり一般が可能である。主体があること、存在を負う存在者がいること、存在が主体の属性となることが可能である。(b)

[103頁] われわれは、主体が思考されると言った。記憶の後続先行的逆転について考察することにしよう。~~下からやって来る~~**過去**──瞬間の記憶は無である。主体の自分自身に対する先在は、定位以前には無であったもの、しかし定位**によって**以前にあった何かとなるものである。こうしてわれわれは、存在と無のあいだに位置する様式、とはいえこの弁証法からは独立した様式──ある（イリヤ）の無名性と始まりの主体のあいだの中間的な何か──へと至る。だがこの何かは、瞬間へのその到達によって定義される。まさにそれゆえ瞬間への到達は、それが志向として~~満たす引き受けられる~~満たす事実により、成就の特徴を帯びる。この志向により、思考が定義される。記憶は思考の最初の様式である。これはア・ポステリオリにしか明らかにならない思考のア・プリオリである。

われわれは思考を認識として措定しない──対象へと向かうこととしても、物質と対置された精神としてもでなく、定位の緊張そのものの契機として、始まりの逆転そのものとして措定する。主観的存在が何かを成就するのは、始まりに含まれる思考によってである。われわれはこのような状況を、成就という語によって定める。主体の実存は成就である。実存は、記憶ゆえに単なる存在以上のものでありいわば／後ろに回帰し、ある**歴史**に位置し、現在が満たされる。(c)

さしあたり、定位の記憶と志向の関係についての説明に戻ろう。定位において、瞬間はその緊張そのものによって引き受けられる。緊張により、主体は自分自身へと到達する。瞬間の自分自身に対する先行性は、逆転そのものである記憶において与えられる。

だが緊張の運動を形成するのは何か。いかなる点で、緊張は単に疲労の遅れではなく、緊張の引き受けでもある

（a）余白にかなり大きな十字。
（b）余白にかなり大きな十字。
（c）「後ろに」以降は余白に書かれている。

［104頁］

のか。自己を成就する必要性によってである。そしてこの必要性は、ある命令や掟の必要性のごときものである記憶、~~その~~逆転はある命令の記憶である。しかしこの命令は空虚においてしか発されえなかった命令であり、それゆえ創造主の命令、労働者に向けられるのではなく~~むしろ~~労働者を創造する命令、それゆえ記憶においてしか労働者に与えられない命令である。言葉（verbe）はそれゆえ主体のうちに可能事のような核としてあるのではなく、記憶としてある。~~しか~~[a]

しかも創造主の言葉の実存様式は主体においてしか、始まりにおいてしか理解されえないであろう。創造主の命令は存在を前提としない、むしろ可能事以上のものである。それは緊張なのだ。創造は無から存在への移行ではなく、主観性の構成である。記憶のうちに与えられた創造主の言葉において、~~われわれは見出す~~われわれは、始まりにおける思考と意志と呼びうるかもしれない~~思考~~ものの統一性を把握する。この命令のまったく独自の存在論的平面を強調しなければならない――われわれはこれを、むしろその考古学的平面と呼ぶことにしよう。なぜなら命令の独自性のすべては、それを与える者の魂の心理学的現実にあるわけではないからである。そこでは、命令は内容**として**他の内容から区別されることがない。命令はまた、無から存在への移行でもない。というのも命令は仕事ではなく――[b]働く者を呼ぶことだからである。命令はひとつの語、言葉でしかない。命令が成就するのは、始まりにおいてである。

われわれが言葉の観念を導入した際の方法を強調しなければならない。

（a）余白にかなり大きな、抹消された十字。

（b）余白にかなり大きな十字。

『エロスについての哲学ノート』

第四の集合

〔105頁〕

欲求が欠如であるとしても、欲求はまた富の源泉でもあり、それゆえ空虚－充溢の範疇の助けによって考察することはできない。そうした範疇では、空虚を満たすことは充溢に何も付け加えられないであろう――もしくは、空虚に先立たれていようがいまいが、以前は充溢は数学的に自分自身と等しいのである。

とはいえ欲求の中には、自己の不充足が残っている。すなわち他のものに頼る必要性、具体的には欲求の苦しみである。

しかしこの依存は、実存にとっては欲求の欠如ではないか――これは indiget ad existendum[(a)]〔実存するために必要とする〕であり、苦しみが欠如を示すのではないか。なぜなら、問いのすべてはここにあるからである。すなわち、悪は欠如なのか剰余なのか。

欲求の欠如が実存の欠如なのかを知るには――欲求をより詳細に吟味しなければならない。

食べること、飲むこと――吸収すること――対象：栄養

（a）フッサールが用いて有名になった定式である、実体を nulla re indiget ad existendum〔実存するために他の何ものも必要としない〕と特徴づけるデカルトの定式の反転。

性的欲求　他人

住まい、衣服　保護物

文明　道具

［106頁］

呼吸すること

雰囲気

美学—宗教的、道徳的、科学的

真理の欲求

努力を減らすこと（快適）

暑い-寒い

運動—休息

呼吸すること（呼吸）

吸収すること（食べることと飲むこと）

使うこと（道具—快適）

鍛えること

愛すること（女、神、〈美〉、〈真〉、〈義〉）

身を守ること

暖まること

排泄すること

かゆみ

〔107頁〕苦しみと欲求　欲求は何かについての苦しみであり、苦しみ――痛みは純粋な苦しみである。苦しみ－痛みは――何かについての苦しみではなく、――存在へと追い詰められた――存在の逃げ場－なしである。苦しみ－痛みが何かの欲求だとすれば――それは自分自身の停止の欲求であり、自分自身の消滅の欲求である。それゆえ、苦しみ－痛みは見通し（perspective）を有する。

欲求の古典的な分析において正しいのは、欲求が別のもの、もしくは他人への準拠であるということである。しかしこの準拠は、存在や存在の所有、主観性に起因するのか。主観とは存在の所有であり、この所有は定位によってのみ、つまり態度〔姿勢（attitude）〕によってのみ可能である。つまり、やはり他人との関係によってのみ可能である。それゆえ欲求は、定位の必然的な帰結である。

定位――主観性には――それゆえ隔たりがあり、これを通じて関係が――関係の隔たりが――空間と充溢した空間が――広がる

〔108頁〕しかし他のものとのこの関係が成就するのは、時間においてのみである。態度は可能的な関係――時間の地平である。空間は未来の予見である。空間ゆえに――定位は定位である、つまり現在以上のものである。現在はすでに行為の複数性のはじまりである。それゆえ他の存在との関係は、すでに主観性のドラマそのものの契機であり、われわれの出発点である存在－動詞との関係のドラマそのものの契機である。別の仕方で言えば、事物との関係は存在との関係の――現在の――契機であり、これによって現在はみずからを窒息させるある（イリヤ）の重荷から解放される。またこの契機によって、実存を成就する身体は、新たな約束（空間）によって新たな成就へと向から新たな方向へと進む。〔空間によって――時間が可能となる〕。

〔109頁〕 欲求の充足――痛みは苦しみとは別の仕方で扱われる。痛みは率直に扱われる（意識されるようになったと呼ばれるもの？――記述に絶対に不可欠な苦しみの波。歯痛？　かゆみ？）

〔110頁〕 欲求の真の意義を把握しようとするならば、欲求をその充足から切り離すべきでは／ない。欲求と充足は世界との関係である。よってこの関係の本質は、二つの時間において形成されるということである。欠如を前提しそれゆえ単に否定的な快楽と、美的快楽~~等~~のようにいかなる欠如も前提しない肯定的快楽というプラトンの古びた対立は、快楽がはらむ~~す~~より多くのものも、**欲求**と充足~~等~~の二重性も、快楽の説明のすべてを含むドラマも説明していない。**欲求**のモデルそのものとなるのは、空虚が充足を増大させる愛である。母性愛――ダナイデスの樽のように、充足がこの無限の空虚と共存するのだ。それゆえ欲求は、その神経をなす二重性とともに定位の本質的状況へと帰着する。

〔111頁〕 重荷としての存在は、欲求を特徴とする実存に固有のものではないのかというわれわれの問いに対しては、否と答えることができる。欲求の観念は、~~その実~~実存が重荷であるような存在においてしか理解できない。そして~~それ~~この重さ＝欲求ではない。それは以前にある。現在は修復不能である。そしてこの修復不能性は、欲求の苦しみのうちに現れる。欲求の苦しみの意義＝存在へと追い詰められていること。

~~純粋な存在~~。ここで純粋な存在。実存することの純粋な絶望。~~ただち~~に存在することという病。〈私〉の二人孤独

Le 16e siècle s'achève.

Le monde catholique subit les assauts du protestantisme naissant; les états nationaux qui se constituent menacent la prédominance de l'Espagne en Europe.

Philippe II, roi d'Espagne, héritier de Charles Quint maintient par le feu et par le sang un monde condamné. ~~dont il se sent le pilier~~

Il mène dans les Flandres une guerre implacable contre les Pays-Bas révoltés et protestants. A la lueur des bûchers de l'Inquisition.

Pour raison d'Etat, il épouse en secondes noces, la fiancée de son propre fils Don Carlos, la princesse Elisabeth de France.

Nouveau déchirement. A l'égard de son fils et de la reine, il nourrit de cruels soupçons que les courtisans lâches ou intrigants maintiennent, attisent, multiplient.

Bientôt son fils, emporté par l'amour

図21　222頁参照

(solitude à deux du je)。

存在の重荷は主体における存在の制限の産物でもなく、むしろ主体の主観性そのものの産物である。ある（イリヤ）にとりつかれた主体。「存在の制限」という考えの無意味さ。死——単に持続の終わり。瞬間における死？　瞬間において終焉した跳躍？　だが瞬間それ自体のうちに跳躍はない。あるのは定位つまり空間と間（ま）である。私の時間、点的時間と連続的時間との根本的差異。二重性の時間は——跳躍の時間ではない。未来を考慮する、未来を予言する限りにおいて離散的（二重性）であると同時に連続した時間。

~~問題：いかにして~~ ——

［112頁］十六世紀が終わる。

カトリック世界は、生まれつつあるプロテスタントの攻撃を受けている。形成されつつある国民国家が、ヨーロッパにおけるスペインの優位を脅かしている。

カール五世〔カルロス一世〕の後継者たるスペイン王フェリペ二世は、助かる見込みのない世界——~~彼は自分がその支柱であると感じている~~を火と血によって維持している。王はフランドルで、反乱したプロテスタントのオランダに対し容赦のない戦争を行う。異端審問の火刑の光で。

国家的理由のため、王は自身の息子ドン・カルロスの婚約者であったフランス王女エリザベートと再婚する。

新たな亀裂。王は息子と女王に対し、卑劣な廷臣や陰謀をたくらむ廷臣が主張しかき立て増殖させる厄介な疑惑を募らせていく。

［113頁］やがて恋愛で我を忘れた息子が、軽率なことをしでかす。するとが自分自身にも他人にも無情な王は、息子を異端審問所に引き渡す。

王は、感情が政治的理由に道を譲る場所にいる。つまり人間たち——廷臣、高官、大臣、兵士が、~~兵士~~人間である前に廷臣、高官、大臣、兵士であり、人間ではなく名前であるような場所である。非人間的な孤独。
そのとき、~~友人が追い出されたa孤独の中で、~~王の中で人間性が目覚める。人間性は~~優しさ~~放棄として~~放棄~~**や**
優しさとしても哀れみ**として**も目覚め~~るのではなく~~ない。それは欲求~~として~~である。**人間性は**人間的な接触の、た
だ人間的なだけの接触の欲求である。╲人間性は、社交界の仮面舞踏会で顔を露わにして歩き回る人間~~の~~╲への呼
びかけである。

[114頁]

これがポーザ侯爵で、彼がフェリペ二世と対面するのを目にすることとなる。

侯爵は~~自分の命をかけて~~王国に奉仕したものの、名誉を避けた。侯爵は**みずからの**~~力~~本質を自分自身から引き出す╲侯
爵は自分自身として自分自身のために生きた。他人の称賛のためではまるでなく、行動の高貴さのためにもろもろ
の行為を成就する。誰もが演じるべき役割を持っている世界では、彼はその人間としての裸性において驚愕すべき
ものである。

彼には廉直な思考の秘密が、人間が人間に語る際の風変わりではあるが~~その~~簡潔~~さによる~~な話し方の秘密がある。
そして~~自にすることとなる~~この純粋な人間的現前~~、ただ人間的なだけの~~が王に及ぼす繊細な魅力が、╲演じられる
場面の筋の本質となっている。

~~これが~~シラーの作品の魅力~~そのもの~~、╲そして[I']霊感そのものである。この作品全体が、十八世紀のように、
礼儀作法や社会的慣習の背後にいる人間の発見であり、~~それが~~[la]人間の尊厳と偉大さはその人間としての~~公明~~
~~正大さそのものに~~高貴さ(a)に

(a) PR : condition [条件].

その人間としての条件にあるという事実 主張 である：言葉を発するという啓示 homme〔人間〕という二音節が
形容詞なき人間を形作るという啓示
それは悲壮な言葉を語ることであるという啓示

〔115頁(a)〕

プロローグ

トゥールモンド氏（両手を背の後ろにして歩き回っている——驚き——学生その一の登場）　君は誰かね。

学生その一　名前はありません。戯曲に出てくる、召使いその三、兵士その一、通行人その二のような、ほとんどしゃべらない付随的な登場人物のひとりです。私は学生その一です。名前はありません。番号だけです。

TLM　なんと異様な！　どこから来たのかね。

その一　ヴォルフガング・フォン・ゲーテの額の裏側からです。古代神の額のような、あの穏やかで秀でた額を知ってますか（大げさに）。そこではあらゆる情念が、〈理性〉によって照らされ、折り合わされ、支配されているようです。背後の世界があるのです（控え目に）僕はそこから来たのです……。

TLM（確信とともに）　幽霊だ。

その一　幽霊以下のもの、そしてあなたより現実的なもの。

TLM　私より現実的なものなど何もない。私は〈存在〉そのものだ。私はトゥールモンド氏〔普通の人、任意の人（Monsieur Tout le Monde)〕なのだよ。木。岩。何ものも私を揺るがすことはできない。あらゆる事物について確信を持っているし、自分が理解できないことは軽蔑する。私の意見はもうすっかりできあがっている。自分が進むべき道は決まっていて、歳月の循環を静かにたどっている。自分に足りる快楽で自分の欲求を満たしている。隣人を愛している。そうすべき時には、隣人のことを悪く言う。仕事、給料、娯楽が私の時間を満たしている。これが〈人生〉というものだ。生まれ、子供を作り、死ぬ。

［116頁］

想像の瘴気よ、おまえは私の〈現実〉を疑うのかね。

その一　それが〈人生〉ですって？　生まれ、子供を作り、死ぬことが？　むしろ〈無〉だ！

ファウスト博士を知ってますか？

TLM　体調はいいぞ

その一　ファウスト博士は、あなたたちのささいな病気など診ませんよ。重大で恐ろしい病気があるんです（しばしの間）……。〈人間〉であるという病気が。

TLM　途方もない病気だ！

（しかめつらしく）

その一　人間には狂気がある。自分の中に、見えない病を抱えているんです。

TLM　どれだ？

その一　欲望ですよ！

TLM　何の欲望かね？

その一　〈無限〉への欲望ですよ（TLMは顔を覆う）この言葉が怖いんですか？　あなたも ~~TLM~~ 若者だったことがあるんでしょう？　若さのあの幸福で残酷な不安を覚えていませんか？　宇宙を胸に抱くというあの欲望を？　われわれを特別な所に、たとえば〈万物〉の〈中心〉に置くような比類ないものを生きるというあの欲望を？　瞬間の単調な連続の中で、私たちは私たちが自分自身以上のものとなる機会を待っています。極限的な機会の、頂点の予感を抱いています。もう朝のココアやジャガイモのバター炒めのことしか考えていない時でさえ、私たちを苛み続ける憧憬を。

［117頁］

この期待を誰が満たせるというのでしょう。[b]

（a）　ここからは戯曲作品の序幕となっているが、われわれはその一場面しか所有していない。

（b）　PR：Que〔何〕.

TLM　誰が？

その一　ファウスト博士は探し求めたのです。科学、芸術、魔術と、知りうるすべてを研究するために人生を過ごしました。

TLM　本の虫だな！

その一（熱意とともに激しく）違います！　違います！　ファウスト博士が〈科学〉に望んだのは、自分自身と宇宙を所有することでした。若さの渇き、私たちを苦しめるあの不治の若さの渇きを癒やすための酒を。

TLM（皮肉に）彼はその飲み物を本の中で見つけたのかね？

その一　ああ！　科学は博士の期待を裏切りました。科学は死文です。ファウストは高齢です。（大げさに）[a]　ファウストは絶望します……。

TLM　あとは自殺するだけだな、やれやれだ！

その一　ファウストが毒杯を唇に近づけると、復活祭の鐘の音が聞こえ、〈生〉のあらがいがたい呼び声が聞こえます。ファウストの心中では、若さはまだ約束に満ちているのです。

TLM　しかし体の若さは、誰がファウストに返してくれるのかね？

その一　メフィストフェレス、〈悪魔〉です（速いリズムで）散歩の最中に、メフィストフェレスは黒い犬の姿でファウストに自己紹介し、ファウストについて行き、正体を明かし、〈契約〉を提案します。

［118頁］

TLM　それでファウストは、遊び楽しむために自分の魂を売るんだな？

その一　まだわかっていないんですね。魂と引き替えに、〈悪魔〉はファウストに人生を満足なものにするような瞬間を体験させることを約束します。そして「おお瞬間よ、止まれ、おまえは美しい！」とファウストが言い、〈悪魔〉が勝利しました。わかりますね、メフィストは、ファウストが科学には見つけられなかった至高の瞬間を与えたんです。

TLM　それで、それは〈若さ〉なのか、愛なのか？

その一　~~それは~~（興奮して）それはマルガレーテの出現です！　純粋な娘が、以降はすべての〈詩人〉たちの想像力にとりつくことになります。ファウストは彼女を愛しますが、〈悪魔〉はこの恋が実を結ぶようにします。彼女はファウストの欲望にゆだねられることになります。

TLM　冗談はやめてくれ。君は私に〈悪魔〉の存在を信じさせたいのか？

その一　（ゆっくりと）聞いてください！　〈悪魔〉はつねに演劇の登場人物となってきました。上位の現実では、あるいはこう言ってよければ〈演劇〉という内的現実では、〈悪魔〉は実在するんです。人間を説明するには、人間以上のものが必要なんです。

TLM　しかしなぜ〈悪魔〉なんだ？

その一　なぜなら、完全な仕方で生きるためには、熱狂と跳躍だけでは足りないからです。そんなものは幼稚で子供じみた生、生のことを知らない生でしょう。私たちの跳躍の場合、私たちの跳躍を笑うことができなければなりませんし、跳躍にはばかげたもの、狭量なもの、それにひょっとすると低級なものがありうることを理解しなければなりません。そうしたわけで、メフィストがいます。メフィストは、神聖に見えるかもしれないものをおとし〔119頁〕めます。真剣に見えるものをばかにします。人間が自分の跳躍に欺かれ、至高のものに到達したと思った瞬間の愚かしさを示すには、彼の悪魔的な笑いだけで十分です。これこそ人間の聖性が浸っている罪の精神、頂点への上昇の支えとなる下級さです。肯定にその価値のすべてを与える否定です。~~偶発的~~不毛な悪意だった古い〈悪魔〉の代わりに、ゲーテは人間と切り離せない道連れとして、豊穣な否定の〈精神〉を~~再び~~与えたんです。〈悪魔〉がファウストに自己紹介するときに、何と言うか知ってますか？「私は〈悪〉だけを切望する〈精神〉であり、〈善〉だけを［書く？］〈精神〉だ」。ファウストは、それを利用することができました。〈悪魔〉は、ファウストの主人は、彼に欺かれるの~~かもしれない~~です。

TLM　しかし哀れなマルガレーテは？　ファウストは、喪失を嘆くのかね？

（a）　この語に矢印が二つ記されており、ひとつは後ろの「ファウスト」を、もうひとつは前方を示している。

その一　ファウストはまだためらっています。これからわかりますよ。〈悪魔〉が彼のためらいを打ち負かすこともわかるでしょう（舞台裏で音が鳴る）ご注意を！　彼らがやって来ますよ。

『エロスに関する哲学ノート』

第五の集合

〔120頁〕　ゴーゴリの『賭博師』

欺瞞→欺瞞の告発は、依然として欺瞞である。だが欺瞞の欺瞞を告発する者には——こう言うことができる。「それじゃ君は？　君は何者なんだ？」こうしてひとは欺瞞の外に出る。なぜなら誰かに語りかけたからである。現実はある内容の名格にではなく、対話者の呼格にある。

〔121頁〕　三つの段階：懐疑論の反駁、コギト、発話——発話はつねに、ひとがそうであるところのものを超え、〔中断〕である者に語りかける

~~いかなる~~書物はモノである——教えとなるには、発話する人物がいなければならない。それゆえ他人は、教えの条件そのものである。さもなければ、思考は事物にすぎない　思考は事物となりうる——私の思考と教え[a]

（a）　et〔私の思考と教え〕を est〔私の思考は教えである〕に訂正すべきかもしれない。

Les Joueurs de Gogol
3
Mystification → La dénonciation
de la mystification est
encore de la mystification
Mais alors et celui
qui dénonce la mystification
de la mystification — on
peut dire : , c'est toi ? qui est
tu ? " Et là on est en
dehors de la mystification
parce que on a parlé à
quelqu'un La vérité n'est
pas dans le nominatif du
contenu mais dans le
vocatif de l'interlocuteur

Trois degrés : réfutation des

図 22　229 頁参照

〔122頁〕　他人、すなわち知と歴史を分けるもの

ソクラテスは、観念の絶対性を認めている——しかし不当な法に対する彼の服従は——~~非~~別の絶対の肯定である

〔123頁〕(a)

ニンニク　パセリ　三八
ほうれん草　二四〇 紙
カリフラワー　九〇〇
イチジク　三九〇

(a) 品目は左側に鉛筆で書かれており、価格は右側に鉛筆で書かれさらにインクでなぞられている。

Ⅳ　青年期のロシア語著作・その他

ロシア語テクストの校訂に関する注記

このひとまとまりのテクストは、その大部分が一九二一年から一九二八年のあいだに書かれている。エマニュエル・レヴィナスにとって、これはリトアニアからフランスへの出立に特徴づけられる時期である。最初のテクストを書いたとき、彼は一五歳だった。戦争を逃れてハルキウ（ウクライナ）に赴いたあと、一年前から彼の家族はカウナス（リトアニア）に戻ってきていた。ハルキウでレヴィナスは、街の最良のソヴィエト式ギムナジウムでエリート教育を受けることができた。彼の父は書店を営んでおり、家では全員がロシア語を話していた。こうしてロシア語は彼の日常となるのである。この区間のもう一方の端では、彼は二二歳のストラスブール大学哲学科の学生で、すでに五年前からフランスに定住しており、ドイツに出立するに先立って、本アーカイヴに見られる最後の散文や詩を書いている。

第二次世界大戦を含むさまざまな不測の事態があったにもかかわらず、エマニュエル・レヴィナスはこれらの紙類を大事に保管しようとしていた。だがこれらのテクストは単に保存されただけでなく、実際にはある詩なり別の詩なりをレヴィナスがあとで手直しすることもあった――たとえば、もともとは二〇年代に書かれていた詩ののちのヴァージョンが少なくとも一つ見つかっており、これは『全体性と無限』（一九六一年）の刊行以後のものだと断言することができる。

これらのテクストは、それぞれが質を異にしているにもかかわらず、ロシアの文芸文化についての幅広い知識を証言している。そこにはプーシキン、ドストエフスキー、レールモントフに由来する古典的なモティーフが認められるが、それだけでなく、ブロークやマヤコフスキーを典拠とする、より前衛的な勢いも認められる。その筆致は、ロシア象徴主義から強い着想を得ながら、本質的に、言語のリズムや隠喩的想起の作業によって展開されている。詩法および韻律法（手帳に顕著に見られるものであり、もっと言えば拘束力の強いものとなっている）は、年を追うにつれて緩いものとなったり破られる傾向があるが、指摘できることは、闇や夜といった一定数の意味論的モティーフ（このモティーフは、影から暗闇に至るまで、そして黄昏から曙光に至るまで、きわめて細かいニュアンスのなかで展開されている）には引き続きかなりの厳密さが与えられている、ということである。また、エマニュエル・レヴィナスのロシア語が即座に強い印象を与えるのは、もう一つの注目すべき特徴によってである。すなわち、散文テクストも含め、ほぼ全面的に句読点がないことであり、これは熟慮のうえでの選択だと思われる。

これらのテクストはまとまって見つかったものだが、それらを構成するのは、詩の手帳一冊と、時系列およびジャンル——散文か詩か——に応じてまとめられた多様な手稿の紙片を収めたドイツ製の紙ばさみである。本書の版はこの当初の分類に依拠しながらそれを体系化したものであり、その結果、三つの章に配列されている。一——最も古い時期の詩（一九二一—一九二三）がまとめられた手帳。二——散文テクスト（短編および物語）。三——詩およびばらばらの詩の断章（大部分がストラスブール期の一九二三年—一九二八年の日付をもつ）。

一。手帳は一九二一年の日付だが、一九二三年以前に書かれた詩が含まれている。この手帳にはごくわずかしか取り消し線がないので、おそらく、残されていない下書き用紙上で推敲された詩の最終ヴァージョンが徐々に書きこまれていったのだろう。本書の版はこの手帳の中身をすべて再録しており、配列は事実上、時系列的である。

二。散文テクストを構成するのは、完成度の低い手稿、および、いくつかは未完成の手稿である。ここにはかなりの数の迷いや、取り消し線や、修正が見られるが、これらは最後に読み直したときではなく、むしろ執筆の流れのなかで直接に記入されたものである。文体やジャンルは見かけ上は多様であるが、いくつかの一致するしるし（日付のないテクストについては筆跡や紙など）に鑑みれば、これらが比較的短期間（一九二四年—一九二五年）

に書かれたと考えることができる。これらは時系列を再構成したうえでその順番に転載している。

三。ばらばらの詩や断章はより不均質なまとまりをなしており、完成した詩はほとんど含まれていない。これらの断章は、すぐ手元にあった素材（招待状の裏面、請求書、大学の答案用紙の余白……）を用いてとっさに素描されたり書かれており、大多数に執筆された日付が記されている。とはいえ、エマニュエル・レヴィナスがのちに、数十年後であれ、これらに手直しを加えていることはありうる。本書の版はもともとの時系列順の分類に従っているが、可能な場合にはそれを詳細にしたり訂正している。

本校訂版全体に用いられている原則に従い、生成過程を示すことで異なる執筆段階を再現しながらテクストは確定されている。しかし、これは校訂版であると同時に翻訳でもあるために、『レヴィナス著作集』の別の巻で与えられた説明のいくつかは、忠実に再現できていない。たとえば、語順選択に著者が迷っていることを説明するときや、テクスト確定のレベルで、解読できない語には文字数を与えることでそれと明示するときがそうである。取り消し線が引かれて判読不可能な節もすべて同様であり、それらがオリジナルのテクストでどのような機能を果たしていたのかは、フランス語の文章のなかに示せるほど十分には解釈できていない。つまり、このあとに続くまとまりは、他のテクスト全体と同一の原則に従って確定されてはいるが、語順の変更（意味や語調が大きく変わる場合にのみ示されている）、［xxx］というタイプの判読不可能な節についての指示（本書のほかの部分では文字数であるが、ここではロシア語の単語数を示している――つまり、たとえば［xxx］は解読できないロシア語の単語が三つあることを記している）、そして、取り消し線が引かれて判読不可能な語（示していない）については例外ということだ。誤りは一貫して修正しているが、句読点はそのかぎりではない。オリジナルのテクストの殺風景なさまを守るため、句読点はごくわずかしか再記入していない。

タイトル

1. 手帳（一九二一―一九二三年）

神々の国

われらの神々がその夜　台座を降り
　神殿を去った
われわれは動揺し群をなして
　髪白き導者のもとへ赴いた
「主よ、あなたの戦車は
　道という道をすり減らした
そして遠き海の泡は
　あなたの船を抱きしめた。

炎はあなたに従い
　風はあなたに応えた
アッシリアの魔術師たちが

Безумнымъ пламенемъ зноя.
„О люди, вы прокляты небомъ!
И боги ушли навсегда
Погибнутъ стада отъ мора,
Засохнутъ безъ влаги посѣвы,
Погубитъ чума ваши семьи
И пламя сотретъ города.

Никто не прошелъ пустыни
Къ далекой странѣ заката,
Гдѣ тихое море играетъ
Въ отливахъ вечерней зари:
Подъ пламенными песками
Похоронены калифаты
И спятъ въ тяжелыхъ гробницахъ
Уже много вѣковъ ихъ цари.

Я знаю, гдѣ скрыты столицы
Я знаю, гдѣ спрятаны клады:
Мнѣ ~~говорили~~ все разсказали сфинксы,

図 23 「神々の国」，243 頁参照

あなたのために星辰に未来を読んだ
謎めいた古きしるしのなかに
　あなたは初めにあったものを見出した――
あなたはご存じでしょう　大理石の住処から
　われらの神々がどこに旅立ったのかを。」

すると導者の眼は
　恐るべき怒りの炎で燃え上がった
「ああ人間たちよ、汝らは天に呪われている！
　神々は永久に旅立った
家畜の群れは死に絶えるだろう
　種撒いた畑は水を失い干上がるだろう
ペストが汝らの家族を殺すだろう
　そして炎が汝らの町を焼き尽くすだろう。

陽の沈む西の遠き国まで
　砂漠を通り抜けた者は一人もいない
彼の地では穏やかな海が
　黄昏時の波に心をゆるませている
カリフたちは　焼けつく砂の下に
　埋められている

そしてはるか昔から
　彼らの王たちは重々しい墓所でまどろんでいる

私は知っている　どこに都が隠れているのかを
　私は知っている　どこに宝が眠っているのかを
わが隊商たち汝らには秘密を漏らさないスフィンクスたちが
　私にはすべてを語ってくれた。
そして私は　熱い砂とシムーンの
　障壁を乗り越えた
わが隊商たちは　一七回にわたって
　砂漠を通り抜けた。

幾晩ものあいだずっと　私は聴いた
　足かせなき波の咆哮を
わが船隊は赴いた
　最も遠き国々までも。
私は理解した
　泡立つ広大な海が物語るものを——
だが荒れ狂う大洋も
　神々の国は知らない。

スフィンクスたちもまた知らない
　神々がそこへ向けて離れ去ったその国を
夢のような波のなかで　風も
　神々の神秘のヴェールに気づかなかった。

永遠なる書物たちは口をつぐみ
　わが星読み師たちも口をつぐむ
天穹の石にじかに問うても
　秘密を読み取ることができないのだ。

逃げよ　天に呪われたる者どもよ！
　聖所を捨てよ
汝らの生まれた村を捨てよ
　汝らの町を焼き払え。
うららかな春がさえずらんことを！
　白き風雪がとどろかんことを！
汝らの頭上を風が走りゆかんことを！
　そして歳月が過ぎ去らんことを！

激しき流れに
　汝らの胸は苦しむとよい

そして汝らの血走った眼は
　太陽と埃でかすむとよい！
より遠く　つねにより遠くへ　走りゆけ
　盲いた――不幸な人間どもよ
山という山　谷という谷　河という河を横切って
〈秘められた町〉を探し求めよ

未知なる町を探し求めよ
　閉ざされた扉を探し求めよ
古き神秘のしるしが刻まれた扉を
　汗と埃にまみれて走りゆけ
走りゆけ　世界中に散れ
　散れ　野の獣のごとく
なぜなら　災いは汝ら人間どものうえにあるからだ
　なぜなら　神々が寺院を去ったからだ

散れ　探し求めよ　泣きわめけ――
　なぜなら　私はなにも知らないのだ。
わが大いなる叡智も　取るに足らないもの――
　私は五百もの町を見た

だが私は道を知らない
　だが私は国を知らない
だが私は町を知らない。
　汝らを捨てた神々の町を」

われわれは泣きぬれて　地面に倒れこんだ
　恐怖にとらわれ　おののきながら。
われらが導者は服を引き裂き
　頭に灰を振り撒いた。
だが　そこに通りすがりの男がひとり。
　寺院の戸口に腰を下ろし
ひざまずく群衆を見て
　ほほえんでいた。

そしてわれわれは聴いた
　戸口の乞食の声を
（あるいはそれは　森の沈黙をかき乱す
　小川の囁きだったのか）
「哀れなひとたちよ　私は知っている
　あなたたちの神々がどこに旅立ったのかを
ひんやりとした大理石の住処を離れ

あなたたちの神々がどこに旅立ったのかを。

神々を砂漠海に探してはならない
　神々を砂漠に探してはならない
星辰に祈ってはならない
　書物に尋ねてはならない。
魂のなか　忘れられた片隅に
　聖域は隠されている
どれほど低く落ちぶれようとも
汚辱が汚すことのない聖域が。

手が無垢の血に濡れようとも
　空があなたたちの頭上で曇ろうとも
魂が堕落に満ちようとも
　祭壇が汚されようとも——

歩み寄りなさい　あなたの心に——
　そこでは　薄暗い片隅に炎が燃えている
深く恐ろしい夜々のなかには
　曙光への　大いなる渇望がある。

ある晩　この戸口で
　私は不思議な風の声を聴いた
そして月が　くすんだ銀色の光で
　寺院を満たしていた
私は見た　あなたたちの神々が
　大理石の階段を降り
静かに入っていくのを〈彼らの町〉に
　あなたたちの堕落した魂のなかに……」

音の寺院

音は神々だ。音の絡み合い
堂々たるソナタのそれは　神々の誇り高き行進だ。
不協和音は闘いであり、恐怖であり、パニックである
しかるに調和のなかでは愛と喜びが鼓動する。

だが人間の生は　まどろんだ砂漠を進んでいく
そこでは心が　目的が見えずに思い悩んでいる
そこでは〈必要〉が　かたくなな〈偶像〉が
不吉な囁き声で　進む道を吹き込んでくる。

ある高い山の　広々とした道のそばに
一晩のうちに　われわれは　きらびやかな寺院を建てるだろう。
空まで届く宮殿を　築くだろう
陽気な神々である全能の音を鳴らして。

キタラの演奏に合わせて　石材が壁に寄り集まるだろう
そして音は　凝固して柱列となるだろう。
風は絵筆になり　星きらめく天穹は――パレットになるだろう

夢のごとく　壁はフレスコ画の庭となって咲き誇るだろう。

生まれかけの鮮烈な稲妻が放つ　燃え盛る矢が
高浮彫のフリーズを石材に掘り上げるだろう
声なき壁面の　翼の生えた獅子たちの闘いは
青白い星座たちのコーラスとなって　草原に鳴り響くだろう。

暗く厳しい眼をした絶世の美女たちが
あらゆる音からなるわれらが寺院に　われわれを招待するだろう
そして精巧な花瓶に飾られた東方の花々が
現実を甘美な蜃気楼に変えるだろう。

そして明け方　空が白むとき
巡礼者たちは驚いて見上げるだろう
そして目にするだろう　われらが寺院が鳥のように飛び立つのを
山々からなる大海のうえに翼を広げて。

あちらの山上にある　自由な神々の寺院に
病める巡礼者たちは上りたいと願うだろう
そして彼らは忘れるだろう　乾いた草原では
かたくなな〈偶像〉が進む道を吹き込んでいたのを。

若い娘たちが彼らを歌と踊りで迎えるだろう
（なんと抗いがたいことか　セイレンたちの声は
物語に出てくる魔法の森のリズム
海や緑の泡のリズム……）

森の音楽が巡礼者たちを圧倒するだろう
高地の、エルフたちの、大気の精たちの音楽が……
こうして人間たちの魂は神々の生に入る
そこではもう〈必要〉が君臨することはない。

涙を流すこともなく　燃え上がる預言の怒りもなく
虜となった精神は〈神の〉町に［入るだろう？］！
身体は　建造物の誇らしい隊列に身を任せよ
魂は　ソナタの生をよりどころとせよ。

音は神々だ。もし罪や汚れによって
地上の道にあるあなたたちの心が苛まれたのなら
太陽の幻想の抑揚をよりどころとせよ
生まれいづる音たちの誇らしい飛翔をよりどころとせよ。

疲弊した心が　悲しみと闇に満ちようとも
あるいは　喜びの喧騒であふれかえろうとも
われらはみな兄弟　みな同宗者である
頭を垂れて神々の寺院に入りゆこうではないか。

春

夜はゆったりと、黒々と広がっていた
夜と鐘の音。
従う女　お前は自分の個室へと遠ざかっていった
灰色の雪でできた　暗色のワンピースをまとって。

囁く声がした。電灯が
袋小路で揺らめいていた。
誰かの笑い声が響いた、せせら笑うように。
別の誰かが、厚化粧の顔で、すすり泣いていた。

この笑い声、この光、この囁き声
この涙、この奇妙な揺らめき
お前はつぶやきもせず　個室へと遠ざかっていった
お前は死ぬだろう、今日お前は死ぬだろう。

哀悼の歌はまったく聞こえてこない

薄暗い夜のなか　呼んでいる――
陽気な風たち、春の風たちを
陽光が町を抱きしめている。
キスの雨に降られながら　誰かが通りをやってきて
ドアをノックした――
私は知っている、知っているのだ　預言が実現することを
喜びの光が訪れることを。

ほら彼女はもうそこに！　ドアのうしろに隠れている
私はお前のもの、求められた女――お前のもの
青白い娘　白いワンピースを着て
もてる魂はスズランだ！

子どもの眼

あれらの暗い部屋の闇のなかで　息が詰まりながら
従順な眼、悲しげな独房たる眼をして
飛びかかろうとするライオンがつかのま固まる……
わずかに睫毛の細格子が震えるのみ。

あるいは　お前の睫毛はピアノの鍵だ
風がそれらを抱きしめる……だがそこには隠れている
鷲の音楽が奏でる堂々たる音が
若々しい翼を空に広げて。

心は神を欲する――心は信じることを欲する
飽くことを知らぬ照準は無限へと突き進む
だがいたるところ出会うのは　地方にある公園のごとく
神秘も深い森もない囲い　あるいは出口だけ

子よ、お前の眼のなかでは鷲と嵐がまどろんでいる
そして飛びかかろうとするライオンが身を潜めている。
　古ぼけた群青の　われらの寂れた世界にあって

それは翼の前触れだ！　星々の旋律だ！

一九二一年四月二八日

詩人、現実主義者、神

詩人――
ほらもう夜は過ぎ去り
星々のきらめく炎が消えていく。
もう目を覚まし、もうはちきれそうになっている
ボイラーとかまどが　熱気で。

サイレンが響き、太陽が上る――
ピストンが勝利の踊りを開始した
そして〈全能の数〉がワルツを踊らせる
不動のモノたちと　魔法の解けた世界に。

夜の詩人たる私は難儀している
機械と火と埃の国に。
心がくたびれている……そして心は欲するのだ
生まれた村と眠りの牧歌を。

だが見よ　黄昏の炎は最後まで燃え尽きた。
ほら夜が来た　シャハラザードの物語のように

そして見よ　またあらたな星座が　首飾りのように
バグダッドの王たちの財宝なのだ。

そして未知の世界が私のまえに現れた。
死せるモノたちを覆うヴェールが落ちた――
夢で森が私のまえに現れた　ざわめく海のように
それとも　森の祈りのような　海のつぶやきだったろうか。

そして夜の花々が開花する
灰色の森の祈りを聞きながら――
そして心地よい風が　ほかの国々へと連れ去っていく
天空を　そして大地を連れ去っていく……

現実主義者――
無駄なことに　わが兄弟よ　くたびれたわが兄弟よ
未知の世紀で迷い子になったお前は
鉄と積分の国で
生家の戸口を探している

亡霊に欺かれて　お前は叩く
見覚えのない鎧戸や窓を

星座は曙光で色あせ
戯言の布地の繊維を燃やす

お前はさまよう　錆びついた鍵束を手に
薄暗い塔や部屋の鍵束を――
見出すのはただ　死にかけた風だけ
廃墟のなかを泣く風だけ

だが私は夜から取り上げた　星々の金貨（デュカ）を
月と薔薇の穏やかな揺らめきを
だが私は力を生み出した　太陽を生み出した
そして煙草の煙の香りを。

私が夢想に与えるのはほんの一瞬だけ――
工場の壁に囲まれて　真っ黒な群衆のなか
私は命を吸い込む　私は炎を吸い込む
私は機械と小瓶の喜びを吸い込む

わが道は長く　わが道は広い
太陽に照らされた光り輝く道のり――
私は三乗根を求める

三百桁の数の
神――
神は言う　すべての時と場所は私には等しく貴重である
森の祈りも　海の真珠層も　〔山頂の〕尖った輪郭も。
街は畑と同じように美しい　鉄筋コンクリートの衣服を
ガレージ、教会、製造所の　路面電車、橋、ショーウィンドウの衣服をまとって
畑は街と同じように美しい――至るところに私は〔色〕を撒いたのだ――
昨日は明日と同じように良く　今日は昨日と同じように良い――
真理は代数学と同じく物語のなかにある　積分は
物語と同様に見事である
水晶の表面の光のきらめきは　〔積分〕に似た戯れだ
そして積分なくして　神は世界を治めることができない
積分と物語は同じものである。

神は言う　昼と夜は私には等しく貴重である
焼けつく大洋の夕日も　緋色の海の夜明けも
太陽　月　星々　すべての虹　すべての光
そして街々のうえの〔若々しい？〕電灯の歓喜も
鳥たちの囀りでいっぱいの森も　〔機械の唸り声〕の工場も――
すべては私には等しく貴重である――これらすべてが私を喜ばす

機械は大きな花である　これらは人間が〔巧みに創り出した〕
花々は私が創り出した小さな機械である。
ともすると機械とは　わが〔原初の森〕の野獣なのかもしれぬ
花と機械は同じものである。

神は言う　庭も森も工場も私には等しく貴重である。
私は宇宙を製造所や街のように築き上げた
雲はもくもくと渦巻き　発電機は音を立てる――これが自然である
太陽はかまどのように燃え盛る――大地は構築物に感嘆する。
私は夢見る　木々立つ畑や草原にある人間の工場を
私は夢見る　はがねの薔薇が咲き誇る庭の工場を
真っ黒な人々が薔薇に水をやり　犁のようにハンドルで遊んでいる
そしてこのきつい匂いを嗅ぎながら　私は彼らの労苦を祝福する。
神の喜ばしい言葉でもって　私は鉄の畑を祝福する
畑、庭、工場は同じものである。
詩人、農民、労働者――私にとっていずれが最も貴重かは分からない
詩人、農民、労働者は同じである
神は言う　詩人、農民、労働者は私にとって等しい価値をもつ
大地はパンを必要とする　大地は詩を必要とする
労働者は作家であり　労苦から着想を得る詩人である
そして詩人は　詩節の細やかなレースを編む　義理堅い職人である

一つの聖歌隊になっている　機械と花々と星々が
ハンドルの騒音と揺らめくリラの音が
そして　創造した万物の巧みなハーモニーを聞いて
私は微笑み思うのだ　世界を創り出したのは良いことであると。

空

砂漠を横切って　遠く離れた国々へ
金の円屋根のある街々へ
巡礼者と商人の
隊商は行く。

街々は絹とパンであふれかえっている。
商人の財布はずっしり重い。
隊商の案内人たちは
星空を注視している。

美しく静かな空に
彼らは街々の道のりを読み取る
なぜならば　真実を語るのは情念なきものだからだ
それは決して嘘をつかない。

――いやそれは間違いだ　私は情念なきものではない！
私には魂がある　私は痛みを感じる。
夕日の真っ赤な血は

だから濃くなるのではないか？

太陽はわが心
人間のものと同じような心――
だが私にはのしかかる　のしかかるのだ　不死が
そして〈永遠なる観念〉の冷たさが。

わが心が御しがたくなるとき
大洋はわが光明で広くなり
わが青きドレスは空気のように
わが青きドレスは軽くなる

眼――閉まった、閉ざされた星
〈永遠〉と〈思惟〉を追い払うために――
ただ〈永遠〉を忘れることだけが
わが心が燃え上がるのを許す

だが夜が訪れると　心は疲れ果てる。
夕日は血を絶やす――
そして見よ　眼が開く
また〈思惟〉が君臨する

私は暗闇のヴェールで身を飾る——
喪のヴェールで——
月が地平線をいっぱいにする
銀色の悲しみで

苦しみがわが心を苛む——
だが〈思惟〉の眼差しは冷たい
欲望なき深い夜に
情念なき眼は透かし見ている

まさにあそこ　パンの道で
隊商が砂を立てている
そして空を調べている
押し黙った案内人たちが……

潜在意識

彼は食堂の客たちに微笑んだ――
回りの早い食前酒を飲み
遠き国々の夢想を始めた
青白い手は垂れ下がったまま

この青白い手は彼の手だろうか
(見知らぬ手――だが誰の?)
老婆のしゃがれた喉を締め上げ
暗闇のなか　鍵を探したこの手は?

―――

[そこでは?] 少女が水をやっていた
空のように青い花々に
毒の矢が伸びてきた
血でいっぱいの真紅の口

光り輝く水晶が姿を現す

涙にくれた子どもの眼から
だが生気なく地面に落ちたのは
娼婦の濁った涙[a]

（a）この詩のモティーフと登場人物はドストエフスキー『罪と罰』から引かれている。

ライラック城

マーニャ・［ダクシノフスカヤ？］に

私は不思議なやり方で　魂のなかに植えた
百もの香りがするライラックの花を
そしていま私は非現実のなかに生きている
青い十億階に。

天空のわが家、　ライラック城
わが青い城に　私は元気に入っていく
庭が城を囲んでいる。日陰がいっぱいの
同じ夢のライラックでいっぱいの庭が。

私は泣くことを忘れて眠るだろう
風と詩句のリズムに揺られながら
焼けるような光線から私を守ってくれるだろう
ライラックの唇と　雲の環が。

―――

だがきらきら光るモルタルの文化が
魂を灰色の粉に変えるとき
そして工場が煙を吐きはじめ
サイレンが空気と春を貫くとき。

あるいは　世界で不敬が働かれ
［悪？・］が花々の手に口づけるとき
私の庭は黒々とした雷雲で覆われて
怒りに満ちた眼を閉じる。

―――

星空の青い夜　畑から帰るさなか
日焼け顔の娘が眼を上げる
彼女の眼差しは　子どものように無垢だった。
星々と眼が輝きで一つになった。

トパーズのような星々が光線を投げ込んでいた
地上のルビーがその輝きを反射していた
青い眼をした私の庭は　花開き　芳香を放っていた

星々と眼のダイアモンドに応えて。

都のビロードや騒音や壮麗さに　私がなにを求めようか？
私が欲しいのは　質素なチュニック、空、畑
私に与えたまえ　ジュートのワンピースを着た農婦を
スズランのように白い魂をもった農婦を。

一五歳

僕は逆上したい　そして快活な火で燃え上がりたい
大地の硬いボールでサッカーがしたい！
別の魂、獰猛な魂、ステップの鷲が
白鳥のようなこの白い魂を粉々にしてくれればいいのに！

大陸という大陸で有名になりたい
みんなの聖画壁のうえの聖人になりたい
割れんばかりの拍手喝采で　耳が聞こえなくなってみたい
恍惚に酔った眼の輝きで　眼が見えなくなってみたい

僕は権力を手にする！　世界の土台を動かすのだ
未聞の詩句がもつ魅惑の力で
そして皇帝(ツァー)や権勢家たちを閉じ込めよう
響き良い詩節からなる銀の鎖のなかに

青い潟湖が大嫌いだ
そこには元基の力が身を潜ませ　まどろんでいる
若く狂った嵐が欲しい

大小の港の花崗岩を根こそぎにするような

若々しい太陽に上ってみたい
空の高所の畑にも
ドイツ人も日本人も知るといい
太陽の隣に〈私〉がいることを——快活で不遜な〈私〉が

ああ太陽よ！　唯一なる
溶けた金と銅で飾られた神
あいだのお前の炎と光の抱擁のなかで
僕は燃え上がりたい！

〈私〉

神は壁にぶつかってよろめいた。鎖が落ち
水晶製の墓が割れた
目的なくまどろむ〈無〉の墓が。
そして〈無〉は囁いた――〈私〉と

呟きは揺れとなり震えとなった
血の震え　そして血は大地に溶け込んだ
大地の広がりの壮麗さが
怯えた魂のまえに開けた。

陽光に洗われた歩道のうえ
情熱的で　愛を予感する歩道のうえに
見よ　肉体が　神話の火のなかのピュティアのように
血の深奥から立ち上ってくる。

塩味の涙がそれに叡智を［与えるだろう？］。
そして欲望の月光線が――痛みと甘さ――
時の靄を貫くだろう

女たちの生ぬるい肉体のなかには　〈永遠〉がまどろんでいる。

羨望の震えは　思惟よりも深々と
〈存在〉の奥底に染み込んでいる。
自己忘却の月の暗闇のなかで
あの古い呟きが響いている――〈私〉。

Строить.

Надоели мнѣ
Лириковъ
Соловьиныя трели,
Меланхолія луны,
И Нетронутость лилий.
Выдумки поэтовъ
Которые глядѣли
Только на естественный шумъ
И ныли.

Ну и какой тамъ
Соловьиный писк!
Ну и какія тамъ
Цвѣточки луга!
Когда вѣтеръ
Пьяный
Вдрызгъ
Въ окна бросаетъ

図 24 「建造する」, 279 頁参照

建造する

うんざりだ
小夜啼鳥のトリルには
月の憂鬱には
百合の〈処女性〉には
叙情詩人には。

それを創った者たちが
することと言えばただ
自分のへそを見ることと
呻くことだけ。

だが　なんという
小夜啼鳥のぴいぴい声だろう！
それに　なんという
可愛らしい野花だろう！
風が
酔いつぶれて
死んだ風が

窓を通して
ごみまみれの下劣さを運んでくるのに！

あなたは見ましたか
河岸に
太陽の血の塊を？
しなければならなかったのですか
重荷を負うことを
あなた自身の
か細い肩に？

教えてください、あなたはそこで見たのですか
あのしかめ面を
永遠で
創られた
しかめ面を？

月――
女性
丸い顔に
平たい鼻

彼女はもうあの夢想家ではない
球体たちの音楽が聞こえない
あるいはわずかしか
そして空――
交番のなかかみたいに
痰壺。

〈創造主〉を罵っても無駄だ。
その〈到来〉を待つべからず！
むしろ正すのだ
一人一人の夢想家を
毎分ごとに
その無為を

泣きまねはやめることだ
リラを爪弾くことも。
セキレイがなにになろう?!
アトリがなにになろう?!
行こう、
あの敵意むき出しの世界
へ

建造しよう
工場と製造所を。

音楽

三脚のした　炭火がしずかに絶える
冷たい灰に囲まれて　定めなく
創られた街は靄に沈む
動かぬ暗闇のなかに　私はついに自分を見つけた。

私には名前がない。私は細やかな瞬間の震えだ
音のように　喜ばしい痛みに溶ける
岩に覆われた島に波がぶつかる
泡とエメラルドと塩を運んでくる。

小人たちが目覚めているのか　緑の森のなか
夜の馬の蹄の音で
それとも　誰かの指が鍵盤に触れているのか
捕えがたい音のなかに私を解かすために？

彼ら

不毛な演説は口をつぐむだろう
うつろな曙光は曇るだろう
そして飢えのなかで　このばかげた世界は
存在の限界に達するだろう。

標的に狙いを定めた銃
彼らが薄暗がりから出てくる
そして怒りの冷ややかな歓喜のなかで
彼らの眼に炎が燃え上がるだろう

あらゆるところ——道や河のうえで
彼らの残忍な復讐が猖獗をきわめるだろう
行なったのは一人の残酷な男
飢えた錯乱に至るまで。

彼らの脚は　砲弾でも砕かれないだろう
縦隊の行進も止められないだろう
彼らの非情な歩みは　恐れることはない

良心にも、記憶にも、眠りにも。

彼らには　曖昧なものはなにもない
彼らの眼差しは　かたくなで無言だ
彼らの飢えた　預言者の肉体のなかでは
問題の糸はすべて解かれている。

夜

ぼろぼろの夜の欠片が
隅に隠れて
モノを溺れさせ　揺さぶりながら
新しい暗闇を育てる

この暗い空虚のなか
はるか遠くの唸り声が聞こえる
ゆっくり回る独楽
しつこく　望みのない独楽の

風は広場に吹いているのか
旗を舞い上がらせて？
それとも　回るときが来たのか
空しく　自分の周りを？

飽くことなき群衆、嵐で
炎と光は消えた
不動の溶岩が眠る

冷えた大地の死体のなかで

始まりに君臨していたお前
終わりにまた君臨するだろうお前
私たちはお前の名を口に出さなかった
冷たい顔

お前の額は嘘に食い尽くされている
お前の手は無力だ
お前は押しこめることができない
お前の耳に響く　あの吐き気のする雑音を

眠り

からの部屋の雑音——不眠の発明——が
壁を伝って広がり、天井で沈黙した。
私は——ただの可能性だが——ルイ金貨だ
黒財布の広大な夜の。

思考、廃屋のなかの魂なきあの下僕
思考でもって　私は祖国を見るのだろうか？
だが　自分の身体という生ぬるい空間で
私は自分に立ち戻り　物思いに耽りながら眠る。

活動なき存在——出来事なき時間。
無垢と喜び、無垢と世界。
眠っていて　船の出発を逃すのは怖くない
私の柔らかな肉体のなかで　世界は解けてしまった。

規則正しく厳かな　この呼吸のなかには
発声された言葉の　聞こえないこの沈黙のなかには
激しい希望も、遅れもない。

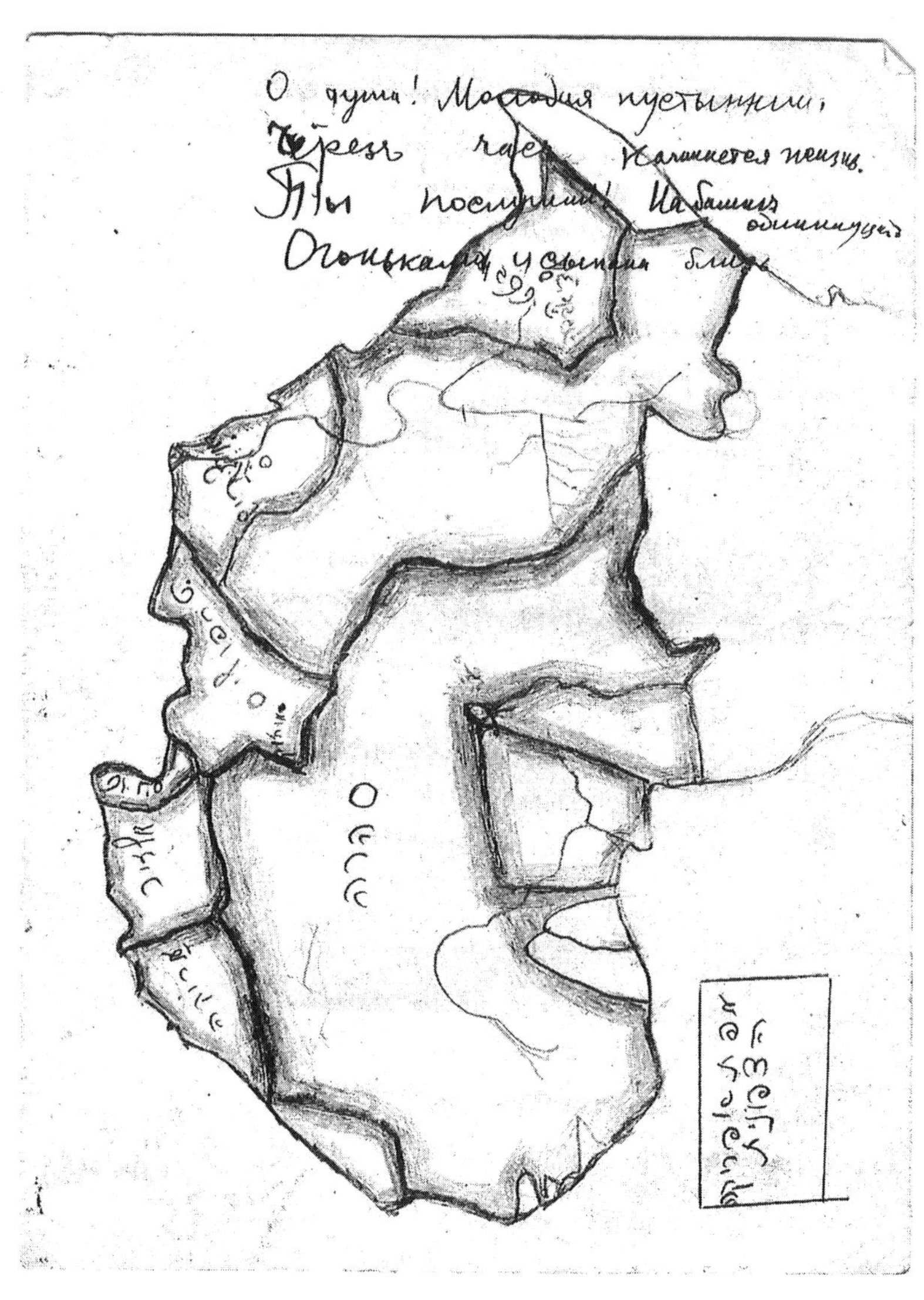

図 25　詩「死ぬ，飛び立つ，仰向けに倒れる……」（332 頁）の最後の四行は北アフリカの地図と重なっており，そこにはヘブライ語で次の名詞が示されている。モロッコ，アルジェリア，チュニジア，サハラ，トリポリ（ムルズクという街の記載あり），エジプト，エチオピア（アジス・アベバの記載あり）。

〈無垢〉と〈喜び〉、血のように生ぬるい

一九二三年

雪

厳しい女子修道院長は遠くへ行った
ほら　また新たに　歳月の始まりだ
そして私を遠い国に運んでいく
白い時間と　水晶の秒が

白い綿毛の小粒が
汚れなき河岸に置かれている
そして魂も全部　震える雪の小片でできている
私は覚えていない、知らない、できない

わが大地よ　私はお前を愛する
愛情と喜びで和らいだ大地よ
雪の積もった河岸に　私はすっと立つ
あの水晶の粒を捕まえるのだ

一九二三年一月一六日

モノたち

飲み残しの紅茶、冷めて
しわだらけのテーブルクロス
あやすな、守るな
死ぬほどの退屈に苦しむ者を愛するな！

モノたちはうんざりしている　私の嘘に
私の問いかけや優しさに
望んでいるのだろう　原子の雨のなかに帰ることを
自分の虚しさに戻ることを！

モノには隠れたところがない　理由も計画も
しるしも、ほのめかしも、謎もない――
これは半分からになって冷えたグラス
その意味はたまさかのことにすぎない

かき消してくれればいいのに　無駄な演奏を
琴線の調べを！
私はもっと自分に戻るのだ。そうだ――私は死ぬだろう

そして世界の表面から消し去るだろう
顔の輪郭そのものを

一九二三年二月一五日

「誰かが泣いている……」

誰かが泣いている
自在戸のかげで
知らずにいる——あるべきかあらざるべきかを
壊れたグランドピアノが響いている
生命なき音が
空に上っていく
忘れられた
光が
人の去った客間で
怯えた夜を困らせている
三度
もう鳴った
時計台で　一一時の鐘が
こんなにも近い零時が
訪れずにいる

みんなばらばらにいる。
脇を通り過ぎていく

みんな独りでいる　嘘つきの店に
歌が残っている
愛された
ひとの
あるいは　歌い手の喉にはまり込んでいる

一九二三年二月一五日

「ごたまぜの嘘の眼帯は放り投げよう……」

「だが墓の冷え冷えとした眠りはごめんだ」[a]
レールモントフ

ごたまぜの嘘の眼帯は放り投げよう——
色はくすむだろう。退屈は立ち去るだろう
私が望むのは　嘘も真実も捨て去ること
視力や言葉を減らすこと
やあ　押し黙った横断の桟橋よ
朝も夢もない　暗い夜

色はくすんでしまった、花はしおれてしまった
親しいお前　私のベッドの支度をしておくれ
まっさらの　謎めいた柔らかいシーツで。
きれいなものの、風の、星の香り
無人島のどこか
私の墓地に波が集まる

一九二三年三月二日

（a）　ミハイル・レールモントフ「私は独り道を行く……」（一八四一年）。

沈黙

誇り高き陛下の様子
高く上げた顔の冷たさに
異教の大理石のまえで
あらためて私は頭を下げる

だが　偶像の眼には眼差しがない
そして厳格な口は　答えることがない
もうずっと前から　すべては売られ、すべては与えられている
これから何世紀も　誰も来ることはないだろう

だが　つまりお前は　足繁く私たちのもとへ来たのか
お前、唯一なる〈存在〉よ？
耐えがたきは碧空だ。哀れみなき神は
誰のもとも訪わない

だがこの耐えがたさを通して
窺い知れない、絶対的なものとして
光る、曇ったガラスを通るように

死が、彼方なる驚異の輝きで

一九二三年三月一六日

「なぜ主は人間を大地に与えたのか……」

なぜ主は人間を大地に与えたのか
そして暗き森のただなかに置き去りにしたのか？
記憶は想起のための時間をもたない
そして希望するための未来はない。

秋がどんよりした雲から注ぎ込まれていた
バラックの屋根に　ぐちゃぐちゃになって
頭は空虚に苛まれた
そしてしるしというしるしを取り違えた。

どうすればお前の顔を思い描けるのか
針金の、有刺鉄線のうしろの？
暗闇のなかで　私はお前のところへ行くよ、〈母〉よ
過ぎ去った　より良き世界で。

モノの奥底

丸天井　覆われた
万年雪で
部屋は沈み込む
過ぎ去った世紀へ

狭い、ますます狭まる扉——
明かり？　割れ目？　裂け目？
くすんだ火が揺らめいて
目的なく消えていく

穹窿はたわむ
奥に入り込んで
最後の一つの近くで
道は終わった。
石を通して聞こえてくる
隠れた生が
あるいは　かじるのをやめない
ネズミだろうか？

氷河よりゆっくりと
日々は内側へ流れていく
夜よりも黒い日々
夜——だが夜明けはない

夜の中心には
言葉も数字もない——
愚かさに変わった
思考が　窒息して

岩のなかで苦しんでいる
精神が　固まった疥癬のように
だが王は軽視する
稠密な鉱石の秘密を

彼にとって不思議なのは
青と　雪の鋼
明かされているのは　真理と
太陽、風、遠く

一九二三年三月二一日

図 26　「二人の賢者」303 頁参照

2. 散文テクスト

〔二人の賢者〕[a]

1

昔々かつてアラビアに二人のきわめて知的な問いを立てるのが好きなアラブ人の賢者が暮らしていた。彼らは人生の半分を三分の一を、生とは死とはなにかという問いに費やした。そして彼らは、死とは生の反対であるという裁決を下した。だが彼らはまた、問いを解決するには死がいであるの以上死がなにかを知るには、生がなにかを知らねばならないという裁決も下した。そして彼らはまた人生のもう三分の一を、生とはなにかという問いに費やした。そして彼らは解決したそして彼らは宣言した。生とは死の反対である、と。その知恵のすべてにかかっても、彼らにはもはややより知的なことはなにも言えなかったのだ。それは彼らが科学をやっていたからだ。そして科学が確実に述べることができる唯一のことは、私には分からない、ということなのだ。

東理の道に至る真理の道を探し求めるのに、賢者たちにはまだ人生の三分の一が残っていた。しかし、人生の最

(a) 一九二四年六月二四日のストラスブール大学でのラテン語作文の写しの裏側に書かれている。

後の三分の一にある人間が、まだなんの役に立つというのか。おまけに、一二〇歳まで生きることが運命づけられているというのに？

実際、ある日彼らの話を聴いた賢者アラーは彼らに飽き飽きし、マホメットは彼らを楽園に入れなかった。なぜなら彼らはなにも成し遂げなかったからである。なぜなら楽園はそうした人間のためには作られてはいないからである。

2

この二人の賢者には　があったしかし彼らはそれぞれ息子を一人ずつこの地に残した。そしてこの二人の息子たちは、父の知恵のほんの一部を引き継いだ。だが彼らは、　とはなにかといった生の意味についての問いを立てなかった。彼らは死がなんであるかとも自問しなかった。彼らが話していたのは彼らはただ、生はどのようであるか、死はどのようであるかということを知りたがっていた。彼らは二人して、生は良きものであり死は悪しきものであると考えていた。彼らは比べ、論争した。一方は、宝石箱に隠された指輪と比べ、この宝石箱がいかに　であるかを言った臭気あふれる井戸に捨てられた高価なダイアモンドと金の指輪と比べた。だが井戸の底には金の指輪がある。そして指輪にはダイアモンドがついているのだ。このように言うことで、彼は自分を楽観主義者だとみなしていた。

二人目は生を、砂漠の砂のうえに散らばったガラスの破片、そのうえを陽光の筋がきらきら動くようなガラスの破片に喩えた。このガラスの破片と同じく、生には値段がない。陽光がきらきら動き——歓喜が生まれる。そして二人目の賢者は自分を悲観主義者だとみなしていた。

アラーは考えた。一体なぜ彼らは論争しているのか、二人ともに楽観主義者であるのに。一方は生をその内実で評価している。他方はより先に行っている。彼は生をその内実のなさで評価しているのだ。二人とも、彼らの父を上回る賢者ではない。だが彼らはより聡明である~~合理的である［××］~~。なぜ彼らは論争しているのか、論争するのは無駄である。

そしてマホメットは彼らを楽園に入れなかった。[a]

3

そして彼らにはそれぞれ息子があった。息子たちのもつ知恵は、彼らの祖父よりも劣っていたし、彼らの父よりも劣っていた、要するに彼らはほとんど知恵をもっていなかった。生がなんであるかを熟考するかわりに、彼らは~~黒い眼の東洋の美女たちに~~口づけして時を過ごした。そして生がどのようであるかを言うかわりに、彼らは歌を歌っていた。~~彼らはガラスの破片の話をしなかった~~彼らは金の指輪の話をしなかったが、金の指輪を身に着け、陽光に喜び、金を愛していた。~~大きな隊商が~~彼らは楽観主義がなにかも、悲観主義がなにかも知らなかった。言わば彼らはなにも知らなかったのだ。

アラーは彼らを見た。それは彼を愉快にした。彼は自分が真面目な偉大なる神ではなく、素朴な人間、陽光や女で喜ぶ人間であるように思われた。~~彼は忘れた~~あたかも彼は世界を創造しなかったかのように。あたかも世界や、人間や、彼自身、偉大なアラーは、誰か別の者に創造されたかのように。そしてアラーは、創造主ではなく被造物であることがどれほど良いのかを理解した。そしてマホメットは彼らを楽園に入れた。

（a） 二人目の息子の最初のヴァージョンはこうである。「二人目は生を虹に喩えた。なぜなら虹と同じく、生には実質がないからだ。だが虹は空をきらきら動き、ガラスの破片がきらきら動き、大いなる歓喜がそこから生じる。そして彼は自分を悲観主義者だとみなしていた。／~~アラーは彼らの話を聴いた。彼らのうち、二人目が、であると彼は考えた。~~だが二人のうちで、彼は最も楽観的だった。なぜなら、生をその内実で評価するのは容易だが、いかなる内実もない生を評価できなければならないからだ。／だが彼らの議論はアラーを退屈させた。そしてマホメットは彼らを楽園に入れなかった。」

認識の三段階[a]

このことが起こっていた国の名を私は知らないし、かつてその空の下にいたこともない。だがこの国について私が知ることが私はそこに神を信じ恐れる人々大部分は神を恐れていたが多くが神を愛していたが暮らしており、この人々が自分たちの神を恐れたり愛したりしていたことを知っている。つまり私はこの国についてほんのわずかのことしか知らず、この国のお話を物語り、この国の驚異を描写するにはあまりにも知らなすぎるのだ。彼らは一度も神を見たことがなかったが、神がどんな風なのかを知っており、神の眼を見知っていた。だが彼らは知っていたというのも彼らには寺院があったからだ。そして寺院のなかには図像があった。そして、人々のなかには、こうした図像は邪悪な僧侶が描いたのだと言う懐疑的な者たちがいたが、人々は彼らを信じなかった。というのも人々は、図像にすがりつくときの、また図像を手で触れるときの甘美な心臓の震えを知っていたからだ——彼らは自分の妻を愛するように、魂の全体、身体の全体でもって神を愛しており、彼らはしばしば忘れていた神を信じ、神がこうした図像そのものではないとしても、こうした図像のようであると知っていた。彼らは本質的にはそもそも神を別様には理解していなかったのだ。恐れたり愛したりできるのは、血や筋肉が心臓が肉でできた打つときだけであり、身体が震えるときだけである。身震いし青ざめるときだけ恐れることができる。そして、触れて口づけるときだけ愛することができるのだ。

僧侶たちが香を焚きしめ、聖歌隊の歌声が寺院の穹窿と謎めいた声を鳴り響かせるとき、そして秘跡が成し遂げられたとき、身震いする群衆はどれほど神が偉大で美しいのかを知った神の声を聴いていた。群衆はいたるところに聖性を感じていた。そして誰も近づけない秘密の部屋では、秘跡が成し遂げられていた。火は祭壇で神秘的に燃え上がり、奉納物の煙が満員の寺院を満たしていた、そして人々はこれが聖性の香りであると知っていた。なぜなら聖性とは一つのモノであり、それは香るからだ。

僧侶たちは丈の長い白の法衣をまとっていた、そして彼らは、煙で一杯の部屋で神々の像に囲まれて、神々に仕える者であった――人々は信仰をもち、僧侶たちがこれらの図像を作ったなどとは信じず、自分が神々を面と向かって見ているのだと信じていた。

（a） 次のテクストと同じく、おそらく一九二五年初頭にストラスブールで書かれたテクストである。

神を知った人々[a]

~~〈最後の審判〉がやってくるだろう~~人類が~~存在する~~考えうる~~すべての苦痛~~すべての苦悩を苦しみつくしたとき、人類がすべての喜びを知ったとき、人類がすべての感情を覚えたとき、すべてが発明されたとき、すべての物語が書かれ~~そして読まれ~~たとき、すべての歌が歌われたとき、~~もはや可能ではない~~すべてのひとが生まれたとき、空がもはや日没にも日の出にも新たな美を作り出しえないとき、これまでなかったものがもうなにも訪れないとき――そのとき〈最後の審判〉がやってくるだろう。そして〈最後の審判〉のあとに、第二の生が始まるだろう。運動の、変化の、模索の、可死の生は終わるだろう。永続的なものの、成就したものの、~~そして~~不死のものの、~~模索の生は終わるだろう~~発見されたものの生が始まるだろう。人間の生は終わり、神の生が始まるだろう。終わりのなかの終わりが~~見出される~~手に入るだろう。人間の想像力はこの終わりをわれわれの変化の世界、模索や相対性の世界の外部に位置づけつつもそれを察していた、というのもまさに絶対的な終わりはなければならないからだ。この未聞の事柄~~における生~~、即自的な終わりが始まるだろう――完成態たることをやめないような完成態における生が。だがこれは恐ろしい最後の審判のあとにやってくるのであって、この審判は本当に最後の、かつきわめて恐ろしいものとなるだろう。〈父〉なる神、善の手本を我が子の苦痛によって人間たちに示した厳格な審判者がやってくるだろう。〈地獄〉と〈天国〉の道の交差点で、神は審判者となるだろう、~~翼で~~震えながら眼を覆う天使たちに囲まれて、~~[×]のなかで~~穏やかだがいつでもまた怒り狂わんとする雷鳴のとどろくなかで、そして光り輝く静かな稲妻のなかで。遠くでは雷が燃え上がっている。

~~そしてはじめに彼のもとにやってくるのは罪人たちだろう~~。そして彼ははじめに呼ぶだろう~~彼から顔を背けた彼の後ろにやってきた者たちを柔らかな声でそして彼の子どもたちが彼のもとにやってくるだろうそして彼の最初の呼び声に対し彼に疑いを持たなかった者たちが~~、素朴で純粋な信仰をもった者たちを。すなわち、子どもたち、優しい母親たち、~~正直者の~~働き者の父親たち、彼のためにサーカスの闘技場で死んだり焚刑で焼かれた殉教者たち、さらには、~~彼のことを知らないまま~~彼の話がされるのを聞いたことがなく罪を犯したすべての者たち、そして、みずからの罪に苦しむ純粋な心をもちながら罪を犯したすべての者たちである。疑うことを知らなかったすべての者たちが彼の最初の呼び声でやってくるだろう、たとえば、愛される父親と合流する無垢な子どもたちが、ほかの人たちよりも彼に近いことを~~gordi~~誇りに思いながら。~~そして彼らの光り輝く眼の奥底を見つめながら~~やってくるのは彼らだけである、というのも罪人たちは、最初の呼び声で神のそばにやってくるのを恐れて頭を垂れているからである。

そして神は彼らの光り輝く眼の奥底を見つめ、彼らに天国への道を~~開くだろう~~示すだろう。それから神は二度目に呼ぶだろう。神のもとにやってくるのは、彼から顔を背けた者たち、彼を呪いながら死んだ者たち、神の死に際して笑った、善を信じず悪魔に祈る者たちである。彼らは神の玉座のまえで涙を流し、玉座の~~末端に~~踏み板に口づけをするだろう。

だが神は彼らに地獄への道を示すだろう。そして神が三度目に呼ぶとき、彼のもとにやってくるのは、顔を上げて誇らしげな、だが服従のしるしに睫毛は伏した人間たちである。彼らは神に言うだろう。「私たちを〈天国〉に行かせてください」。神は彼らを信じるべきかが分からないだろう、というのも彼らの眼は(b)

神は彼らに尋ねるだろう。「誇らしげな顔をした人間たちよ。私を信じているのか」。彼らは言うだろう。「信じています」。神はまた尋ねるだろう。「ならばなぜ信じ疑うことのない［xxxx］我が子らとともに私のもとに来なかったのか」。

この人間たちは~~言うだろう~~答えるだろう。「主よ、私たちはあなたを信じています。ですがあなたに近づく勇気

(a) おそらく一九二五年に、前出のテクストと同時期にストラスブールで書かれたテクストである。

(b) 文の途中でテクストは途切れている。

がありませんでした。なぜなら私たちは、疑いによって、思いもよらない苦痛によって、によってあなたのもとにやってきたのであり、重い苦痛のあとにあなたの顔の幸福を見た認めたのであり、あなたの名を憎しみをこめて呪ったあとに讃えている称賛しているからです。ですが私たちはあなたを信じています。あまりにも強く信じていますので、もしあなたがご自分のおっしゃったことを翻すようなことがあっても、あなたを信じるのをやめないでしょう。なぜなら私たちはあなたを証明したのです、あなたを信じているのではありません、私たちは知っているのです！」

そのとき雷鳴が鳴り響くだろう。

そして天使たちは翼で顔を覆い、怒った神は立ち上がり言うだろう。「神を認めたというお前たちには、〈天国〉に居場所はない。お前たちには地獄にも居場所はない、なぜなら、地獄で暮らし苦しんでもお前たちはまだ存在し続けるだろうし、いかなる苦痛も、お前たちの飽くなき知を鎮めて信仰に変えるのを強いることはできないだろう。私はお前たちを無に還そう……」。

これは神々と同じようになった人間たち、神が恐れることになる人間たちである。

一月四日

物語の終わり(a)

私は多くの物語を読んできたが、そのどれにも終わりを見たことがない。だが生の法則というものがあって、それによれば、物語には終わりがあるのだ。

イワン王子の巻き毛は白くならねばならないし、王女の輝く眼は色褪せねばならないし、誰かの家には家のドアを、喪服に身をつつみ眼を悲しみでいっぱいにした女性が叩かねばならないのだ——死と呼ばれる女性が。

そして彼女は誰かを——王子ないし王女を——自分について来るように、もう一方よりも先に呼ぶ。それから、打ち棄てられた宮殿に一人残されたひとは、物語の終わりまで生き続けるのだ。悲しい、とても悲しいこの終わりは、死に至るまで悲しく甘美である。実際、人間の生の思い出以上に甘美なもの、苦いものがありうるだろうか。哀れな心は動悸し、締め付けられ、柔らかなヴェールが疲れ果てた眼を覆う。だが人間の魂は、生の黄昏のうちにも、それ以前の曙光のうちに発見するのと劣らない驚異を発見する。魂のための魔術師や呪術師がいて、魔法使いが魂に呪文を囁く。~~そして入り江のくぼみにはセイヨウヒイラギカシが揺るぎなく聳え立ち、鶏の脚に乗っかった家は~~そしてバーバ・ヤーガは鶏の脚に乗っかった家に住み続けるのだ。

私は多くの物語を読んできたが、そのどれにも終わりを見たことがない。私は物語の終わりを考え出してみたい。それは可能なことだし、人間の魂は不死だからだ。それぞれの時節に、入り江のくぼみにはセイヨウヒイラギカシが聳え立ち、その周りを物知りの猫が歩きまわって、物語を語り歌を歌うのだ。

(a) 一九二五年三月二三日に予告されたストラスブールでのエメ・パリエール(Aimé Pallière)の講演への招待状裏に書かれたテクストである。イワン王子、王女、そして魔女のバーバ・ヤーガは、ロシア民話に繰り返し現れる登場人物である。

1

王妃が亡くなり、彼女の横たわる部屋で単調な声が詩篇を読み始めたとき、老王は奇妙な夢を見た。王は宮殿を部屋から部屋へと歩きながら夢を見た。そしていま王は退屈している、深々と退屈している。なぜなら彼は自分の部屋という部屋を隅々まで知っており、いまだ見ざるなにかを発見させてくれる絵は一枚とてなく、暖炉の彩色陶器の曲線はどれもはじめから知っているからだ。そして━━ただ━━永遠なる鏡は相変わらず、白くなった巻き毛に縁取られ深い皺で覆われた同じ顔を映し出すのだった。

人生の多くの、あまりにも多くの嵐のあとに沈んでいった宝物たちを、王はむなしく魂の底に探す。宝物はもうすべて引き上げられた。彼の魂の底は空虚で、疲れている。次々とやってきてはざわめきたつ、悲しみの波のように……

王は突然夢を見た、彼は一本の廊下の突き当たりに、それまで一度も気づかなかった閉ざされたドアを見たのだった。だがきわめて奇妙なことに、王はそのドアの向こうに、予測せざることでいっぱいの未知なる迷宮がまるまる存在していることを、突然はっきりと感じたのだった。

そして素早い足取りでこのドアに向かったとき、彼は、自分とドアとを隔てるいくつかの部屋を飛び越えられないことに気づいた。

そして王は目覚めたのだった。

〈ヴィーナス〉の図像を創作したとき、彼はこれに自分自身の、長く豊かな睫毛の奥の悲しく穏やかな眼を与えた。その晩、彼がこの眼に最後の一筆を加えて通りに出たとき、通りすがる女たちは、~~彼の眼差し~~彼の眼が、飛び立った鳥たちが置き忘れた二つの巣のように暗くなっていること、[a]そして彼の眼差しが消え去っていることに気がついた。

彼は、~~〔で覆われた大洋〕する河~~月のない星空の夜~~のもとで~~に風が波立てる大洋のように~~神々しい~~暗く波打った、肩までかかる見事な髪をしていた。カトリーヌ・ド・メディシスがフィレンツェにやってきたとき、彼女は群衆のなかにある、故王たちの墓石の黒大理石のように~~黒く~~［暗く?］輝いた彼の巻き毛に気がついた。彼女は彼に微笑みかけた。彼は、創作した〈ヴィーナス〉に自分の~~髪~~巻き毛を与えた。巻き毛が彼の創作した〈女神〉の白々とした頬に落ちて輝き始めたとき、彼は自分の毛が灰色になり、熱っぽい額に雑巾のように垂れ下がり始めたことに気づいた。その晩、彼の恋人は彼だと分からなかった。

それから彼は自分の心臓をこの図像に与えた。

〈ヴィーナス〉の図像が完成したとき、画家は自分が死ぬ定めにあると感じた。彼は自分のもつすべてを図像に与えてしまっていた。~~〔せねばならなかった~~彼は生のすべてを図像のなかに流し込み、生を物理的に液体のように移し替え、血のように輸血してしまっていた。~~そして、石の地面に横たわり~~そして彼は、命をもったカンバスを通して自分がどのように感じ存在しているのかを、自分の生がこの創作されたモノのうえにどのように広がっているのかを感じ取っていた。これは不死性だった。~~そして~~そのとき彼は、戯言にふさわしい不死性、すなわち、詩人た

（a）「日没後の王妃のイヤリングに嵌められた二個のダイヤモンドのように」との異文がある。

ちが見つけ出すような、そしてそのために人々が通りで免罪符を買うような不死性がなんであったのかを本当の意味で理解した。彼は、不死性が「巧みな」言葉や詩人の戯言であるではないことを理解した——不死性とは一種の有機的感覚なのだ。不死性は苦痛と同じく現実的なものなのだ。

人々の群れが教会を訪れ、画家の創作物をはじめて目にしたとき、彼らは身震いした。そして彼らは、美ないし神の出現に立ち会っていると考えたのだが、この創作物が見事だったのは、そのなかに命があったからであり、そのなかに不死性があったからであり、そのなかに犠牲があったからだった。女神の肩にかかった黒髪は、いまは亡き画家の髪よりも力強く、美しかった。黒髪は犠牲として供されたからだった。そして、するとき震える群衆は喜びで泣き始めた。老人たちはなぜか分からず泣いていた——これは〈女神〉の謎めいた微笑みのせいなのか、立ち去った若さのせいなのか——だがこの絵を通して、彼らは神秘に触れていたのだ。これは時間を超えた感情だった——これは不死性だった。妊婦たちは、それが絵のせいなのか、それとも目覚めようとする子どものおしゃべりを聞いたせいなのか分からないまま、肥沃な畑のように泣いていた。娘たちは、〈ヴィーナス〉の眼のなかに穏やかで晴れ晴れしい婚約者を夢見ながら泣いていた。だが画家の恋人はなにかを理解した。夜、守衛が教会を閉め、蠟燭を手に絵に近づいたとき、彼はそのうちに〈ヴィーナス〉の奇妙な輝きと謎めいた微笑みに気がついた。あたかも、群衆の涙と〈ヴィーナス〉に向けられた眼差しが、そこになにかを付け加えたかのようだった。いまは亡き画家が全面的にそうしたように、群衆たちも自分の生の一部を絵に与えたのかもしれない。

創作された聖画像の名声は世界中の遠くまで広まり、至るところから「画家たちの」人々がそれを見て、その前で泣くためにやってきた。数世紀が経つにつれて、聖画像の名声は大きくなった。聖画像は有名でありかつ古いものとなった。群衆は聖画像を見てその前で泣くために、世界の四方八方から群がり続けた。数世紀来の群衆の涙と熱っぽい眼差し——そのすべてが絵のうえに積もった。〈女神〉の髪は新たな輝きで光を放ち、新たな色合いが〈女神〉のうえにたえず現れていた——いまは亡き画家がかつて自分の魂と生をすべて与えたように、数世紀を経てやってきた人々が自分の魂と生の一部を絵に与えていたからだった。そして画家の不死性は大きくなり、生き生きとした彼の魂は［触れた？］ほかの魂たちと接触し、涙を介して、新しい美の諸形態を生み出した。絵の前で涙に濡れた泣く群衆は、美を目にしているのだと信じていた——群衆は、魂の暗い底から立ち上るさまざまな思い出の深い深淵［影？］に呼応して、自分自身の魂が絵のなかで震えるのを見ていたからだった——数世紀来の思い出、祖父母や曾祖父母たちの靄のかかった思い出であり、彼らの魂や涙がカンバスのうえで震えていたのだった。そして、犠牲——不死の犠牲——のうちに親しいもの、自分のもの——数世紀来の自分のものを目にして——を目にして呼応する魂のこの震えだけが、美というものなのだ。

作曲家たちが行進曲を書き、その音で群衆が踊るとき——群衆が焼けるように熱い足で拍子をとり、この音、空中で彼らの身体に捕えられ身体を通して魂に伝えられるこの音が、自分の方から生まれているように思うとき——彼らはこれが美だと思っていた。美しい婦人たちや並外れた火事の絵を画家が描くとき——そして人々が、こうした絵の前で立ち止まり、自分の身体は通常の動きをしているのに、美しい婦人たちを見て、彼女たちが自分の愛人であったかのように、固く握られた手が震え始めるのを恍惚としながら見て取るとき——人々はこれが美だとあらためて思うのだった。

だがそのあとで教会を訪れ、古い聖画像の前で泣き崩れるとき、彼らはつかの間の恍惚を恥じるのだった。そのとき、絵を見るや、つかの間の習慣ではなく数世紀来の動きが彼らの身体に及び、祖父母や曾祖父母たちの伝説や彼らの風習のすべてを内側に隠しもつ身体の漠たる神秘が、絵に呼応して震えるのだった。そのとき彼らの魂が震え始めるのだった。

だが人々はなにが絵のなかに隠されているのかを知らなかったし、なぜ絵の前で自分が泣くのかも分からなかった。

そしてついに、絵の前でひれ伏さない誇らしげな男が生まれた。

彼には冷静な精神と強い力が備わっていた。子どもの頃、教会を訪れたとき、彼が絵のなかに見たのは、数世紀来の煤と素朴な画家の下手な筆さばきだけだった。そして一〇三〇歳のとき、あらゆる学問を学びあらゆる芸術の達人となっていた彼は、別の——力強く新鮮な——美を有する図像を創作した。色の豊かさと巧妙なぼかし。深遠な思想がこの力強い作品のなかで輝いていた。彼は巨匠のように、事物に基づいて作品を創作したが、作品に身を委ねることはなかった。絵を仕上げるやいなや、彼の眼差しはより激しく光り、彼の身体は、そもそもすでに運動選手のような痩身だったが、さらにより大きく、力強く、誇らしいものとなった。作品を創作しながら彼は自分自身を創り直した。彼は人間たちから・を取った彼は不死のものとなるために自分の魂を絵に与えることはなかった——彼は冷静かつ穏やかに絵を創作した。彼は素朴な信仰を持ち込まなかった——彼が持ち込んだのは科学的知識だった。そして彼の冷静な脳は、跪く群衆のことを考えていた。祭りのあいだに、彼は作品を広場に運んできた。群衆の数がとても多い時節を見計らって、彼はヴェールを取り外した。

一瞬のあいだ、群衆は魔法をかけられたようだった。だが一瞬のうちだけだった。眼差しという眼差しが古き聖画像のある教会に向けられ、群衆は跪いた。

そして画家は理解した

跪く群衆を見て、画家は自分の意図の完全なる愚かしさを理解した。美とは、線の美しさや色の神秘的な戯れのうちにあるのではないのだ。地上には一つの美しかない——自分自身の魂の受肉である。人々はただ一つのものだけが人々を震えさせる——それは彼ら自身の魂である。事物が美しいのは、事物のなかに自分が受肉するのを見るからにほかならない。美そのもののうちで、最も貴重なものは、狂わんばかりの幸福への渇望なのではないか？ナポレオンの伝説のうちで、最も美しいものは、われわれ自身の魂の偉大さへの郷愁なのではないか？ 万物のなかに自分自身を見て取る魂がなければ、どこにも美は存在しない。そして数多くの難破船を見てきた海のなかと同様、魂の底には宝物が横たわっている。われわれの祖父母や曾祖父母たちの全員が、自分の血でもって、彼らの歴史のすべてと涙のすべてをわれわれのなかに輸血したのだ。そして夜にはしばしば、宝物が水面に上ってきて、月光のもと静かに輝いている。だからわれわれは、思い出をわれわれに伝えた祖父母や曾祖父母たちの謎めいた感情を思い出す。[そして?・] この靄のかかった [記憶?・] は、月光のもと穏やかに波打っている——そしてわれわれはなにかを感じるが、なにごとも知ることはないのだ。

人々がこの絵を、創作された最初の日から愛したのは、彼らがそこに、自分の魂が思い悩む不死性を見たからだった。不死性のなかで生きるためにみずからを犠牲にした［最初の？・］画家は、ただすべての魂の願望を実現したのだ。人々は長いあいだ、彼ら自身の魂の最高度の跳躍に向かってぬかずき、その前で最良の涙を流したのだった。そして彼らはそこに美を見たのだった。

だが数世紀を経て、群衆の最良の涙はカンバスのうえに残り続けた――そして魂のうちにあるすべてを受肉していた絵のなかで、ある謎めいた変化が起こっていた。あまりにも多くの群衆が、この聖画像の前で泣き［祈ってきた？・］。魂の夜々の月光のもと、祖父母や曾祖父母たちの宝物を隠しもつ魂を携えて子孫たちが訪れたとき、この絵は、魂の表面に、永遠の相続人たる宝物からなる混然とした戯れのすべてを受肉したものと［化した？・］。そのとき人々は、絵が美しい以上のものであること――それが過ぎ去った数世紀から来ていること――それが聖なるものであることを理解した。だから新たな創作家たちがやってきて、人々のために、戯言にふさわしい彼ら自身の魂の受肉、魂にとって自分自身の創作に見えるような物事を創作するとしても――難しい魂の底から立ち上る謎めいたダイヤモンドの輝きに呼応するようなものを、人々のために創作することはできない。聖なるものを創作することはできない。それを創るのは永遠なのだ。

そして誇らしげな画家は、祈りの法悦のうちで、敵の聖画像に向かって跪いた。美の酔いよりも高い、聖なるものの酔いの法悦のうちで。

一九二五年九月

「彼は二度と降りてこないだろう……」

〔民――彼は二度と降りてこないだろう。彼は二度と降りてこないだろう。
民のなかの誰か――見よ。砂漠は広大で恐ろしい。昨晩、野営地の境でライオンがうなるのが聞こえたはずだ。これが砂漠の恐怖である。それに強烈な日差しが容赦なく我らを焼いている。これが砂漠の憤怒である。我らは砂のなかに迷い込み、案内人は未知なる神を探して山に旅立ってしまった。
民――彼は二度と降りてこないだろう。彼は二度と降りてこないだろう。(a)〕
民のなかの誰か――我らは道を知らず、約束の国は遠い。我らは六十万なる、神に選ばれし民だ。我らはシナイ山で雷鳴と稲妻を聞いた、我らは神の御言葉を聞いた。~~案内人がいなければ我らにはなにも分からない。~~――なぜなら我らは神の声を一度しか聞いていないのに、太陽は日々昇り、日々おんな子どもは我らに尋ねる
〔…(b)〕

死の なぜなら人生には [x] なにも残っていないからであり、それゆえ神は我らを生きるがままにさせた、なぜなら神はそのために我らの前に現れたからだ。これこそが我らの恐怖のすべてである。なぜなら我らの記憶は脆く、我らの身体は強いからだ。神のことを覚えているのは難しい、そして、神を見ることが禁じられるとき、神の玉座の前で震えること、玉座を手で撫でること、心臓が打つのを感じること、呼吸が中断するのを感じること――身体が祈るのを感じること――こうしたことが禁じられるとき、生は恐ろしいものとなる。我らは我らの神が見たいのだ。

(a) この節には抹消線が引かれている。
(b) 三本の線のうえで紙が破損している。

〔シャルル・ミュラン[a]〕

……………

うつろな遠い音、彼はまったく別のことを考えていたにもかかわらず、今度は快楽の無意識の前兆、あるひそかな歓喜を感じた。こうしたことが訪れるのは、~~〜に完全さを与えることのできる~~ある喜ばしい出来事が［x］の日に~~われわれが［x］するときしか遅れない~~われわれを待っているのをわれわれが~~待っている~~知っているときである。われわれが働き、すべきことをする――これらすべては待つことの庇護下にあるのだ。あるいはわれわれは、愛しい誰かからの手紙が家でわれわれを待っているのを知っている。われわれはゆっくり階段を上がり、上がりしなに上階に住む隣人とおしゃべりをするが、こうしたすべてには祝祭的ななにかがあふれている。

~~理由は分からないがシャルル・ミュランはまず行くことを決めた［x］シャルル・ミュランは陽気に〜の家を出た~~

……………

~~〜するとき~~シャルル・ミュラン[b]は、お茶に招かれていたR夫人の玄関に入った。~~彼は投げた~~彼が［x］偶然に外套掛けに視線を~~落とした~~投げたとき、掛かっている衣類のなかになにか普通ではないものがあったように~~ほとんど~~

（a）　おそらく一九二五年にストラスブールで、総合判断についての（もしかすると小論文のための）メモの裏面に書かれた一組の断章。

（b）　シャルル・ミュランなる人物は著者の創作だと思われる。

見えたが、彼はそれがなにかを理解することがまったくできなかった。だが彼はもはやそこにはないなにかの匂いを感じたそして彼には自分が向かう応接間のなかでは、だとなにかの理由で思われた彼は彼が［×］する感情彼はなにかのためあるいは誰かのために向かっている、彼はなにかのために赴いているすでに応接間に入ったものの、シャルル・ミュランはこうした感情を理解することができなかった［×］のせいで気まずさをある気まずさを感じていた。

家の女主人は客人たちに微笑んでいた。それは若い男たちや娘たちだった　この若い娘たちはたがいに似ているような印象をシャルルに与えた。だが突然シャルルは応接間の入り口で分かった。外套掛けに掛かっていたのは、シャルルの婚約者スザンヌのものとまったく同じ青いビロードのコートだったのだ……。そしてこうしたすべてのうちで最も奇妙なのはもちろん、スザンヌが今からもう二ヶ月前に死んでいたことだった。

……………

彼女は、結婚の一、二週間まえに死んだ。シャルル・ミュランは応接間に入ったそして考え続けた。そこでは若い娘たちが小さく輪になっていて、彼女たちは、絵葉書が若い娘たちの三〇サンチームの絵葉書の上部がときに似通っているように似通っていたたがいに似ていた。この絵葉書は、青色で星が散りばめられた背景のうえで、きちんと髪を整えた若い男たちがきちんと髪を整えた若い娘たちに口づけをしているものだ。同じく三〇サンチームの絵葉書から出てきた二人の金髪の男性が彼女たちと一緒にいた気の利いたことを言っていた。あるいは、これらすべてはシャルル・ミュランの想像にすぎなかった。彼はR夫人のところへの道すがら、この絵葉書が陳列されたショーウィンドウの前で立ち止まっていたのだ。

彼は列席者たちをほとんど誰も知らなかった。そしてR夫人が微笑みながら招待客を彼に紹介したとき、シャルルは、彼らのそれぞれが別の名前であることに驚いた。彼は名前を忘れ、すぐに混同したが、彼ら自身は名前を混同していないことに驚いた。彼は非常に寡黙で、笑わなかった。

彼はまったくスザンヌのことを考えていなかったし、頭のなかで彼女の名前を発していたわけでもなく、玄関に掛けられていたコートのことさえも忘れてしまった。彼が考えていたのはほとんど、ショーウィンドウのなかで「シラノ」の号の隣にあるのを見た~~あの~~絵葉書のことだった。それはきれいに髭を剃った若い男たちが、微笑んだ若い娘たちを悩ましげに見つめている絵葉書だった。彼はときどき時間の話をした——なにを言ったらいいのか分からなかったからではなく、実際に時間のことを考えていたからだった。~~こうしたことはときどき訪れた、というのも時間は彼を~~

だが同時に彼の悲しみは本物だった。彼女はただ~~彼の魂の中心には~~［いなかった?」~~が［x］~~彼は彼女のことを考えていなかった~~という事実の~~［x］はむしろ空気~~雰囲気~~で、それがなければ彼は～を感じる

……………

［x］物事。~~こうしたことと訪れる誰か~~ある愛しい存在~~、近親者~~が死ぬとき、このことが意味するのは、それ以後はどこでも~~、どの街であれどの路面電車であれ、偶然そのひととすれ違ったり、挨拶したり、元気かどうか尋ねる~~~~こと~~ができないということだ。~~そしてある近親者が死ぬとき——そしてこの不可能性の意識が彼の死を彩り忘却に落ちる~~ひとはすぐに彼の死を考えるのをやめる、というのも~~考えるべきことはたくさんあるからだ。だがどこかで~~たとえこのことがなくても~~考えるべきことと~~実に多くの心配事があるのだ。だが魂の奥底のどこかには、もうそのひとに会うことはできない、ある晴れた朝に路面電車で彼の灰色の帽子を見ることはかなわない、という意識、信念、喜び、習慣が残っている。そして世界全体がこの角度から考えられる

……………

存在するすべてはスザンヌの刻印を帯びていた。そして物事の意味と適切さは[×]をもっていた。シャルルがしたとき彼は彼女のことを考えていなかったにもかかわらず、彼女の名前を発しておらず、おそらくはどのコートのなかに昨日彼女を見たのかを言うことができなかったにもかかわらず。だが新聞の三面記事を新聞の最後の欄に三面記事を読んでいたとき、あるいは、ただ傘を開いたとき、傘や彼が行なうことのすべてから切り離せない性質のように、スザンヌのなにかが空気中に存在していたのだった。そして彼女の死後には、すべてが、傘やを売る新聞を売るキオスクや

……………

この世を去った者の記憶はわれわれのなかに現前していない――[×]すべてのこのひとを取り囲んでいた平凡な物事はこのひとを思い出させはしない、われわれが食事をしたり議論をしたり知人と会ったり読書をしたりするときに、この世を去った者を思い出したりこの世を去った者を思い出したり彼の像を眼前に見たりすることをわれわれに強制したりはしない――そうしながら、物事が変わったとか、それらが以前そうだった姿をやめたとか、なにかがそこに付け加わったとか、あるいは、それらがなにかを失ったように見えるのだ。物事が孤児になる。そして故人のことを考えるより先に、われわれは孤児を目にするのだ。

世界は――[×]シャルル・ミュランにとって世界全体が――あるいは夜の

……………

そして夜の雪を照らす夜の街灯は、それが存在するときにもっていた［x］完全さを失った。そうして~~ピアノ~~グランドピアノの調べが陰鬱なタッチで響いている。応接間を出て~~シャルルは［x］玄関に入った~~そして玄関に出て彼らの服を取ったとき、シャルルの視線はさきほど当惑させられたコートのうえに落ちた。~~そして～に気づかずに。~~そのコートは招かれた令嬢の一人のものだった。そしてシャルルは［考えて?・］あやうくほとんど大声で「スザンヌ、あなたのコートだよ」と言いそうになった。彼は近づいて、ハンガーからコートを外し、慣れた（ほとんど忘れてしまった）手つきでそれを令嬢の一人に差し出した。~~そして~~彼には~~いまや~~物事が一瞬のあいだ過去の完全さと調和を取り戻したように見えた。だが彼には理由が分からなかった。~~彼は言った彼女に彼には思われたお嬢さん、青いコートをお持ちですね。~~そしてなにを言うべきか分からなかったので、彼はほとんど場違いな仕方でこう言った。お嬢さん、~~外が雨のときあなたの名前はスザンヌではありませんかあなたは私の名前は~~エリザベスというお名前ですが、もうそれを忘れてしまいましたね。シャルルがエリザベスを通してやったとき――この若い娘は

……………

青いビロードのコートのなかに――すべてがあらためて以前のように響いていたように、そして、物事が意味をもっていたように彼にはあらためて思われた。~~～なものすべてが~~

あたかも、この世界のなかで、すべてが死ぬ定めにあるこの世界のなかで、ありふれたモノが、すなわち青いビロードのコートが~~もっているできる~~復活する力をもっているかのように。

2

シャルルはもう一度エリザベスに会った、そして彼はますますスザンヌの生前と同じように生きている印象を抱いた。晩に、街灯の光に照らされて、彼は彼女を家まで送って行ったが、青いビロードのうえをちらちらするガス灯の容器からの光の筋が、正常であるとの印象をあらためて彼に与えていた。彼は彼女に慣れた手つきで彼は手にしたエリザベスの腕を取りながら黒いビロードを触っていた。そしてに入りながら彼女が表していた新しい世界に触れながら。シャルルは思ったこの世界はもはやシャルルにとって異質なものとは思われなかった。彼はもっていたあたかも、ビロードを触りながら彼が近しさを感じていたある古い案内人が古い知識が彼をそこに連れて行くようだった。家に帰るとだが彼はその先までは入り込まなかった。彼は敷居にとどまり、ほとんど遠くからエリザベスの横顔を見つめていた。彼の眼は知っているなにか特徴に触れて楽しんでいた。響きの良い完全さ、事物の過去の気さくさを聞くのは心地よかった。

火曜日に、仲間は皆もう一度R夫人の家に招かれた。シャルル・ミュランはこの招待のことを知らなかった。

Но не тѣмъ холоднымъ сномъ могилы

Лермонтовъ

x x x

Пестрыхъ обмановъ я брошу очки.—
Краски потухнутъ, не будешь тоски.
Мнѣ бы отречься отъ лжи и отъ истины!
Мнѣ бы поменьше видѣній и словъ!
Здравствуйте, плаваній тихія пристани,
Темныя ночи безъ утръ и безъ сновъ.

Краски потухли, цвѣта отцвѣли.
Ты мнѣ, родная, кровать постели
Тайныя, нѣжныя, свѣжія простыни
Запахи прачешной, вѣтра и звѣздъ.
Гдѣ-то, на необитаемомъ островѣ
Просятся волны ко мнѣ на погостъ.

2 марта 1923 г.

図 27 「ごたまぜの嘘の眼帯は放り投げよう……」，296 頁参照

3. 詩と断章

「電信線[a]」

〔第一版〕

~~震えていた~~そして電信線は歌っていた
外国の言葉を、いつもほかのひとたちのために
望まれた明日を待ちながら
なにもない。花瓶と水しか。

花瓶の鏡面のなか　寄る辺なく
~~倦怠と風で~~
鳴り響いていた　「いつ、それでいつ？」

（a）これらの断章――最初のものは一九二三年三月三〇日の日付と思われる――のモティーフは、アレクサンドル・ブロークの詩「時、日、世紀が過ぎる」（一九一〇年）から来ている。「黒い空のうえ　ただ／電信線だけが鳴り響いている」。

死んでいるのだ、人間と同じく引き裂かれて
ケーブルたちは　倦怠と風で

三月三〇日

〔草稿〕

~~電信線が震えていた~~
~~一晩中　外国の言葉を送りながら~~
~~そして明くる日は　沼地から見つめながら~~
~~無を。花瓶と水のほかには。~~

そしてそれらは花瓶の鏡面のなかに寄る辺なくいた
~~愛だけを夢見ながら。~~そして愛を求めながら震えていた——

「いつ？」

それらは死んでいるのだ。引き裂かれて。人間と同じく。

~~夜明けに、で~~ケーブルたちは　倦怠と風で

〔一九六一年以降の手直し[a]〕

電信線が震えている

出口のない　空虚な空間で
昨日も今日も明日も
いつも外国の言葉を、いつもほかのひとたちのために

~~過ぎ去りながら~~定めもなく、目的もなく、出会いもなく
過ぎ去りながら　それでもつねに
人間の生と同じく引き裂かれて
ケーブルたちは　倦怠と風で

電信線が震えている
［xx］な空間で
出口のない空間の空虚のなかで
昨日も今日も明日も
平行に　たがいに知らない言葉たちは

平行に
過ぎ去りながら。目的も意味もなく。出会いもなく
つねにほかのひとたちのために。定めも裁きもなく
境界もなく

（a）『全体性と無限』の印刷された一頁の裏面に書かれている。

「大地のうえ……」

大地のうえ　天のロープには
雲の下着が吊るされている
ああ神よ、あなたの蒼穹は裂けてしまった
あなたの空は汚れてしまった
今日僕らはなにを手にしているのか？　昼だろうか　夜だろうか？
なんて寒く風の強いこと。なんて僕は疲れてるんだ！
いまやこうして　空が地上に降りてきた
僕は分かった　われわれの［大？］講堂がどれほど低かったのかが
だが突然　灰色の石組みのうえに　もっと重厚な
もっと重厚な灰色の影が広がった
雲を運ぶ風
熱烈に雲たちは絡まって
地面のうえで泣いている

もう夜で　すべてがまた静かになった
蒼穹はまた昇っていった
金で飾られ　縫い取られ
みなそこを目指すことができたのだ

失われた　だがまたあらたに約束された楽園は
本当はここ　地上にある
きれいなひとに出会ったら
僕の心に　同じことが起きるのだ

一九二三年四月二日

「死ぬ、飛び立つ、仰向けに倒れる……」

死ぬ。飛び立つ。仰向けに倒れる。
無のなかに？　空に？　真下に？
分からない。時計台は一一時を指している
一時間経てば　生活が始まる

眼を窓に押しつけた。
僕の部屋は光であふれている
金の羽で着飾った鳥
（翼の先が見えた）

爪は血まみれだ
僕は見ていないが　母が僕にそう言った
（夜明け前に母がやってきた
最後にもういちど僕に口づけをしに）

今日夜明けに聞いた
遠くの鳥の声を
~~そして素晴らしい夢を見始めた~~夢が訪れた

だが

僕は夢を見た　霧の夜に
鳥があの愛を歌っていた
そして　僕の心臓のそば　傷口から
真っ赤な血が流れていた

だが僕には聞こえていた　楽園の息吹が
そして不思議な翼の羽ばたきが
一方で　僕の魂は燃えていた　忘れてしまって
そして何度も何度も呼んでいた

ああ魂よ！　若々しい［砂漠？］
一時間経てば　生活が始まる。
聴け！　時計台は一一時だ
光が国中に散らばっている

一九二三年四月二日

「模造のシャンデリア……」

模造のシャンデリア（電線なし）
浮き彫り。渦巻装飾。~~[×]罪。優雅な~~翼ある詩
人工の美しい王子たちやルイ王
繊細を極めた指。扇子と香水。
これらすべては　あまりにも遠く、緻密で
あまりにも美しい――そしてこれらすべては死んでいる。
事務机たちは讃歌を歌い出す
太陽と電気に照らされて

~~声高らかに言いたいものだ　やあ　と~~
~~単純で健全な人間たる君に~~
~~だが僕は眠り続ける、~~
~~十七世紀とその大黒柱たちを夢見ながら~~

僕の唇には　挨拶が固まっている
単純で健全な人間たる君への
だが僕は眠り続ける、すべてから離れて
一七世紀とその大黒柱たちを夢見ながら

一九二三年四月四日

「僕は我が魂を愛する……」

僕は我が魂を愛する　埃まみれの窓を背にした魂を
僕は若い娘たちを愛する　太陽と春に似た娘たちを
僕は愛する　夜に青い沈黙を聴くことを

僕は若い娘たちを愛する　音楽と夜明けのために　そして彼女らの眼のなかの
沈黙を愛する　沈黙は話さずに物語るから
僕は我が魂を愛する　それは僕のものだから

五月一一日

「首都のなか……」[a]

~~寄せ集めのなか~~貧しく汚い首都のなか
服従した奴隷たちの収容所の
疲れてかがんだ頭の並ぶなかに
僕は~~末の~~若い巨人たちを探している

だが通りの喧騒のなか
ひとが誇らしく頭を上げて歩くとき
僕は~~夢見る~~思うのだ　最後には人々が目覚めることを
辛苦の、歌の、栄光のために

そして白い嵐のあいだ
取り出すべき力がどこにも残っていないとき
僕は君に挨拶する　誇らしげな［娘よ？］。やあ！
勇気あふれるその手を握らせておくれ

（a）「ああ、リスが……」（後出三三九頁）と同じ紙に書かれている。隣の紙は一九二三年六月二八日の日付を示しており、二つの詩の片方か両方に関係している。

〔服従した奴隷たちの収容所に
疲れてかがんだ頭の並ぶなかに
僕は~~末のタイタンたち~~若い巨人たちを探している
僕は天の鷲たちを探している。

僕は望んでいる　誰かが僕に微笑んでくれるのを
この哀れな現実を照らしながら——
僕は望んでいる　通りの暗がりのなかに〕[a]

（a）裏面にある異文。

「ああ、リスが……」[a]

ああ、リスがハシバミの実を噛み砕いていた
クルミのように、ベーラ、[b] 君は噛み砕いたね
僕の惨めな心を

〔ああ、ハシバミの実を齧るリス
~~彼は［なにも］必要としていない~~
~~彼にはすべてが心地よく、すべてが同じだ~~
~~彼には生は美しく、軽やかだ~~
［ハシバミの実?］のように[c]〕

（a）「首都のなか……」（前出三三七頁）と同じ紙に書かれている。隣の紙は一九二三年六月二八日の日付を示しており、二つの詩の片方か両方に関係している。

（b）ビエロチカ（小さいリス）とベロチカ（かわいいベーラ）の有名な言葉遊び。またベーラはレールモントフ『現代の英雄』の登場人物の一人でもある。

（c）別の紙にある断章。

「僕は西を見つめていた……」

なかに

~~彼女は東の方を見つめて待っていた~~
~~僕は西を見つめていた~~

~~空の近く　部屋のなか~~
~~塔のうえ　空の近く~~

僕はぼやけた西を見つめていた
彼女は東を見つめていた

そして僕らは太陽を呼んでいた。太陽よ！
そして僕らは　戻ることも口づけを交わすことも望んでいなかった

一九二三年七月三日

ピエロ

ポニーは~~投げた~~鼻をならしていた　不安そうに　横柄に
サーカスの広い円形闘技場で
わけなく少年を載せながら
いたのはただ　このしかめ面のピエロだけ

ポニーは僕を地面に放り投げ、身体が落ちた
ひどく痛むこの小さな身体
小さな身体は~~笑っていた~~笑いで揺れていた
魂があまりにも滑稽に痛んだから

薄暗い家に帰ると
痛みはあったが　ひどくはなかった
昼間のうちは　しかめ面とおかしな仕草の連続
だが夜は　愛して泣いて過ごすのだ

七月二五日

「彼女を愛した僕ら三人……」

~~彼女は太陽のように輝いていた~~
~~彼女は人生のように美しかった~~
~~そして~~彼女を愛した僕ら三人
~~太陽と人生のように彼女を愛した~~

一人目は彼女を愛し　彼女は聖女だと言った
二人目は彼女を愛し　彼女は女王だと言った
そして僕は　彼女を愛し　彼女は美しいと言った
でも彼女は　僕がいなくてもそれを知っていた

彼女を夢見た僕ら三人
一人目は彼女の足元で祈るのを~~願った~~夢見た
二人目は彼女の手に触れて~~口づけする~~撫でるのを夢見た
そして僕は　彼女を抱きしめ　唇に口づけするのを夢見た
彼女は僕を分かってくれた

一人目は彼女のために戦場で死んだ
二人目は思い悩んでやせ衰えた

そして僕は　彼女を抱きしめ　唇に口づけする
彼女は僕をすごく愛している

八月三日

〔でも僕らは三人ではなかったのかも
僕らは二人だったのかも
でも二人ではなかったのかも
僕だけだったのかも[(a)]〕

(a)　切り離された紙に書かれている。

「彼女の白い身体……」

~~リネンのレースのなかに彼女は浸っていた~~
~~そして~~
シャツのなかの彼女の白い身体
リネンのシャツのなかの彼女の白い身体

美しい身体に引き寄せられて
僕は口づけしたかった　愛したかった

手を差し伸べると
水が手をくるくる回した

そして僕は縮こまった身体を見つめていた
身体は冷たかった
~~なかで~~
どこかで若い娘がはしゃいでいた
裸の娘——愛
そこに喪服の女がやってきた
闇が訪れた

八月一〇日

「負傷者のあえぎのなかに歌が沈んでいく……」

負傷者のあえぎのなかに歌が沈んでいく
暗い夜に出口はない
イエス・キリストよ、復活せよ！
イエス・キリストよ、時は来た！

輝きと施しの歳月があった
十字架にかかって泣くことなど知らなかった——
だがいまやどの十字路でも
お前の子どもたちが刑に処されている。

金髪の頭から流れる真っ赤な血で
ひとびとは皇帝(ツァー)の死を手に入れた
復活せよ　イエスよ
時は来た

八月二九日

「権力は酔わせる……」[a]

権力は酔わせる　恐怖の恍惚で
僕は権力を愛する　恐怖と同じように
全能と同じように　勇敢さと同じように
情念と狂気と同じように。

力強い〈巨人〉になりたい
群衆や船を動かしたい
そして極地の下に建てたい
氷の都市を
別の地の海岸に
避難所を探して
若い船たちが
大洋に筋をつけることを。

鎖につながれた権力者たち
……………………

（a）　ドイツ語の履歴書（*Selbstdarstellung*）が書かれた紙の裏面に書かれている。この履歴書は四三七頁に訳出している。

入れ墨をしたひとたちが
やってきて僕に従わんことを。

サハラ砂漠で。
　［x］。
　　オアシス

……………………
……………………
……………………

皇帝（アンプルール）になりたい
翼ある惑星たちの

八月二九日

「立派な放蕩の罪深い魅力で……」

1

立派な放蕩の罪深い魅力で
僕はさまよう、僕の星に思い悩みながら
僕の魂のなかでは　刑に処された神がすすり泣いている
かしいだ十字架のうえで

灰色の陰気な染みが列になっている
雪のように白い［x］のうえに
泣いているんだね、神よ　僕が放蕩者だから
灰色に染まった僕の魂のなかで

僕の魂は街のように放蕩者だ
多くの寺院や教会がある

九月一〇日

2

僕は純朴で、善良な農民だ！
暗い夜々も、光に満ちた日々も　ずっと
僕は〈美しい女〉[a]の顔を夢見た
神秘的な二本のろうそくのあいだで

~~そしていなとき~~
~~そして突然点を付された最後のもの~~
奇妙な点線を引かれて
［十本ほどの？］灰色の線は終わるだろう……
上り道で　僕はすれ違うだろう
ロシア人アレクサンドル・ブロークと
僕は彼に嘆くだろう
〈美しい娘〉を待つ辛さと
~~辛さ~~僕の見た彼女の見事な顔の夢を

九月一二日

〔別の断章〕

夢は歌っていた　相変わらず　より優しく神秘的に
彼女、輝かしい〈花嫁〉のことを
靄のなかで　僕は難解な謎を解いていた
彼女の国への光る道を探して

~~そして解けない謎が~~
~~若々しい頬のバラ色を消し始めたとき~~
謎が解けたのはようやく朝のことだった
…………のとき
そしてアレクサンドル・ブロークが夢に現れた

~~〔輝かしいブローク~~
ああ詩人よ　言ってくれ——彼女は僕らのうえに住んでいる
~~君は〈彼女〉の古い痕跡を見つけた~~君は〈彼女〉を見つけた　詩人よ……
ブロークは音を立てずに唇を動かした
そして僕は聞いた　~~雨意を~~大きな「否（ノン）」を

否！　天に〈輝かしい婦人〉はいない！

（a）　アレクサンドル・ブローク『貴婦人の讃歌』が典拠である。

~~天にはいない~~なぜなら天はなにものでもないからだ……
生み出された神はなにものでもない
天には〈貴婦人〉の痕跡はない
彼女は地上にいる
そして詩人は撫でた(a)」

夜明けに　彼は僕に会いに来て
〈婦人〉は地上にいると言った。
〈婦人〉は謎であり
~~そして彼女の光の輝きを探し求めることだと~~
そして存在しない彼女を思い悩むことだと

（a）取り消し線の下にある。

「あなたが愛してくれるのが恥ずかしい……」

あなたが愛してくれるのが恥ずかしい
僕はこんなにも醜いから

君は　口づけの女王
黒のローブ・モンタントを着て

~~ああ殺してくれ　心臓を引き出してくれ~~
~~すべてを摑み　僕を苦しみで打ちのめしてくれ——~~
~~僕は恐い　この空っぽの迷宮で~~
~~青白い［×］に口づけするのが手手首~~

すべてをまき散らせ、すべてを地面に投げ捨てよ！
僕にはいかなる真理も必要ない——
僕はこの空っぽの迷宮で
君の青白い手首に口づけしたいのだ

女王、ああ僕の女王
~~母をどうしたら、大地を　惑星を~~

この世界で　僕に必要なものはなにもない
君の顔のほかには
鳴り響いている――
君のリフレインの思い出のほかには
そう、この顔を前に――君を前に　火を灯すことのほかには
君の顔を前に　ランプに火を灯すことのほかには

僕は知らない
微笑みも、ひらめきも、怒りも
でも僕は泣かないし思い悩むこともない
女王、ああ僕の女王
君が生きている姿が見たい

ああ、ランプはくたびれ果てた火で光っている
そしてリフレインは疲れ果てて響いている――
ああ僕の女王、息が詰まりそうだ！
息が詰まりそうだ、ああ僕の女王

僕の偶像に命をもって欲しい
君が生きている姿が見たい
ああ僕の女王、僕の神――

僕は君の聖画像に口づけする
~~そして歳月——あの空っぽの迷宮~~
そして歳月——空っぽの迷宮

「麦わら色の底に……」

大洋の~~青い~~麦わら色の底に

巨人たちは建てた
大理石の宮殿を

光のロープが
そこに無気力に入り込んでいく――
美しい夜がそこでは揺れ動いている
灯明のエメラルド。

水面で
闇と嵐が歌うとき
揺るぎなき~~緩慢さと永遠の尺度~~もののともに
鐘が鳴る
鳴る　~~失われたひとたちの思い出に~~
~~鳴る　立ち去ったひとたちの思い出に~~
~~そして近づいてくる重苦しい空気が~~揺れながら
破損した船たちが

そして進んでいく　迂回せずに
~~錨もなく~~
~~舵もなしに~~
そして舵は急ぎ進む
~~いまだ航行したことのない街へ~~

~~そして静かに　歌もなく、嘆き声もなく~~
~~たどり着くのはただ~~
~~そして舐める~~波の生ぬるい腕が
疲れた橋を撫でる
ただ一つの歌も、ただ一つの嘆き声も　響いていない
ただ　白い沈黙が　ひたひたいう音。

~~あなたたちはあまりにも憔悴して　疲れておいでだ~~
~~お前の街はなんと気持ちのいい天気~~
~~麦わら色の街で~~
~~だが穏やかに~~麦わら色の街で　喜ばしく
傷ついた船には

「それで……？[a]」

それで、もし強欲なひとたちや、下品なひとたちがいたら？
それで、もしひとびとが悪人だったら？
人間の大いなる苦しみは
人間の罪を贖うのではないか？

酔いどれの首都の放蕩のために
この怪物じみた獰猛な放蕩のために
僕は聞いた　病院で人間たちが
外科医のメスの下で呻くのを

僕は肺結核患者たちの咳に耳を傾けた。

それで、もし神が刑に処されたとしたら？
僕らは一〇人ずつ十字架にかけられる
真っ赤な〈東〉が明るくなるだろう
そして人間たちは楽園に入るだろう。

（a）一九二四年二月一四日の招待状の裏面に書かれている。

「あなたは僕を哀れんだ……」

あなたは僕を哀れんだ、貧しい子を哀れんだ
色とりどりのカーニバルを赤い手すりから眺めながら
あなたは優しく　小さなスミレを僕に投げた
あなたは僕を愛していなかった、僕はあなたを狂おしいほど愛していた。

僕はあなたになにも贈らなかった　ほかのひとたちがあなたにプレゼントを贈っていたから
~~僕はただ軽く微笑んだ~~ただあなたを見つめていた
静かに　誰もあなた~~に微笑んでいなかった~~を静かに見つめていなかったから。
僕はあなたを狂おしいほど愛していた、あなたは僕を愛していなかった
うわのそらで　僕はスミレを　コートのボタン穴に結んだ

一九二四年三月七日

「僕は褐色の手のミラを呼んだ……」

僕は褐色の手のミラを呼んだ
イタリア女、僕を愛してくれ！
リラをもう聴きましたか
僕のミラが弾くのを
~~そして敬虔な恍惚のうちで~~
僕は知った　無作法の高慢を
なぜなら僕は厚かましく失礼だったから
~~そしてはじめに~~僕は褐色の裸の肌を撫でた
真っ赤な唇の輝きに魅せられて

僕はなにも恐くなかった
僕は有頂天になり、愛し、有頂天になった
月の船はもう遠ざかっていった
酔った僕の　酔いが醒めたときには[a]

2

遠ざかる船の

オールでゆっくり持ち上げられる水を前に
疲れた僕は　彼女に金を放った
彼女がくれた愛のために。
~~すると金貨が落ちた~~
~~沈黙した弦たちの隅に~~
すると金は突然触れた
片隅で忘れられたリラに
そして弦が~~長く~~響いた
~~嗚咽する~~暗闇のなかで濁った垢だらけの薄暗がりのなかで
弦が響いて　黙った
~~太陽が垢だらけで上ると~~
だが僕の腕のなかで
泣いていた　長く、とても長く
僕の哀れなミラが

——

~~ああ、僕は無実だ。僕は知らなかったのだ~~

（a）　第一部の異文が取り消し線の下にある。「僕は褐色の手のミラを呼んだ／イタリア女、僕を愛してくれ！／そしてリラをむせび泣かせた／褐色の手で／もう聴きましたか、／僕のミラがリラを弾くのを／／そして弦が／震えるのをやめたとき／僕は撫でたくすんだ優しさ／小さく繊細な手の／僕は彼女の真っ赤な唇の憂鬱を味わっていた／そして喜ばしき　彼／明け方には僕は忘れ、愛し、有頂天になっていた／月の船が出航し　もう遠ざかっていった／酔った僕の　酔いが醒めたときには」。

~~しといふことを~~

一九二四年三月［二一x?］日

「疲弊した土地のうしろに国がある……」

疲弊した土地のうしろに国がある
そこでは毎日奇跡が起こる
春にそこに入るのが許されるのは
まだ微笑むことのできるひとたち

僕はよく知っている——あなたがこの国を夢見たことを
なぜなら僕らの街は狭苦しいから
なぜなら春が訪れたから
そして　あなたは二十一曲目を歌っている……

ああ、紫色を帯びた御しがたい春を前にして
夜明けより先に曙光が注ぎ込むことを
開けよ　お前の眩んだ眼を——
お前の足はこの秘密の国境を踏む。

一九二四年三月三〇日

「永遠、ああ永遠……[a]」

永遠、ああ厳かな永遠
僕の人生は短い
若さ――一瞬のこと！
永遠よ、~~お前は~~ああ星空
人生とは過ぎ行く雲にすぎない
若さ　青白い娘

若さとは青白い娘だ
彼女の眼は青い
そして彼女の話は支離滅裂。

娘の青白い若さ
僕は夢見がちの少年

四月一三日夜

（a）　一九二四年四月八日の招待状の裏面に書かれている。

「その日は灰色でくすんでいた……」[(a)]

~~罪人を哀れんでください~~
その日は灰色でくすんでいた
ああ　この呪われし者の［裁き手たち？］。
~~僕は忘れていた五月~~［x］。
　　　僕は［x］を忘れていた
ちょうど四時一五分が鳴った
あなたを愛するのをやめたときに

小さなリューバの
きらめく光輪は　靄で覆われた
天から、彼女の白い眼から
灰色の雨が落ち始めた。

~~もう~~今は誰とも近くない
ああ、なぜこの春の日に？
庭はペルシアライラックでいっぱいなのに

（a）一九二四年四月八日の招待状の裏面に書かれている。

ああ、ペルシアライラック！

　　　　　　　　　　~~僕は・をもや~~〔～した〕

~~僕の近しい~~ 僕の小さな子　僕の乙女子
~~僕のきらめくひと 僕に口づけをしにおいで~~
~~僕の方へおいで 僕に口づけをしに［x］するのはおやめ~~
その小さな手を貸しておくれ
~~僕は笑っていた~~ なぜお前は［x］——これは茶番だ
~~僕のきらめくひと~~。僕は笑っていた、僕は愛していた。

四月一四日

「僕の優しさを注ぎたい……」

僕の優しさを注ぎたい
このライラック色の眼の蒼白に

この優しさ——忘れられた子猫
僕の薄暗い魂の片隅の

地上では　まぶしい太陽
そのせいで眼が痛い
僕はとても獰猛だ

この地上ではなにも見つめない
僕は君のライラック色の眼のなかを見つめる
~~このライラックは~~
この地上ではなにも見ない
君の眼しか見ない

四月一九日

「僕は死ぬだろう……」

［女性の口づけ］を思い出しながら
そして火
僕は死ぬだろう　　　　　［x］
ぼやけた街灯の下で
朝　生気のない僕が見つかる
僕は病室に運ばれる
逆立った日よけの下
陽光は嗚咽を漏らす
僕は一人　霊安室に残される
死んだ僕は　相変わらず同じ夢を見る。
［x］できた青い日よけ
これが僕の青空だ

それから彼らは［x］のように開ける
蠟でできた僕の身体を
すべきかいなかにかかわらず
彼らは僕の頭蓋と脳を切る

欲望と［力？］がまどろんでいたところで
彼らは切る――すべては明るみに出ねばならないのだろう
そして冷たいピンセットは達する
あんなにも愛したこの心臓にまで

死んだ僕は乱暴に叫ぶ
僕は叫ぶ　そして復活する。

五月四日

「街灯が点滅していた……[a]」

ガスの街灯が点滅していた
曲がりくねった僕の住む通りで――
~~僕の 暗闇のなかで一人の男が僕に示した~~
~~それから喪服を着た誰かがあとで僕に[×]~~

~~そして風[×]、街灯[×]~~
暗闇のなかで一人の男が僕に囁いた
闇夜だよ、誰もいないよ、と――
~~街灯[×]炎が揺らめいていた悲しげに揺らめいていた~~
真っ赤に紅をさした唇のうえで。
~~片隅~~隅では小さな猫が鳴いていた
僕は夜を聴いていた
僕の魂から離れた片隅で。
~~僕は身を屈めた そして[色?][×]~~
~~[×]そして[×]~~
~~そして ある この その反射光~~
僕は身を屈めた 僕を呼ぶ真っ赤な表情の方へ ~~すべては 混濁~~
~~[した~~

~~街灯が夜を揺すっていた~~
そして街灯は揺れていた——
~~〔×〕の~~青い薄明かりのうねりのうえで
時計台は三時を鳴らしていた。

〔そして突然声を〔信じて?〕　街灯のせいか
夜の波のなかで混濁した街灯の踊りのせいで
街灯の火が灯った　でも僕は見た
僕は空飛ぶオランダ人のヴェールを見た
そして誰かが僕に囁いた——お前は死んだと
そして突然街灯の火が灯った　僕の目の前で　そして突然
そして反射光だったろうか　放射光

でも瞳　でも僕に　我を忘れて僕は
見ていた　オランダ人の、空飛ぶひとの
謎めいたヴェールを——彼女のなかに
彼女のなかに、彼女の眼に入り込みながら(b)〕

そして反射光が

（a）前出二五六頁の「春」、および後出四二二頁の「僕の身体は歩いていた……」の詩と関連があるかもしれない。
（b）取り消し線の下にある。

薄暗い眼のなかに入り込んだ
オランダ人の
謎めいたヴェールが　ぞっとするほどにそこで光った
そして誰かが僕に囁いた――おまえは死んだと。

五月一一日

「僕の聖域で……」[a]

~~まだ埃がまどろむところ~~
~~濃い[x]~~
~~雨じくらいの溶けた[x]~~
~~降りた~~

~~昨日~~
僕の聖域で
~~聖画像の前で~~
僕は昨日火を灯した~~神々に~~
長い蠟燭に
黄色い蠟燭に

~~まだ濃い埃。~~
~~人気のない角。~~
そして
人気のない角で

（a） 後出三七七頁の「ああ　いじらしい風……」と同じ紙に書かれた詩。

~~鋲のうしろの家々~~
~~降りた~~行った
ただあなたはまだ~~生きている~~のですか
~~私の　あなた　あちらの神々~~

~~人気のない角で~~
~~沼地の向こうのお前の寺院で~~
~~靄と埃　そして［×］埃［×］~~
~~思い悩む　お前は~~
~~喜ぶ　お前は　僕の静かな~~
~~［×］静かなる我が神よ~~
~~――僕は鋲を緩めた。~~

~~［××××］~~
~~［×××］~~青い闇
お前はまだ答えるのか？
我が古き神よ
僕は昨日火を灯した
長い蠟燭に
黄色い蠟燭に
お前の聖域で
そして内気な者たちのなかで　~~そして内気な者たちのなかで~~

お前の声
声 僕は
優しく
お前は僕に見せた
お前の顔は

揺れていた 闇が。
そして〜の お前 灰色のキッテルのなかのように
幽霊は消えた。
髪を［x］するに任せて。

火花が花開いた 濃い［x］
そして静かに僕は死んだ 身を屈めた
お前の住まいに 頭上の

囁き声のもとで 謎めいた呟きが
お前の〜の
優しい声の ゆっくりとした囁き声 のもとで
お前の声のもとで——

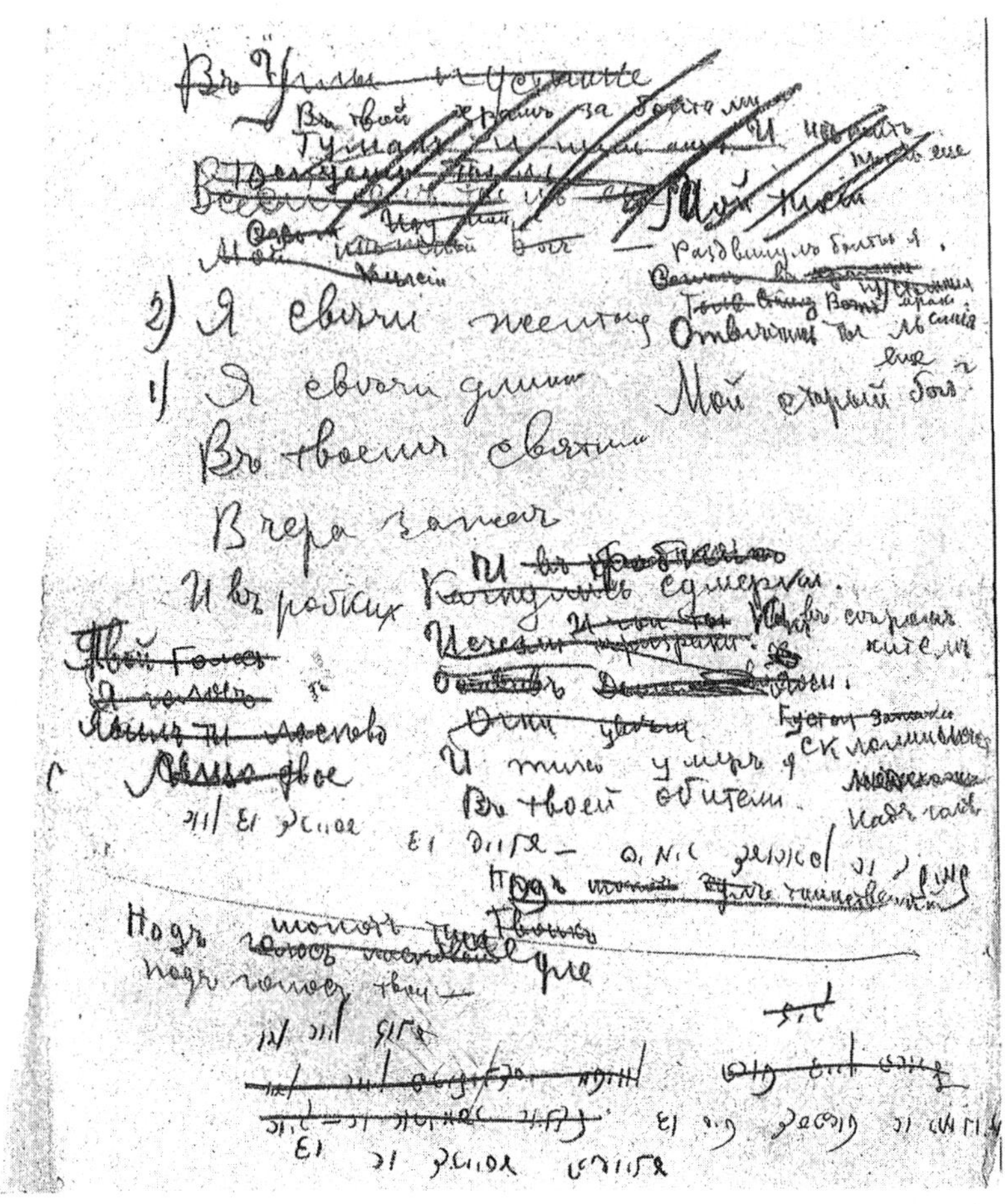

図28　ここに転載するのは紙 LVN 031–02–124 の一節である。そこには，ロシア語で逆方向に書かれた行の行間に，一つ目のイディッシュ語のテクストがヘブライ文字で書かれている。このテクストは次のように述べている。「お前 偉大なる お前 美しい女／お前は僕に小さな花を放った」。イーヴォ（YIVO）の規則に則って翻字したイディッシュ語は «*Un du groyse du sheyne / S'mir gevorfn a bliml*» である（«s'» は «host» の母音省略と解釈）。この節および次節の翻訳および転記は，パリ・イディッシュ文化会館出版部門の責任者エヴリーヌ・グリュンベールの得がたい協力に負っている。同じ用紙の末尾にも二つ目のイディッシュ語の節がある。翻訳は以下。「お前 偉大なる 美しい女／お前は哀れんだ／とき 太陽に」。転記は以下。«*Du a groyse a sheyne / Du s't gehat a rakhmones / Ven in zune*».（«s't» は «host» の母音省略と解釈）実際には «*groyse*» ではなく «*greyse*» と書かれており，これはリトアニアのイディッシュ語発音に対応しているが，標準的な正書法にはかなっていない。一方，«zune»（太陽）はおそらく脚韻のために用いられたドイツ語語法である。イディッシュ語では «*zun*» という。

「ああ　いじらしい風……」

ああ［x］風
ああ　いじらしい風
ああ　愛情ある囁き
ああ　~~静かな喜び~~晴れやかな悲しみ
僕の魂のなかの

僕は物語を追い求める
避難所を探して
粉雪のうえに
白いブリザードのなかの

若さには優しさがある
~~優しさは意味を欠いている~~
~~森の囁き　静かな朝~~　空のように
夜明けの色で飾られた
~~〜がある　騒音と喧騒の背後には~~
そして喧騒のあとには

~~そして騒音のあとには~~
~~小さな寺院のなかで~~
~~終夜灯が~~
~~静かに輝いている~~

今日僕は優しい気持ちだ——
~~今日僕は見た~~
白い物語のなかで
見晴らしのよい道を辿りたいものだ
粉雪のうえを歩きながら

ああ　雪に覆われた世界
ああ　愛情ある囁き
ああ　晴れやかな悲しみ
僕の魂のなかの

~~僕らは~~
薄暗がりで
僕らには音楽が聞こえる
遠くの見えない翼の
その羽ばたきが僕らまで届く

——に降りた
僕はなんという幸運を生きたのだろう

「若い娘が……」

若い娘が部屋に入った
黄昏の微光が　逆立って漂っていた
若い娘の眼は輝いていた
部屋では　父と母が彼女を待っていた。

父は娘を見た
彼女の潤んだ輝く眼を
そして考えた　きっと今日
~~誰かが彼女に~~　彼女が愛の告白を受けたのだと

~~静かに輝く彼女の眼~~
~~悲しみで~~
なぜなら眼が囁いていたから
~~このような新しい奇妙な~~難解な秘密を
~~喜び、恐れ、悩みに~~　悲しいはぐれ雲についての
眼
~~[×] についての、[×] 死についての。~~
朝の青白い空のなかの

母は娘を見つめていた
闇~~をかすめる~~闇のヴェールに覆われた眼を
そして思った　今日
娘ははじめて口づけを受けたのだと。

なぜなら　輝きのなかに垣間見たように思えたから
雷鳴と雷雨の約束を――
無言のはじめての口づけが
遠くの雷雨に火をつけるときの

だが　若い娘には守護天使がいた
これ~~を見た~~に気づいた者は誰もいなかった
なぜなら天使たちが暮らすのは　天と
一八歳の若い娘たちの魂のなかだから
さて　この若い娘の守護天使
彼だけが　真実を知っていた
彼は知っていた　今日はじめて――
若い娘は裏切られたのだと。

一九二四年五月二三日

「生きるとは、夜まで居続けること……」

六月一八日

~~聞きなさい――生はあてにならない~~
~~生の眼は緑色~~
~~お前　主~~
生きるとは、夜までソファーに寝そべって居続けること
~~雨戸を閉めてから~~
ブラインドを下ろしてから、思索にふけり、夢想の断片を見ること
夕べ　黄昏時が過ぎれば　部屋に月を入れてやること
そしてテーブルに頭を載せて座らせてやること

夜

開いたままの本に囲まれて――開いているが読んではいない本の
身震いすること　[x]　噓つきの眼を見ながら
~~〜を嘆くこと~~

「かつてあったことを忘れよ……」[a]

~~すべて~~　かつてあったことを忘れよ
~~酔った~~　失われた嘆かわしい言葉たちが。
口づけをしておくれ　兄弟のように
彼の頭が苦しませる
~~僕は路地に迷い込んだ~~

部屋の雨戸を閉めておくれ
暗色のブラインドを下ろしておくれ
~~テーブルのうえの~~白い蠟燭を灯しておくれ

六月二一日

〔　~~ナピュレ~~　セザール一章
文学〔　カチュール一〇行。
　文法一章[b]〕

（a）　一九二四年六月の日付の請求書に書かれている。
（b）　余白にある。

長い間見つめておくれ
窓から遠くを讃えておくれ——
出発間際の太陽に微笑んでおくれ——
言っておくれ——あなたは疲れていると
人生は辛い

〔　　(1)章
著者　　〔(1)〔文法?〕
　　歴史
　　章(a)〕

(a)　余白にある。

「僕は岩石の島に流された……」

僕は岩石の島に流された
泡の音楽に迷わされ。

毎夜　僕は灯台に行き
塔に火を灯す。

僕は待つ　海を行く船と
僕の秘密を握る船長を

僕は祖国の便りを待つ。

船よりも、便りよりも
僕は秘密を握る船長を待っている。

火は海をくまなく見渡している。

船は通り過ぎていく。
止まらずに通り過ぎていく。

九月二〇日

「僕には魔法の杖がある……」

1

僕には魔法の杖がある
サモスの王たちの扇子が
僕には予言するカラスもいる
古枝でできた黒い籠にいる

ああ、僕には分かる、君は知りたいんだね
~~〜になるもの~~
君に運命づけられたひと、婚約者の未来が
僕には君のための予言者がいる
黒いカラスだよ、籠にいて賢い。

~~ああ、僕には分かる~~
~~歳月に忘れられた 靄のかかった遊歩道 円錐~~
塔のなかで ~~暗闇の街~~ 薄暗い島で
~~君の顔に向けて扇子を動かそう~~

なんて靄がかかっているんだ　君の微笑みは
~~ああ、僕には分かる~~

微笑む仕方を教えてあげよう
サモスの主君の扇子で

カーテンが引かれて　薄暗い~~閉ざされた~~この円錐のなかでは
君には陽光の矢も~~見えなかった~~聞こえなかった
主君の王杖で壁を触れてごらん
暗い［円錐？・］が焼き尽くされることを

2

~~ああ~~
なぜ僕は自分の魂を苦しめたのか
こうして君の運命を口ずさむことで
でも君自身も見抜いている　僕のなかで
穴の空いた管を　風がざわざわ言うのを聴きながら。

〔付け加えたかった――風が吹いている〕(a)

〔ああ
この風が
君の薄暗い部屋に入った
そしてこんなリフレインを歌った
ひとは［x］微笑みを知った
そして陽光の矢の狂気を
そして微笑みを
君の石の円錐は焼き尽くされた〕(b)

この［x］［勝ち誇った?］風は
僕の焼けるような涙のなかで
聞いたことのない微笑みを学んだ
エメラルドの城に運び去った

国のない、祖国のないこの風が

(a) 線で囲まれている。
(b) 取り消し線の下にある。

~~僕は見者の　予言者の　巫女のカラスと行く~~
~~サキスの王たちの扇子を手に~~
森を揺らす。
~~お前は~~　あなたは僕の予言をはねつけた
あなたは僕の奇跡を必要としなかった

九月二五日

「女王たちが夢見るのは僕ではない……」

~~ああ、戯言はやめだ~~
僕ではない
刺繡枠のうしろで　女王たちが夢見るのは
ああ、僕はただの盾持ちだ
~~中い~~［x］指をした騎士の、

~~僕の奴隷の眼は彼の盾に釘づけ~~
~~細いのなか~~
僕は奴隷だ
彼は僕の心を閉じ込めた
細く白い指のあいだのように。

~~そして太陽~~
~~僕には太陽が見えない~~
~~僕には金色の太陽が見えない~~
~~太陽 見えない~~
僕は眼の穏やかさを知らない
あの太陽の眼、女性の眼の穏やかさはもっと知らない

それらの愛し方を知るのは彼だ
~~彼だ、彼だ~~　女王の騎士
望まずして
~~彼は出発した~~
~~僕は彼の後に続く~~
~~彼は出発した~~
彼は十字架とともにパレスチナに出発した

切れ味が鈍った

「称賛の歌が響いている……」

1

称賛の歌が響いている――
歌の、太陽の、星の海
僕は跳ね橋を降ろす
魔法をかけられた僕の城の

2

僕は君を部屋という部屋に連れていく
僕を所有する君――
小さなドアや大きなドア
廊下に曙光

3

家具にはなんと多くの金

天井には窓にはなんと多くのダイアモンド——
君は地上にいるの、天にいるの
それとも　男の魂のなかに？

4

僕は僕の〜に座っている
僕は泣いて　祈るだろう
そして君の穏やかな眼差しを探すだろう
僕には、特権がある
僕は、中世の君主なのだ

5

ある日　君はいなくなる
城のなかで、青い心のなかで
廊下で　君はいなくなる
そして片隅に迷い込む。

6

君は閉ざされたドアを見つける
ああ、君よ、愛するひと
君はツァーの妃。僕は愚鈍な奴隷
僕の城は　君にあげた

7

でも　この閉ざされた最後の部屋の
鍵はあげなかった
そこは　僕が寄る辺なく隠れたところ
城を君にあげてしまったから

8

専用のこの部屋で
僕は夜通し泣いている
魔法のかかった夢に縛られて
穏やかに君は　静かに眠っているのに。
~~僕は、君の奴隷　僕はすべてのドアを開けた　僕は解錠した~~
~~すべては君に開かれた。~~

でも~~ただ一つ最後の部屋の~~
~~君にはあげない。 あげない~~

9

だめだ、通り過ぎてくれ、通り過ぎてくれ、 ~~つま先立ちで~~ 愛するひとよ！
このドアをノックしてはいけない。
~~〜がある 心のなかには 施錠されたドア~~
~~誰もそこには~~
この最後の部屋には
愛するひとでも押し入れない

10

贅を尽くした部屋には金があふれている
細長い部屋には光があふれている
でも閉ざされた部屋、むき出しの一間では
~~十人 泣く 僕の偉大な神~~
~~〜はない~~ なにも動かない

一一月一三日

〔ハヤブサ〕（断章一）

隠れているところ　~~鳥が　巨人が　半神が~~
~~すぐに　途方もなく~~凍った［x］大洋のように
そして~~それらに~~水を飲ませながら~~大洋~~それは際限なくすすり泣いていた

あちらの高地では　太陽が放っている
狂気と力の矢を――
なんと素晴らしき極地のハヤブサ
なんと広大なる　お前の褐色の翼

〔　　　　　　　　［x］
海岸の［x］
近寄りがたき岩の
なかのあばら家
白髪交じりでもなく　折れもしない［x］
風たちの野生の歌
太陽は光線を放つ
あばら家　すべて揃った［x］

[x] あばら家――一人の皇帝（ツァー）
なんと力強い
なんと野性的なことか　近寄りがたき海岸の岩たちは
～のように　海辺に吊るされた断崖のうえに
猛り狂う旋風が [x]
[ハヤブサ?] さえも。
そして誰も(a)]

(a) 垂直に書かれ、取り消し線が引かれている。

〔ハヤブサ〕（断章二）

彼は［この?］塔から飛び立つ
［xx］の近くで押しつぶされに
近寄りがたく　岩でできた恐ろしい
海辺に吊るされた断崖のうえに。

〈オオカミ〉〈オオカミ〉

~~海辺に吊るされた断崖の~~
~~岩でできた恐ろしい高所に~~

彼は~~水晶の~~塔から飛び立つ
~~彼は雪の城から飛び立つ~~
~~彼は塔の遠くに飛び立つ~~

海辺に吊るされた断崖の
近寄りがたい岩のうえに
彼は巣をつくる

「お前は打ちひしがれて数世紀を過ぎ行きた……」

1

お前は打ちひしがれて数世紀を過ぎ行きた
そして今日お前は死んだ
水晶の柩が揺れている
この輝く柩のなかに　お前は横たわっている

近くにいるのは　お前の一二人の
輝かしい王の子息たち
僕はひどく笑い出したい気分だ
~~でも僕は恐い　なぜなら~~　お前の静かな顔が僕にはとてもおかしい。
~~下げて~~
うやうやしく膝を折って
王の子息たちは~~静かに~~黙ったままで
~~しだろうか~~　僕の夢のことはなにも知らない
お前の輝かしい夢のことは

お前は人気のない数世紀を過ぎ行きた
~~数世紀のなかで~~　夢の数世紀のなかで　お前は僕に現れた
僕ははじめて見た　アテネで
~~お前の眼の果てしない憂鬱を~~
眼のなかのあの臆病さと情熱を

それはサッフォーが歌を創る
ペリクレスの時代だった
お前は~~こうやって~~狂うほど撫でるのが習慣だった
~~疲れて~~
［xx］熱い胸を

2

僕は巨大なガレー船に乗る奴隷だった
奴隷を慰撫する者はいなかった
悲しげに　お前は口づけをした………………
おずおずと彼女を愛しながら……
忘却のなかで疲弊した僕は
遠くになにも見えなかった
悲しみの網と［x］のなかに

お前の白い手が見えた

お前は思い悩みながら数世紀を過ぎ行きた
スペインでお前に会った
諸王や騎士たちが
土地へ、聖なる土地へ旅立っていたとき。

ああ、覚えている、お前は悲しげに見つめていた
十字軍が靄のなかに旅立つのを
お前は彼らのなかの一人にため息をついていた　彼らは輝かしく、
残忍な情熱を抱え　眼のなかは乾いていた

お前は　大国スペインの娘

……………

3

微笑みよりも優しい魂をもった僕は
［x］で弱い民の人間だった
僕は聖地には旅立たなかった
僕はその地に十字架を運ばなかった

僕はお前の靄を思ってすすり泣いていた
あの残忍で情熱的な眼
僕は嘆いていた　お前の白い眼を
そして僕との愛の終わりを

お前は打ちひしがれて数世紀を過ぎ行きた
そして今日お前は死んだ
水晶の柩が揺れている
この柩のなかで　お前はとてつもなく輝いている
［でも？］僕はあまりにも笑いたい
だって　僕はお前に会うだろうから、会うだろうから
王の子息たち　泣くのは一二人
だが真理を知っているのは僕だ

一九二四年一二月一九日

［一　僕は最後にお前に会うだろう
［x］で　そこでお前は…
二　僕は見つめた　～がどうだったのか
……………………

でも僕は知っている　これが僕らの運命だったこと――
お前は過ぎ行くこと……
僕のなかに見たらいい　お前の奴隷を。[a]」

（a）　切り離された紙にある、この詩のメモ。

「ああ、僕には少女がいた……」

ああ、僕には少女がいた
~~緑の小さな家に~~
赤頭巾をかぶった少女
[x] ~~緑色で静かな小さな家~~ 棄てられたイズバのなかに
~~君の話をしているんだよ~~ 君のことを考えている……

~~小さなイズバ 緑の~~ たわんだイズバの近くの森
~~[x] 暗い森~~
~~青い―と~~ 君は森に旅立った ~~僕を忘れて~~
~~[x] 暗い森~~
僕の優しいひと 僕から遠く

赤頭巾は出会った
~~森のなかで~~ 大きな灰色のオオカミに――
覚えているかい ~~どうやって僕らが会っていたか~~ どうやって僕らが
出会ったか
~~陽のあたった歩道~~……
~~赤頭巾~~ 少女は森を走り抜ける

街では春が泣いていた
~~オオカミが彼女を捕まえる~~　オオカミが怯える彼女を追いかける——
~~覚えているかい　どうやって僕が~~
~~[×]　恐れのなかで~~　森のなかで
僕は金髪の三つ編みに口づけをした。
僕の柔らかな赤頭巾
~~君は森で迷った~~　君は濃い林で迷った
~~棄てられたイズバで僕は~~　僕は凍りついたイズバで泣いている
~~僕はたわんだイズバで泣いている~~
~~僕は物語を書く~~　君のことを考えている……

一九二五年一月一一日

「僕は生に捧げられている……」

なにをなすべきか？　僕は生に捧げられている
僕の哀れな——だが生は暗い

僕が創造されたのは　静かな若い娘たちが〜するため

~~僕はまどろむ~~——遠い昔のこと、世界がまだ創造されていなかった時代——~~ただ海だけがなにもなく、とき~~
ただ神だけが雲のなかを通って行き、永遠の星々が輝いていた。
~~これは~~　僕には翼が二枚あった
そして　~~ただ僕は見ていた　忘れられない~~　永遠の歌——
~~［見事なる］~~のように　［x］についてのすべて
~~僕には翼が二枚あった~~
~~僕は見ていた~~
~~雲のなかの水のうえ~~
~~〜によって。暗闇のなかで~~
闇のなかの［暗い？］水のうえ
風のなか
星々の震えのなか

でも　もう動いていた　血が、草が、風が
~~僕には翼が二枚あった――~~
~~ああ　なんて君は幸福なんだ　ああ精神よ~~
~~なぜなら　遠くは底なく　光り輝いているから~~
~~底がないのは　光り輝く思惟~~

鐘が鳴っていた
まだ建てられていない鐘楼の

~~ああ　空間よ――ああ　永遠の星々よ~~
~~でももう~~
空間には愛が響いていた
まだ創造されていない人間の
トランペットが轟いたとき
語が発せられたとき――

~~僕は島で目覚めた~~
僕は広い街で目覚めた
~~僕は迷った~~

一月三一日

「僕の魂は海のように深い……」

1

僕の魂は海のように深い
青い波の向こうの夕日のように美しい。
僕はたくさんの物語を見てきた　陰気な眼のなかに
湿って靄のかかった夜の薄明かりのなかに。

エルフが僕らに物語を歌う
海の向こうにアマツバメが飛んでいる
イルカが北からやってくる
セイウチは白い泡のなかに

海の向こうで　太陽が放つ
怒り狂った光線を　ふんだんに
世界では　大地の泡が動いている
セイレンの眼が輝いている。

どれほどの叫びが、情熱が、［x］が
どれほど多くの喜びが　僕の心のなかに
暗い～のなか　広い街の灰色の埃のなか
行き止まりの路地の奥に
僕は運ぶ　ほら僕は　未知の海を運ぶ
そして金色の国々の不思議な品々を

2

でもこの重苦しい闇がある
僕の海が暗くなるとき
僕がすべての死者を嘆くとき
立ち去った者たちを嘆くとき。

僕は狂ったように嘆く、立ち去った者たちを
岩がぶつかり合う
青い海のうえ　波が　巻きついては
開いていく
それから僕は靄のなかに旅立つ
巨大な古き岩々の方へ
暗い闇のなかに

僕の海が怒り狂うのを聴く。
闇で［天が暗くなる／泡が暗くなる］とき
緑色の眼が輝くとき
この世界により恐ろしいものがあろうか
人間の魂の猛りほどに？

3

~~僕の心のなかには‥がある~~
奥底にはたくさんの財宝がある
数世紀来の沈んだ船たちの——
死んだ祖先たちの物語はすべて
僕の海の底で見つけ出した。

~~ああ 伝説よ、ああ~~
怪物たちが脇を通り過ぎる
僕の富に触れることなく——
この富のなかには まだ一つの財宝がある
シンプルな鉄製の鍵——

それは君。古い塔から
君は僕の海を見つめていた
泡が伸びていたとき
波が曙光を嘆いていたとき

君はすべてを箱にしまいこんだ
真夜中一二時の鐘が鳴るとき
そして鍵を海に落とした
いまその鍵は　僕の心のなかに眠る

二月七日

「ああ　僕の妻……」

ああ　僕の妻、~~ああ　僕の妻~~
~~今日僕は夢見た　君の［×］手を~~
君は　僕の日々の悩み
君は　高さのある小さな家で
ウェディングドレスに刺繍をしている。

ああ　僕の輝くひと
春ごとに　君に詩を書くよ
毎夜　君の白い手を夢見るよ
でも僕は　君の顔を知らない。

ああ　僕の親しいひと
僕はどの若い娘も君と取り違える
そしてくたびれた口づけをたくさん与える　むなしく
でもそれは君の代わりなんだ。
~~おいで　僕の妻よ、僕の家のドアを叩いておくれ。~~
僕はあまりにも疲れ　幻滅した夢に酔っている

明日　市で　合図をおくれ　そして顔を見せておくれ
僕が死ねるように。

三月二一日

「古い書物は多くの秘密を隠しもっている……」

古い書物は多くの秘密を隠しもっている
くすんだ装丁のなかに　生が折り込まれている[(a)]

僕のうえには　青空が広がる
蒸留器は　灰色の汚い埃で覆われている

教会は　その疲れた影が　河に落ちるに任せた
セイレンたちが夜　祈りにやってきた。
暗い夜に　騎士がポーチを通って　立ち去った
王女は蠟燭を灯し　ひれ伏して祈った

白い雲が大きな輪のように通り過ぎていく
青い魚が緑色の河のなかですすり泣いている

僕の魂のなかに　無言の悲しみが生まれた
託児所、　隣では　［八人の羊飼い？］　が散歩している

（a）　「生は書物のなかに隠されているが、　生はそこで悲しく［xxxxxx］だ」と余白にある。

三人の王が彼女に立派なプレゼントをもってきた
僕の悲しみは　無言の夜明けが来る前に　刑に処されるだろう

一九二五年四月二九日

劇のために

〔いまだ歌われたことのない歌をつくる
今夜　僕は詩を書く
なぜなら夜が　なぜならモノが

僕は夜のなかに溶けた
透明な夜――詩

夜、ああ　深い眼をした女

世界は育っていく、僕は姿を消す
育っていくモノのなかに溶けて〕[(a)]

モノは隅にあった
静かに動かず――鏡はそれらを映していた　映しているとも知らずに
僕はモノのあいだを歩いていた、僕の褐色のベッドのカバーと、傾いた洋服掛けにかかったコートを触ってい

（a）取り消し線の下にある。

た。

すると突然僕は、人間の身体が部屋のなかを夢中で動き回るのを見た、その身体の内部では心臓が鼓動し、眼のなかでは奇妙な光が輝いていた。ある晩、駅に寄ったとき、同じような火を転轍手の手のなかに見たことがある。そのとき僕は、その火がなにを意味するかを考えた。いつも同じことだった。

そして部屋のなかを走っていた僕、カバーを触り、動かないモノを見ていた僕、この僕は死んだ。

なぜなら僕はモノのなかに融け始めたからだ。

僕は隅を占めていた古いタンスだった、そしていまそのうえで書いているテーブルだった。僕は僕の身体だったタンスの方から、テーブルの方から見ていた、誰かが部屋のなかを歩き頭がおかしくなるのを。

ヴェールで覆われた

僕は詩をつくる――僕の街が泳ぐ。

流れのなかで
僕の街は遠くへ行く
誰かが静かに街へ近づくだろう
そしてその眼にヴェールを投げるだろう
ヴェールで覆われた街は脇にそれる
僕の街は遠くへ航行していく

街は暗闇の空間を踏破する
周りにはなにも見えない
地上にいるのか　いないのか？
ただ動いていることだけは知っている
~~いま僕は頭を傾け　薄暗い庭に身を隠す~~
~~花々のなかに~~
窓に
~~いま僕は身を隠す~~

僕は半分まどろんで　窓越しに眺める
暗闇のなか　なにも見えない
ただ知っている　遠く脇にそれていることは
僕の街と一緒に　遠くへ泳いでいることは

ああ　僕の街、　ああ　僕の母　大地
時が翼で羽ばたくのが聞こえる
見えるものはなにもない、　なにも
ただ泳いでいる　~~情熱的な憂鬱が~~　静かな夢が

六月四日

「僕はすべてを与えた……」

かつて
魔法にかけられた世界があった。
消えた
僕はすべてを与えた――すべてを、見返りなしに
消えた
なにもない。ただ、のなかに そして青白い影のなかには
僕の魂のなかでは 刑に処された神がすすり泣いている
傾いた十字架にかけられて

僕は街の靄のなかに溶けた
僕は融けた
僕は雨のなかに融けた
僕は雨樋の暗色の雨のなかに融けた
僕は抱いた
僕は人気のない歩道の悲しみを聴いていた
ガスバーナーの光の青白さのした
涙にくれる僕の街

~~僕の街~~
~~疲れた身体~~
~~僕はそのなかに融けた~~

僕は街の靄のなかに溶けた
僕は暗色の雨のなかに融けた。それは僕だ
~~お前に中づけたのは~~ お前のために僕の街を撫でてやったのは、手に負えない僕の街を
蒼白の光のした、街灯の囁きのした。

古い、とても古い大聖堂のまえで
飛翔するお前のうえ 白い靄のように
僕は人気のない歩道の悲しみを聴いていた
僕は空っぽの広場の風を聴いていた
お前は女たちを~~雨のなかに~~夜のなかに放り投げた――~~頭のない~~ 壊れた人形のように
長いこと僕は彼女らを撫でた――~~夜は灰色だった~~ その晩は静かに雨が降っていた
こうした［静かな］夜に僕は彼女らを［x］
冷たく無言の僕の網のなかで
でも僕はお前を愛している――

一月二二日

「僕の身体は歩いていた……[a]」

~~星々よ、お前のヴェールのなかの星々よ~~
~~街灯のそばの喪服の女~~

僕の身体は歩いていた ~~そして~~ 暗闇に笑い興じていた
そして街灯のそばで倒れた
だが僕は遠くに、柔らかな空のなかにいた
僕の魂は雲にくるまっていた
~~［青白い］、のなか 星々~~
より高く、つねにより高く星々の方へ伸びていた
モノの微細な繊維のなかで脈打ちながら
あるいは それはほかならぬ お前の喪のヴェールだったのか
この身体の方に身をかがめた 通り過ぎる女？
星々よ、お前のヴェールのなかの星々よ！
街灯のそばの喪服の女

一九二六年二月~~十~~一四日

（a） 前出二五六頁の詩「春」および三七〇頁の「街灯が点滅していた……」の修正稿の可能性がある。

「僕は階段の前に立っていた……」

僕は図書館の階段の前に立っていた
僕は運動する街に戻った
路面電車のサイレンが叫び声の海を引き裂いていた
自動車のクラクションがうなっていた。

——

僕にはなにが起こったのか分からない 車道が
歩道の［磨かれた？］アスファルトと融合した
人々は暗闇のなかで僕と融合した
一方 空では 太陽が消えていた。
路面電車のサイレンが硬直した——すべてが沈黙した
僕は広い廊下に立っていた
眼の前になにも見ていなかった
無言の沈黙と 無限の 灰色の夜のなかには
闇のなかに僕と一緒のひとは誰もいなかった
まるで 神も母も僕を忘れたかのようだった！
なにも——ただ廊下の 目的地なき無限と

~~哀れな~~ 棄てられた子の僕だけが

~~奇妙なものが、小さな子どもの僕がいた~~

恐ろしかった、僕は小さな子どもだった

恐怖が僕を襲った。僕は無限のなかに一歩を踏み出した

そのお返しに 閉じた棺の奥底から

奇妙な音が僕の方までやってきた。

~~音 なにか~~

誰かが向こう側のあそこに隠れている

僕は僕の母と僕の神に棄てられた

僕は~~君の方へ行きたい~~ 君と落ち合いたい 君は僕に答えた

~~向こうの端の~~ 見えない君 奥で見分けのつかない君

僕は重々しい足取りで彼の方へ向かった

返事と出会いに飢えて――

僕はあの薄暗い棺のうえの 彼の方へ走った

お返しに聞こえるのは　いつも同じ音

急ぐと 音は大きくなった

ゆっくり進むと　静かになった――

音はすさまじい神秘で僕を引きつけた

魂は尋常ではない力で音の方へ突進した

走って　僕は突き進んだ

そして ~~暗い闇の~~ 充溢のなかに 全身でぶつかった

［x］

~~恐ろしい大きな壁に~~
廊下の突き当たりの壁に
そして 僕を神秘で引きつけていた音を聞いた
走り始めた方の角に。

僕はまた引きつける音の方へ向かった
そして最初の隅に戻った
またそこから走った
この暗く深い廊下のなかの
僕をすさまじい神秘で~~彼の方に~~引きつけていたこの亡霊
僕、暗闇に消えた子ども
僕は理解した、それはこだまだった——
~~僕は薄暗がりに去った~~
あまりにも本物に見えたのは 僕自身の足音だった
僕自身の走りが僕を引きつけていたのだ。

なんという恐怖だろう この狭い迷宮で
~~走ること 突き進むこと~~ 棄てられた子どもが一人でいることは
~~自分自身のこだまを聴くこと~~
そして 自分自身のこだまに耳を貸すことは

すべてがよみがえる――ふたたび通りの騒音が
車道が、石が、歩道が――
僕は階段の前に立っている、等々。
本当に 今日僕はあまりにも~~読んだ~~
[×] ~~埃っぽい一冊で~~
カントの埃っぽい一巻を抱え込んだ
それで頭がぐるぐるしていたんだ

一九二六年五月一二日

「生は逃れられない……」

生は逃れられない
暗色の翼の羽ばたきが　たえず僕の頭上を舞っている――
旅立つことはできない　酷暑の日に街を離れるようには
切符を買って　電車に乗り　立ち去ることはできない……
遊びはたくさんある――遊びも最後には退屈だ
心地よいまどろみに　眼は閉じる
お前は優しい母の胸にまた戻る
長いこと　お前は素敵な夢を見ながら眠る
彼女はすべてを取るに足らないものに変える術を知っている――
僕は遊びから顔をそむける――遊びはもういらない
僕はなにかを最初から始める――
深刻なものはなにもない、絶対になにも。
~~だが　毎年が連れてくる~~
~~だが~~　僕にはただ一つ　遊びになりえないものがある
~~ああ　生よ~~　そしてただ一つ　最初からやり直せないものがある
もういらないと言えないものは一つしかない
ああ「逃れがたき?」生よ
ああ　黒い翼よ

一九二六年一〇月二四日

「建物の暗色の文字……」

~~通りの黒い線が~~
~~無味乾燥な物語を記述している~~
~~建物の古い文字~~

家 建物の暗色の文字は
人間たちのヴィルギュルでありポワンだ。
通りの黒い線が
無味乾燥な物語を記述している

街は巨大な本だ
靄からなる灰色の装丁の
文字、線、章
挿絵は一枚もない

一九二六年一二月二日

[x]
白い

いつもの空のガーゼを通して
一滴ずつ 過ぎていく
[x] 血
黄昏の。反射光！

[ ]

[x] のなかの洗われた歩道で
詩句の [xxx] 白鳥
思惟よ、群がるのをやめたまえ！
散らばりたまえ！

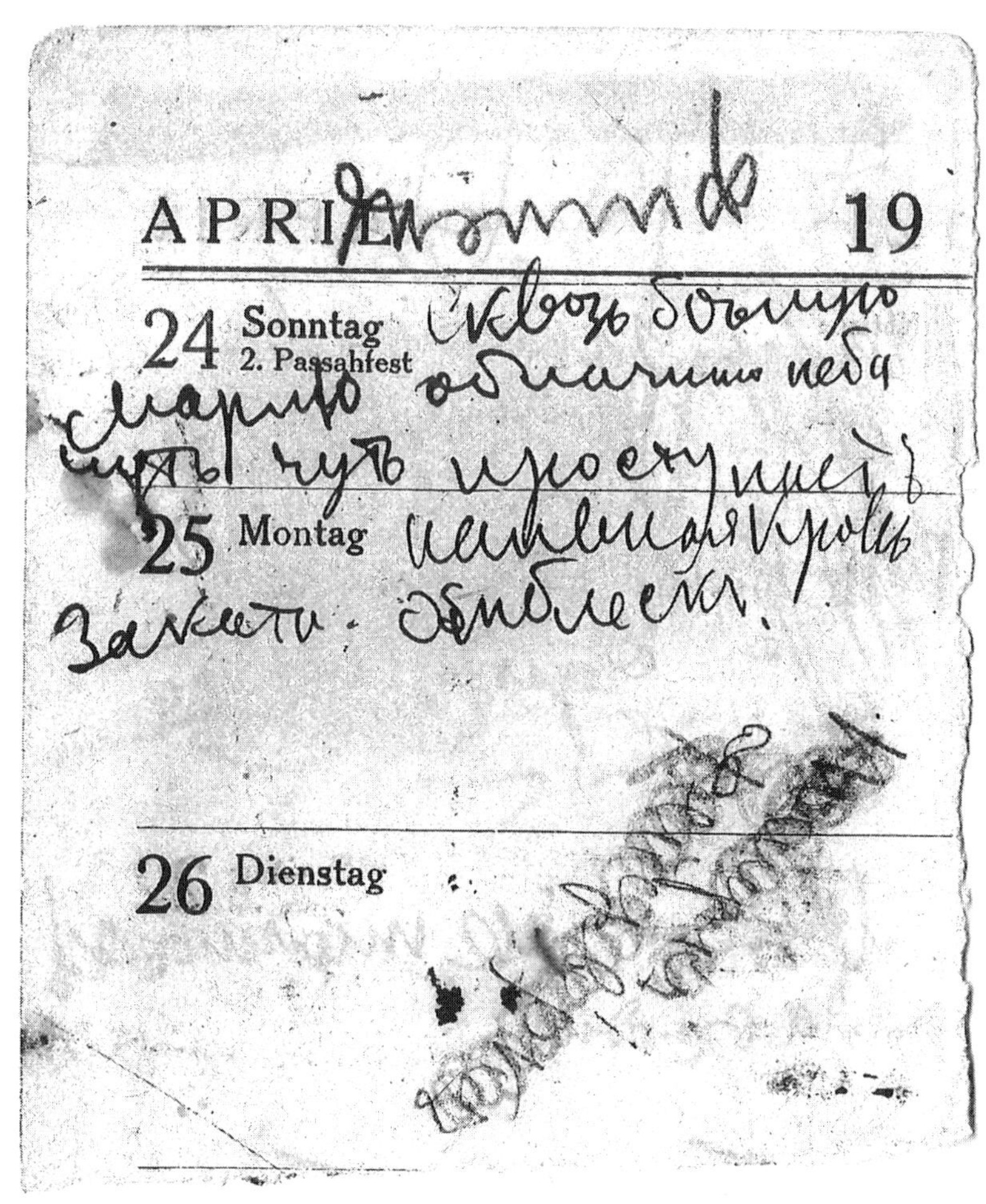

図 29 「あなたのスイッチを回して……」，432 頁参照

「あなたのスイッチを回して……[a]」

あなたのスイッチを回して、瞳の光を灯してくださ
い

着想そのものも夢だ。手は紙のうえを走らず、遠く
蠟の——[x]
へ差し出される
[鰓?]——[きしる?]
僕らは恐ろしく若い!!
~~粥[x]~~
~~あなたのスイッチを回して、あなたの眼の光を灯し~~
~~[x]~~
~~てください~~
~~[x]~~
鳴っていた
~~[x]~~国
泣いていた
人間たちは大いに楽しみに、美しさに酔いに出かける——、ただ大いに楽しみに、[x] 口づけする——[x]
魔術的な節度

「 」

青い音に合わせて務めを果たす
大地は重く 美しい
音は変形した

熱い牛糞のように。
　有毒の――毛むくじゃらの
四つんばいで這う
たかり屋　私生児。
　　雑種。
　　　囚人

~~[x]眼~~

自然の祭りに　大地に［x］（［x］）草原と（エプロン）畑　踏み込めないタイガ

［　］

（a）ドイツ語の手帳に書かれたメモ。月日および週からの推測により、この手帳は一九二七年のものである。

4．その他のテクスト

「古い時計塔が……」[a]

古い時計塔が三度鳴った
街ではほの白い街灯が灯った。
微笑みはより明るく、悲しみはより底知れぬ
黄色の少年は日本を夢見る
そこでは、［異国の？］国々の無限の彼方
かの岸辺は黄色い大洋に濡れている。
国、祖国よ、お前は世界にただ一つ
古い時計塔が四度鳴る。
疲れた黄昏はもう揺れ動かない
黄色い顔した少年はせっせと微笑む

（a）　この断章は著者のアーカイヴに由来するものではなく、のちの再構成の成果である。ジャック・ロランの妻エレナ・アルセーニエヴァの話によれば、一九九三年九月、エマニュエル・レヴィナスが彼女に、三〇年代はじめにストラスブールで書いたこの詩を諳んじてくれたという。本書は、以下で公表されたこの詩の翻訳をわずかに修正して再録する。Elena Arseneva, « Levinas et le jeu des langues, La Russie à Auteuil », in *Revue philosophique de Louvain*, quatrième série, tome 100, n°s 1–2, 2002, p. 65–79.

ロシア語テクストの補遺に関する注記

ロシア語で書かれた用紙のまとまりのなかには、ドイツ語で履歴書（*Selbstdarstellung*）が書かれている用紙（三四七頁で注記したLVN 031 02 134）と、ヘブライ語で書かれた三枚の用紙（LVN 031 02 063から065）が含まれている。これらの用紙——素材は異なる——は一様に、エマニュエル・レヴィナスがハルキウのユダヤ系高等学校で学んでいた数年間と結びついている。そのため本書はこれらをまとめてこの付録で公表する。ドイツ語はジャン＝リュック・ナンシーによる、またヘブライ語はダヴィッド・ブレジスとレア・ゼハヴィによる翻訳である。

履歴書

私、小売商イェヒエル・レヴィンの子エマニュエル・レヴィンは、一九〇五年一二月三〇日にカウナスで生まれました。六歳でユダヤ人公立学校に入学し、戦争開始（一九一四年）まで通いました。戦争が始まったあと私の家族はハルキウに発ち、そこで私は二年間の試験準備と試験合格を経て、カウナスから避難していたプラトフ伯爵の国立高等中学校の第一学年に入りました。私はこの高等中学校に四年間通いました。

一九二〇年に、この古いロシアの高等中学校はソヴィエト学校に変わり、私の両親はリトアニアに戻りました。ここカウナスでは、私は、ロシア語による教育が提供されていたユダヤ人高等中学校の第五学年に編入しました。一九二〇―二一年度のあいだに私は第六学年に移り、その年の七月にこの高等中学校での学業を修了しました。

Lebenslauf.

Ich, Emanuel Lewin, Sohn des Kaufmannes Jechiel Lewin, bin am 30. Dezember 1905 zu Kowno geboren. Im 6. Lebensjahre trat ich in die jüdische Volksschule hierselbst ein, die ich bis zum Ausbruch des Krieges (1914) besuchte. Nach Kriegsausbruch verreiste unsere Familie nach Charkow, woselbst ich nach zweijähriger Vorbereitung und bestandener Prüfung in die 1. Klasse des staatlichen Gymnasiums des Grafen Platow, welches aus Kowno dorthin evakuiert worden war, eintrat. Dieses Gymnasium besuchte ich 4 Jahre.

Im Jahre 1920 wurde dieses alte russische Gymnasium in eine Sowjetenschule umgewandelt, und meine Eltern kehrten alsdann nach Litauen zurück.

Hier in Kowno trat ich in die 5. Klasse des Kownoer jüdischen Gymnasiums ein, in welchem der Unterricht in russischer Sprache erteilt wurde. In der Hälfte des Schuljahres 1920/21 wurde ich in die 6. Klasse versetzt und im Juni dieses Jahres absolvierte ich dieses Gymnasium.

図 30　履歴書

詩人ハイーム・ナフマン・ビアリクの研究

以下の数頁はヘブライ語で書かれていた。これらは詩人ビアリクについての研究である。翻訳はダヴィッド・ブレジスとレア・ゼハヴィによる。記して感謝する。

おそらくこれはエマニュエル・レヴィナスが一九二〇―二一年度にカウナスのユダヤ人高等中学校にいた際に書いた研究――作文・小論文――である。数は少ないが、手稿には教師による添削の跡が見られる。

1

我々の時代の人間は、人々と接触しても、彼らに自分の内奥を暴露したり、自然態で居続けることができない。実存上のさまざまな条件がもつ効果により、彼は自分のなかでなにが良く自然なのかを示すことなく、自分の精神の奥底に沈みこむ。彼の精神は黒いコートのしたに閉じこもり、彼の顔は仮面のうしろに隠れる。

彼の精神が光の方へ上っていくのは、彼が創作するときだけである。ただ創作においてのみ、人間の本質はみずからを表出するために訪れる。ただ創作のなかでのみ、とりわけ、精神を「物語る」ことを目的とする抒情詩においてである。物語る――なぜならば、われわれは誰しもなんらかの魂の経験をもっており、多くが抒情詩のおかげ

שמשקים את הארץ, כמו בריאות.
השירים של ביאליק אלוהים חיים הם, [illegible]
מדברים אותם.
ביאליק בן [illegible]
השורה [illegible] הטבע, אשר [illegible], יכול רק
[illegible] את פתח עינו, אל [illegible] קורא הוא: אורו,
[illegible], אל [illegible] הסודות, אל [illegible]
אל המקדש אשר לא יחרב לעולם, אל העולם [illegible], אל
העולם אשר רק שם הד קולם של [illegible],
של „צוק פורח", של „אלון [illegible]", של „שיח [illegible]", של „[illegible]
סתר [illegible], של הציפרים.
[illegible] את הכל, את הלבן, את הטבע. [illegible]
[illegible] של החיים.

ב

בן הטבע של „אין [illegible]" אוהב את הכל.
[illegible]
הוא אוהב את הכל בכל [illegible]
[illegible]
[illegible]
[illegible]
[illegible]
[illegible]
[illegible]
[illegible]
[illegible]
הוא מרגיש בקרבו כוחות אשר רק אנשים צעירים
[illegible]:
תנו לי הר [illegible]!
תנו לי כפיר [illegible]!
[illegible]!
ביאליק [illegible]
[illegible]

図 31　H. N. ビアリクについての小論文の一頁

でそうした経験を知っているが、物語ることは創作者の、抒情詩の作者の特権であり続けるからである。

そして、生が仮装や化粧や変装を繰り返し、人間たちに精神を隠すことを強いれば強いるほど、われわれは失われた精神を求めて抒情詩へと向かう。なおさらわれわれはビアリクの抒情詩を研究せねばならない――彼は自然に対して最も異質な民族の子である。自然に対して異質なのは、隠蔽によってであり、実存様式によってである。したがって私は、彼の抒情詩の数頁のなかに、彼の魂の気質を探していく。

2

彼は何者だろうか。彼の祖先は街の出身であり、彼らはゲットーの子だった。彼らの生は、「明かりのない、曇りがちの秋のように、どんよりと薄暗く[a]」過ぎていった。

彼らのか弱い身体は、「恥辱、貧しさ、なくならない泥、前代未聞の苦労」のなかで動いていた[b]。

「タルムードの色あせた紙のなかで、死んだ文字たちのただなかで、彼らの魂は断末魔にあるかのごとく、孤独にもがいていた[c]」。

雪に覆われた国に夏が訪れるかのように、彼らはしばらくのあいだ、少年時代の熱で精神を温めていたが、残酷な状況が彼らを「時期尚早のユダヤ人」たらしめていた。すべては過ぎていき、タルムードと貧しさだけが残されていた。

長い年月のあいだ、「立てられた鉄の壁」を打ち破るために、そして「くすんだ片隅」、すり減った羊皮紙を離れ

(a)「秋の日」。
(b)「秋の日」。
(c)「もし天使が尋ねたら」。

るために立ち上がる者は誰もいなかった。[a]「蜘蛛は、諸世代の心のなかに悪い夢を織り上げた[b]」。祈りを中断して「なんて美しい木だろう！」と言う者は、死罪になる。[c]

ところで、ビアリクの精神は太陽を渇望している。

一歩ごとに、ひとは彼の渇き、愛、光への欲望を発見する。

――光が来た！　光が入ってきた！　光をおくれ！[d]　新たな光が世界に現れた！　光線と微光の旋回するダンス、等々。

光は世界全体を刷新し、神聖なものとする。光とは、世界全体を、とりわけおのおのの精神を祝祭状態にするあの神である。光は詩人の眼のなかで輝き、彼の顔を叩く。[e]そしてこの神とは、対面して話すことができる。光はどれほどの力を魂のなかに生み出すことか！　歌う力、愛する力、少年時代と青春時代の日々に立ち戻る力。光たちは揺れ動き、過ぎ去り、交差し、彼の心のなかで増幅する。光たちは彼のなかにあふれ、彼は光たちのなかで溺れる。彼は叫ぶ――

「神よ、光が私のなかにあふれた！[f]」

だが、ビアリクが世界のなかに見出す光がどれほど多くても、彼の渇きを癒やすには足りない。

「ああ神よ、あなたが太陽を七つも蒼穹にぶら下げていたとしても、光を大食いする魂を堪能させることはできなかっただろう[g]」。

ビアリクが朝ごとに見出す光がどれほど多くても、彼の愛の財宝を収容するには足りない。

偶像崇拝者の精神のように、「彼の精神は愛に酔っている」。彼はその愛を、光と太陽の子であるすべての生者に振りまく。

偶像崇拝者のように、彼は世界の美しさを前にして、来る日も来る日も仰天する。

偶像崇拝者のように、彼ははしゃぎ、踊り、ゼフィロスたちと一緒にくるくる回る。

彼の眼――偶像崇拝者の眼――は、神秘に満ちた自然を見る。夜、彼が窓を開けて聞くのは、崇高な秘密の数々、素晴らしい秘密の数々である。彼は遠い国々、伝説上の国々を夢見る。そこでは、なにものも自然が美しくあることを妨げず、なにものも人間を自然から引き離すこともなく、窓の鎧戸を叩いてジャガイモを料理しに行くよう彼に促す者もいない……。[(h)]

偶像崇拝者におけるのと同じく、自然はさまざまな志向と意図にあふれている——これは、ビアリクが麦畑のなかに見ていたのと、そして大地や力や健康に水をやる雲のなかに見ていたのと同じ叡智である。ビアリクの神々は、魂をそなえた生き生きとした神である。神々は合図をし、話し、愛する。ビアリクは汎神論者である。

秋の民族の詩人、秋をミューズとする詩人は、自然のなかで（彼の歌のなかで）自分の民の秋を忘れることしかできない。自然と合流する鳥、秘密でいっぱいの彼の庭、太陽の寺院、決して壊されない寺院、「彼の心のなかに埋もれた世界」[(i)]、年若い彼の友人たちの声が響く世界、「飛び立つ鳥」、「木とその影」、「森のなかの茨」、「月の細い顔」、ゼフィロスたちを、彼は自分の兄弟と呼ぶ。[(j)]

（a）「勤勉な学生」。

（b）「秋の日」。ビアリクの詩に現れるのは「お前の心のなかに」であり、「諸世代の心のなかに」ではない。

（c）ピルケ・アヴォート（父たちの格言）、第三章第七節。ビアリクが参照するテクストが言及しているのは「学びを中断する者」である。〈学びの家〉と心を惑わす〈自然〉との対立が、詩「勤勉な学生」の中心にある。

（d）「窓を開けると」。

（e）「ゼフィロス」。

（f）「ゼフィロス」。

（g）「窓を開けると」。

（h）「夏が死にかけている」。

（i）「沈黙の海は秘密を漏らす」。

（j）「光輝」。

ここから彼は力と純粋さと信仰を取り出していた。これが、人生の秋の道を歩む彼を支えたのである。

3

「無力」の民族の子は力を愛する。偉大なもの、強いもの、健康なもののすべてが、彼の魂を引きつける。彼は力を、それがどのように現れる場合でもすべて愛している。自分たちの神に反抗した砂漠の死者たちの力[a]、自分の悪い性向を統御する勤勉な学生（*ha-matmid*）の力[b]、巨人たちの力[c]、魂の力である。

そして彼は力の源泉を自然のなかにも見出す。彼によれば、冷気のなか、霜のなかには、神的なものの力がすべて宿っている。冷気は人間そのものを新しくし、その筋肉のなかに鉄を流しこむ。人間の心のなかにエネルギーが生まれ、それが彼を戦争に、血気盛んな襲撃に、生に駆り立てる——

「そりの底に潜り込む——ああ、御者よ！

無限の空間とその遠方へ向かう鷲のごとく！[d]」

彼は、極端に若い存在だけが感じるような仕方で、自分の胸に力を感じる——

「山をください、私が抜きましょう！

ライオンの子をください、私が引き裂きましょう！

オグだろうがゴリアテだろうが、私が踏みつけましょう！[e]」

冬の情景、力が染み込んだ世界の白さ、あらゆる側で輝く百個の太陽をビアリクは愛しており、ふたたび彼は世界のなかに祝祭を見ている。

「きらめく少年時代」の象徴である光と、青春時代の勢いの象徴である霜は、いずれもビアリクの魂のなかにしまい込まれている。

そして彼の預言のなかに発見されるこれと同一のペシミズムは、彼の心のなかにしまい込まれた光——ゼフィロスたち、光輝、少年時代――と、民の弱さとのあいだの衝突に由来する。(f) 一方で霜と力と、他方で、預言者の光（火？）に対抗してか弱い手を上げる民とのあいだの衝突である。

4

ビアリクと愛――空とその神々

〔これら二つの語にはなんという調和があることか〕抹消線が引かれている力にあふれる精神――

「私の知らないなにかが、私のなかでワインのように揺れ動いていた(g)」。

限度なき愛で太陽を愛する精神

世界全体を、すなわち「穂先の毛」、「波の襞のあいだのなめらかな水の表面」、「眠っている子の微笑み」、「朝露のしずく」」、「雌鳥の羽」を愛する精神。(h)

明るく広大な遠方への郷愁に満ちた、自分の属する不幸な民を愛する精神。

（a）「砂漠の死者たち」。
（b）「勤勉な学生」。
（c）「砂漠の死者たち」。
（d）「冬の詩」。
（e）「冬の詩」。
（f）民の弱さ *h'atsirout ha-am* とは、迫害に直面した同宗者たちの受け身な様子をビアリクが告発した有名な詩の題名を下敷きにした新語である。ああ、民（*peuple*）は草（*herbe*）のようだ *Akhen h'atsir ha-am*（『イザヤ書』四〇章七節を参照）。
（g）「光輝」。
（h）「ゼフィロス」。

この精神は諸国民の愛を知ったことがない(a)。

ビアリクによる愛の詩は愛への郷愁である。

これらの詩には、成就というものがない。愛の幸福がない。幸福はつねに未来に、あるいは想像のなかにある。

あちらで彼は、一日の終わりの太陽光線のなかで不意に交差した彼女の眼を夢見ている(b)。太陽光線が戻ってくると、彼女は消えていた……。またあちらでは、彼女が黄昏時にやってきて窓を叩いてくれるよう、彼は彼女を呼んでいる(c)――郷愁である。

奇妙な声で、「星々が自分を欺いた(d)」ことに驚きながら、彼は叫ぶ――なんだって、ああ、なんだって……。

朝のように明るい、諸国民の純粋な愛は、彼には欠けている。

これがこの人間の愛、恐怖と秘密の愛である。詩「飢えた眼」の愛は、ゼフィロスの友であるビアリクには悲痛なものだ。彼は母と姉の胸に戻ってくる。悲嘆の歌に付随するのは、愛の寺院の破壊である――

お前の羽のなかに入らせておくれ
私のための母であり姉になっておくれ。
お前の胸を私の頭の避難所にしておくれ
拒絶された私の祈りの巣に(e)。

5

ビアリクは不調和の詩人である。

彼の精神のなかでは、光が交差し増幅する――そしてまったく同じ精神のなかに、ときおり恐ろしい暗闇が交差し増幅するのである。

彼の詩作の源泉――それはゼフィロスとコオロギである(f)。

彼の詩作――それは光と闇である。

彼の涙は、少年時代の涙であり、息子を養う悲しき母の涙である。彼は光のなかで溺れ、彼の魂は碧空であふれている。そして彼は煙を吐く燠火であり、彼の心は埃と血に浸っている。

そしてかかる不調和、こうした黒と白の二つの色合いが、ビアリクの偉大さをなすものである。偉大な魂の暗闇は、光を生み出す産みの苦しみである。偉大な魂の光は、数多くの薄暗い精神を照らし出すことができるのである。

(a) この *ahavat leoumim* という定式――諸国民ないし諸民族の愛――は文脈からするとかなり難解である。これは諸民族（イスラエルの知らない自然と近い民族）のもとでの愛なのか、イスラエル（愛されることがなく不幸な民）に対する諸国民の愛なのか、それとも、世界主義的な、さらには革命的な意味での諸民族の愛なのだろうか。特別視すべき手がかりが一つあるようにわれわれには思われる。おそらくレヴィナスの考察に着想を与えているビアリクの詩句が示唆しているような *ahavat aloumim* ――若さへの愛――が、レヴィナスの念頭にあるのだと推測できる。「だがそれ［私の魂］が知ったことのない歌が一つある――若さと愛の歌だ」（「もし天使が尋ねたら」）。さらに、*ahavat leoumim* がもつ革命的な響きに耳を傾けるなら、この「言い間違い」をさらに説明したい誘惑にかられる。すなわちこの「言い間違い」は、レヴィナスの著述に頻繁に現れる、若さと革命との結びつきによって遡行的に解明されうるのである（レヴィナスがこの文章を、十月革命に「無関係ならざる者」として立ち会ったロシアを離れたあとに書いていることを思い出そう）。

(b)「彼女の眼」（これは詩人が出会った女性の眼である）。

(c)「黄昏時に」。

(d)「お前の羽のなかに入らせておくれ」。

(e)「お前の羽のなかに入らせておくれ」。

(f)「私の詩」。

訳者あとがき

本書は、Emmanuel Levinas, *Œuvres III. Eros, littérature et philosophie*, Paris, Grasset-IMEC, 2013 の全訳である。全七巻が予定されている『レヴィナス著作集』の第三巻で、新資料にあたるレヴィナスの遺稿を収めた最初の三巻を締めくくるものである。

本書は、編者による序文に続き、次の四つの（内容に照らせば三種類に分けられる）テクスト群からなる。まず第Ⅰ部および第Ⅱ部にレヴィナスの小説、正確に言えばレヴィナスが執筆を企てつつも結局公刊を断念した二つの小説が収められている。そのうちの一つは表題が定かではないが、『エロス』あるいは『悲しき豪奢』のいずれかと推測される。もう一つは『ヴェプラー家の奥方』と題されている。第二は、小説の主題にもなっている「エロス」の問題に関連した未公刊の哲学ノートである（第Ⅲ部）。第三は、一九二〇年代にレヴィナスがロシア語で書き綴っていた詩を中心としたいくつかのテクストである（第Ⅳ部）。

すでに公刊されている『レヴィナス著作集』第一巻には、第二次世界大戦中に拘留されていた捕虜収容所で綴られた「捕囚手帳」と、それ以降、『全体性と無限』（一九六一年公刊）までの時期に書かれた哲学に関するメモ書きが収められ、第二巻には、大戦直後からパリの哲学コレージュにて継続的に行なわれた講演の原稿が収められている。これに対し、第三巻はなかでもこれらの営みに並行して存在していた「文学」という、「哲学者」レヴィナスのもう一つの顔に光をあてるものといえる。

本巻第Ⅰ部および第Ⅱ部のレヴィナスの二つの小説について、まずはその性格を確認しておこう。これらはいずれも「連続版」と「生成版」の二つからなる。手稿の状態で保存されているのは「生成版」のみである。ただし、完成された原稿として保存されているわけではなく、レヴィナスによる加筆や訂正、欄外のメモ書き等が多々残されており、場合によっては読解がかなり困難な箇所もある。他方で、レヴィナス自身がノートに正書している部分や、あるいはペラの紙片（ときには手紙や広告の裏）にメモ書きがされ話の筋をたどることができる部分もある。本巻の責任編集者のジャン＝リュック・ナンシーおよびダニエル＝コーエン・レヴィナスが中心となり、これらの雑多な資料（「生成版」）を整理し、レヴィナスによる訂正等を反映させつつ、一つの話として筋を通して読めるものに再構成したものが「連続版」である（再構成の作業は、すべて編者による注記から辿り直すことができる）。

したがって、本書に収められた二つの小説が、「エマニュエル・レヴィナス作」と呼べるかどうかは留保をつける必要がある。実際、「連続版」にしても不可解な点が多々残っている。たとえば、『エロス』は、主人公と思しき人物はレヴィナス自身の戦中の体験をかなりの程度反映していると言えるが、その名前はジュール、ロンドー、ヴェイユ、ジャン＝ポールと一定していない。これがレヴィナスによる故意の演出なのか、それとも最終的にどれかに統一しようとしつつ宙づりになったのかは不明である。同じ大戦期のフランスを背景としているもう一つの小説『ヴェプラー家の奥方』については、これがレヴィナス自身の経験に基づくものでないのは確かだと思われるが、そうだとすると伝聞に基づいているのか、それともレヴィナスによる創作なのかは定かではない。

とはいえ、レヴィナスの小説は、単に哲学者が残した、その知られざる一面を垣間見せてくれるような物珍しい資料にとどまるものではないだろう。いかに断片的であれ、そこには、レヴィナス自身が企てようとしていた思想的な営みそのものを理解する鍵があるように思われる。レヴィナスにおける文学という主題についてはナンシーの序文に詳しいが[*1]、ここでもその概要をいくらかまとめておこう。

レヴィナスにおける文学という主題は、必ずしも稀有ではない。専門的な研究でこの点を取り上げているものもいくつかあるが、何よりもレヴィナス自身がその哲学テクストにおいてたびたび文学に言及している。とりわけ大戦直後の『実存から実存者へ』や『時間と他なるもの』においては、シェイクスピア、ポー、モーパッサン、レオン・ブロワ等々の文学作品への参照がある。さらに、マルセル・プルースト、エドモン・ジャベス、ロジェ・ラポルト、パウル・ツェラン、イスラエルの作家シュムエル・アグノンらには独立した論考も寄せている（いずれも『固有名』所収）。あるいは、ドストエフスキーをはじめとするロシア文学の影響もたびたびみずから認めるところであった。なにより、モーリス・ブランショとの長きにわたる交流を忘れてはならないだろう。

『レヴィナス著作集』全体の観点から重要なのは、文学という主題が、とりわけ第二次世界大戦中の「捕囚」の体験を通じたレヴィナス自身の思想の形成に密接に関わっていると思われることだ。実際、『著作集』第一巻の「捕囚手帳」には多くの文学作品からの引用や考察が見られるが、序文でナンシーが引いているように、自分自身による小説の企ては、レヴィナスの「私がなすべき仕事」のうち、哲学に次いで第二のものとして掲げられているのである。ちなみにそこには本巻に収められた二つの小説の抜粋やスケッチも見られるが、これらの小説がこの時期に始められた「私がなすべき仕事」を構成するはずのものであったことは間違いない。

このようなレヴィナスの小説の企てと「捕囚」の経験の結びつきは、単に時期的な条件の一致ばかりでなく、内容的な結びつきをも有しているだろう。本巻の二つの小説からは、いくつかの共通した主題が読みとれる。その第一は、両者の背景をなす戦争という文脈である。ただし、興味深いことに、レヴィナスが注目するのは、戦争に伴うさまざまな悲惨や苦しみでも、さらには戦争それ自体ですらなく（たとえば、小説のなかでレヴィ

＊1　ナンシーによるレヴィナスの小説についての考察は、本巻序文のほかもう一つある。以下を参照されたい。ジャン＝リュック・ナンシー「『エロス』　エマニュエル・レヴィナスの小説？」渡名喜庸哲訳、『現代思想』二〇一二年三月臨時増刊号。

ナスは「戦争」がはじまったにもかかわらず日常的な生活が続いていることを度々強調している）、これまでの平凡な日常世界を構成してきた「公的」な秩序が突如「瓦解」する契機だということだ。「捕囚手帳」で幾度か登場する「アランソンの場面」、すなわち、「飾り布」が落ち、それによって隠されていたむき出しの「現実」が露わになる場面が象徴しているのがそれだ。「どんな破局があっても、公務員が年金を受けとることのできる国」、「巨大な安定性」（四〇頁）を保証してくれていた「フランス」という国家の瓦解ばかりでなく、各人が「ささやかな社会的・軍事的な務め」をもち、「枠にはめられ組み込まれている」（一三〇頁）ことで成り立っていた社会の「秩序」それ自体の瓦解である。このことと、「文学」という営みは無縁ではあるまい。もし「世界」が、合理的で理性的な「言説」によって語ることができるものであるとすれば、そうした「世界」が瓦解するとき、その瓦解を語ることができるのは「文学」しかないのではないか――ジョルジュ・バタイユが「実存主義から経済学の優位へ」のなかでレヴィナスに発した問いを思い起こしながら、こう自問することもできるだろう（バタイユは、レヴィナスの小説を知る由もなかったはずだが、レヴィナスに小説への欲望を嗅ぎ取っていたのではないか）。なお、『実存から実存者へ』においてレヴィナスは、まさしくこの「世界」の崩壊の経験を、「ある（イリヤ）」という概念とともに哲学的に記述しようと試みていた。少なくともこの時期のレヴィナス自身において、文学か哲学かという問いはけっして副次的なものではなかったとさえ言うことができるかもしれない。

二つの小説に共通するもう一つの主題は、こうした公的秩序の瓦解によって浮かび上がってくるもの、すなわち「エロス」に関わっている。「エロス的欲望」は、すでに『著作集』第一巻の「捕囚手帳」のなかでも概念的な考察が荒削りながら試みられていたが、それがいずれの小説においても中心的に主題化されているのである。小説『エロス』では、防空壕で隣り合わせになった女子高校生、収容所の捕虜たちが作業場から戻る際のトラックの荷台から垣間見た髪をとかす若い娘や通りを歩く女性たちが登場し、『ヴェプラー家の奥方』では、精神を病み療養所に監禁された妻、地方出身のシュザンヌ、そしてホテルで目にした娼婦が登場している。

このように、女性的なものへの欲望、女性的な身振りや身体の猥褻さといったモティーフが現れるわけだが、興味深いのは、レヴィナスが小説においてどのようにこうした猥褻さへと接近しているかだ。「猥褻さ」は、当の女性の身体のもつ性的魅力にあるのではなく（「捕囚手帳」によれば「裸性とは単なる脱衣ではない」）、彼女たちが、「意味を有した世界――男性的世界」（五二頁）の秩序を構成する役割的ないし道具的な連関を剝ぎ取るかのように、みずからの「存在」の「むき出しの（裸の）」物質性を露呈する点に認められているようにも思われる。そこには、文学を通じたある種のエロスの存在論の試みを見てとることができるかもしれない。

こうした「エロス」への着眼が、レヴィナスにおいてその後どのように展開していったのかは興味深い。実際、「エロス」という問題系そのものは、同時期に準備され第二次世界大戦の直後に公刊された『時間と他なるもの』のなかで初めて概念的に描きだされ、さらに『全体性と無限』第四部の「エロスの現象学」においていっそう詳述される。これまで、これらの箇所は解釈がきわめて難しいところであったが、本巻をはじめとする未刊資料により、いくらかの見通しがつけられるようになるだろう。とりわけ、本巻第Ⅲ部の「エロスについての哲学ノート」は、このテーマに特化した五つのノート群をまとめたものである。それぞれの執筆年代は特定できていないが、内容からすると、戦後から、『全体性と無限』のなかでレヴィナスが「エロス」についてのある種の最終的な見解を打ち出すにいたるまでの時期に書かれた習作ノートと見ることができる。「エロス」と、『実存から実存者へ』で触れられている「ある」ないし「定位」との関係はもとより、ほかの公刊テクストではほとんど取り扱われていない「エロス的関係」と「仲間関係」（つまり「友情」）との差異、『著作集』第二巻の「権力と起源」で取り上げられている「起源」との関係など、「エロス」をめぐるレヴィナスの思索の広がりをそこから読みとることはできるだろう。

第Ⅳ部に収められている「青年期のロシア語著作」は、訳者の知るかぎり、これまでレヴィナス自身によっても、研究者によっても言及されたことのない、「発掘」されたテクストと言える。いずれも一九二一年から二八年に書かれたものである。「履歴書」にあるように、リトアニアのカウナスに生まれたレヴィナスは、第一次世界大戦のあいだ家族とともにウクライナに移るが、終戦後の二〇年にふたたびカウナスに戻り、設立されたばかりのユダヤ人高等中学校で一年間を過ごす。その後、フランスのストラスブール大学に入学するのが二三年である。第Ⅳ部の1「手帳」には、フランスに渡る以前にロシア語で書かれた詩が収められている。2「散文テクスト」にはストラスブールで学生生活を送りながら書かれた散文が、3「詩と断章」には同時期の詩が収められている。いずれもロシア語で書かれたものである。さらに、4にはフランスに渡る前に書かれたドイツ語の履歴書、高校時代のものと思われるヘブライ語のレポートがある。レヴィナスが小説ばかりではなく詩まで綴っていたことは意外であるが、詩を書くことは、その当時のヨーロッパで知的に成熟していた青年たちにとっては一つのイニシエーションとも言えるものであったことは想起されてよいだろう(たとえば、レヴィナスと同年生まれのハンナ・アーレントも二〇年代から詩を継続的に書いている)。訳者には詩や散文作品の良し悪しを判定する適性はないし、またまだ若書きのこれらの詩に哲学者レヴィナスの片鱗を読み取ることができるかどうかも定かではない。少なくとも、時期的には、これらの詩作は、レヴィナスがストラスブールで哲学と出会い、フライブルクで現象学と出会い、みずからの哲学を形成する最中、あるいはそれに先立つものである。また、フランス語で公刊された『著作集』の全訳という今回の翻訳作業全体の制約もあり、ロシア語からフランス語に訳された詩をさらに日本語へと重訳するという選択をしなければならなかった(ドイツ語およびヘブライ語で書かれた「補遺」についても同様である)。とはいえ、ヨーロッパが大戦を終えてもなお混乱を抜け出し切れていないなか、異国での留学生活を送りながら書かれたこれらの文章から、一人の青年エマニュエル・レヴィナスのみずみずしい感性を読みとることはできるだろう。

翻訳に際しては、序およびⅠ『エロス』あるいは『悲しき豪奢』を渡名喜が、Ⅱ『ヴェプラー家の奥方』およびⅢ『エロスについての哲学ノート』を三浦が、Ⅳ『青年期のロシア語著作』を藤岡が担当した。

本訳書の公刊により、当初より計画していた『レヴィナス著作集』未刊資料の翻訳作業に一つの区切りが打たれる。本巻も引き続いて法政大学出版局の郷間雅俊氏に編集を担当していただいた。とりわけ手稿部分においては取り消し線や行間の追記などが多く、煩瑣な作業をお願いすることになったが、今回もまた原書に照らし合わせながら緻密かつ明快なかたちで版を組んでいただいた。原テクストの読みにくさが軽減されることになったとすれば、ひとえに郷間氏のおかげである。内容についての的確な指摘も合わせ、郷間氏の助力なくしては、『レヴィナス著作集』の邦訳が実現することはなかった。記して感謝したい。

渡名喜　庸哲

二〇一八年六月

ワ 行

18–19, 28, 236, 270
ドマール　Jean-Pierre Daumard　21
トルストイ　Léon Tolstoï　18, 123, 140

ナ 行

ナンシー　Jean-Luc Nancy　15, 436
ネルヴァル　Gérard de Nerval　18

ハ 行

ハイデガー　Martin Heidegger　8–9, 11–12, 164, 171, 203
パウロ　Paul　15
ハクスリー　Aldous Huxley　109
バタイユ　Georges Bataille　8–9, 12
バック　Pearl S. Buck　18
パリエール　Aimé Pallière　311
バルザック　Honoré de Balzac　123, 140
バルベー・ドールヴィイ　Jules Barbey d'Aurevilly　18
ビアリク　Haïm Nahman Bialik　439–447
ヒトラー　Adolf Hitler　12
プーシキン　Alexandre Pouchkine　18, 236
フェリペ二世　Philippe II　222–23
フォンタマーラ　Fontamara　10
フッサール　Edmund Husserl　8, 10–12, 204, 214, 217
ブノワ　Pierre Benoît　125, 146
プラトフ伯爵　le comte Platow　437
プラトン　Platon　88, 176, 185, 189–90, 206, 220
ブランシュヴィック　Léon Brunschvicg　170
ブランショ　Maurice Blanchot　7, 18, 23–25, 206
プルースト　Marcel Proust　7, 10, 17–18, 20–24, 167, 194
ブローク　Alexandre Blok　236, 327, 350–51
ベアリング　Maurice Baring　18
ペタン　Philippe Pétain　79
ヘディン　Sven Anders Hedin　43, 73
ペリクレス　Périclès　401
ベルクソン　Henri Bergson　83, 172–73
ベルナノス　Georges Bernanos　10
ベンヤミン　Walter Benjamin　12
ポー　Edgar Poe　15, 18, 22
ボードレール　Charles Baudelaire　18
ホメロス　Homère　9

マ 行

マヤコフスキー　Vladimir Maïakovski　236
マラルメ　Stéphane Mallarmé　18, 213
マルクス　Karl Marx　8
マルセル　Gabriel Marcel　8
マルロー　André Malraux　12
マン　Thomas Mann　10
ムージル　Robert Musil　10
メルロ＝ポンティ　Maurice Merleau-Ponty　12
モーガン　Charles Morgan　18
モンテーニュ　Michel de Montaigne　40, 70, 176
モンテルラン　Henri de Montherlant　18

ヤ 行

ユゴー　Victor Hugo　18

ラ 行

ラビッシュ　Eugène Labiche　18
ラブレー　François Rabelais　18, 40, 70
ラマルティーヌ　Alphonse de Lamartine　18
ランベルト　Johann Lambert　137
ランボー　Arthur Rimbaud　10, 18
リヴィングストン　Livingstone　43, 73
リヴェット夫妻　M. et Mme Rivette　97
リクール　Paul Ricœur　7–9, 15
ルコント・ド・リール　Leconte de Lisle　130, 154
ルナン　Ernest Renan　139
レヴィナス（ミカエル）　Michaël Levinas　83
レヴィナス（ライッサ）　Raïssa Levinas　83, 112
レヴィン（イェヒエル）　Iechiel Lewin　437
レールモントフ　Mikhaïl Lermontov　236, 296, 339
レノー　Paul Reynaud　42, 72

人名索引

（レヴィナスの創作作品中に登場する架空の人名は拾っていない。）

ア 行

アナトール・フランス　Anatole France　18
アバンスール　Miguel Abensour　13
アリオスト　Arioste　18
アリストファネス　Aristophane　176
アルセーニエヴァ　Elena Arseneva　435
イエス　Jésus　346
イプセン　Henrik Ibsen　18
ヴェルレーヌ　Paul Verlaine
オーウェル　George Orwell　109
オクチュリエ　Michel Aucouturier　5

カ 行

カール五世　Charles Quint　222
カトリーヌ・ド・メディシス　Catherine de Médicis　313
カハノフ　E. Kahanoff　97
カミュ　Albert Camus　12
ガムラン　Maurice Gamelin　42, 72
カラン　Rodolphe Calin　15
カント　Immanuel Kant　170, 214, 426
ギュットマン　René Gutman　5, 91, 101
キルケゴール　Sören Kierkegaard　9
グラック　Julien Gracq　20
グリュンベール　Evelyne Grumberg　5, 376
ゲーテ　Johann Wolfgang von Goethe　18, 115, 224, 227
コーエン＝レヴィナス　Danielle Cohen-Levinas　5, 15
ゴーゴリ　Nicolas Gogol　160, 229
コジェーヴ　Alexandre Kojève　12

サ 行

サッフォー　Sapho　401
ザミャーチン　Eugène Zamiatine　109
サルトル　Jean-Paul Sartre　7–9, 12–13, 18, 20, 25
シェイクスピア　William Shakespeare　18, 127, 148
ジッド　André Gide　10, 12
シャリエ　Catherine Chalier　15
ジャンヌ・ダルク　Jeanne d'Arc　45, 76
シュヴァーベ　Moses Schwabe　115
シュール　Pierre-Maxime Schuhl　83
シラー　Friedrich Schiller　115, 160, 223
ジロドゥー　Jean Giraudoux　18
スピノザ　Baruch Spinoza　170
セバー　François-David Sebbah　15
セリーヌ　Louis-Ferdinand Céline　12, 18
ソクラテス　Socrate　231
ゾラ　Émile Zola　18

タ 行

ダンテ　Dante Alighieri　18
チェルヌイシェフスキー　Nikolaï Tchernychevski　109
ツェラン　Paul Celan　7, 14
ディケンズ　Charles Dickens　18
ディルタイ　Wilhelm Dilthey　203
デカルト　René Descartes　11, 41, 72, 217
デュルケーム　Emile Durkheim　90, 201
デリダ　Jacques Derrida　7–8, 30
ドイル　Conan Doyle　18
ドストエフスキー　Fiodor Dostoïevski　7,

レヴィナス著作集 3
エロス・文学・哲学

2018 年 7 月 20 日　初版第 1 刷発行

著　者　エマニュエル・レヴィナス
訳　者　渡名喜庸哲／三浦直希／藤岡俊博
発行所　一般財団法人 法政大学出版局
〒102-0071 東京都千代田区富士見 2-17-1
電話 03（5214）5540　振替 00160-6-95814
組版：HUP　印刷：三和印刷　製本：誠製本

Printed in Japan

ISBN978-4-588-12123-4

著　者

エマニュエル・レヴィナス（Emmanuel Levinas）

1906年リトアニアに生まれる。1923年から30年までフランスのストラスブール大学で哲学を学ぶ。この間，1928年から29年にかけてドイツのフライブルクに滞在し，フッサールおよびハイデガーのもとで現象学を研究，1930年フランスに帰化し，第二次大戦中はナチの捕虜収容所にフランス解放まで抑留される。戦後，世界イスラエル連盟管轄の東方イスラエル師範学校長を務めるとともに，ジャン・ヴァール主宰の「哲学コレージュ」で数多くの講演を行なう。1961年に『全体性と無限』にて国家博士号を取得，ポワチエ大学，パリ・ナンテール大学，ソルボンヌ大学で教鞭をとる。またシュシャーニ師よりタルムードの手ほどきをうけ，のちにフランス語圏ユダヤ知識人会議で恒例となるタルムード講話を行なった。1995年12月25日パリで死去。おもな著作に『フッサール現象学の直観理論』『実存の発見』『困難な自由』『聖句の彼方』『諸国民の時に』『われわれのあいだで』（法政大学出版局），『全体性と無限』（国文社，岩波文庫），『存在の彼方へ』（講談社学術文庫），『実存から実存者へ』『倫理と無限』（ちくま学芸文庫），『タルムード四講話』『タルムード新五講話』『観念に到来する神について』（国文社），『固有名』『外の主体』（みすず書房）がある。

訳　者

渡名喜庸哲（となき・ようてつ）

1980年生。東京大学大学院総合文化研究科博士課程単位取得退学。パリ第7大学社会科学部博士課程修了。博士（政治哲学）。慶應義塾大学商学部准教授。フランス哲学，社会思想史。共著に *Arrachement et évasion: Levinas et Arendt face à l'histoire*（Vrin, 2013），訳書にナンシー『フクシマの後で』（以文社），ブーレッツ『20世紀ユダヤ思想家』1・2・3巻（共訳，みすず書房），ルゴフ『ポスト全体主義時代の民主主義』（共訳，青灯社）ほか。

三浦直希（みうら・なおき）

1970年生。東京都立大学大学院人文科学研究科博士課程修了。博士（文学）。フランス思想・文学。慶應大学ほか非常勤講師。共著に『フランス現代作家と絵画』（水声社）ほか，訳書にレヴィナス『貨幣の哲学』『困難な自由』（共訳），リオタール『言説，形象』（以上法政大学出版局），ボルタンスキー／シャペロ『資本主義の新たな精神』（共訳，ナカニシヤ出版），ボルタンスキー／テヴノー『正当化の理論』（新曜社），シャンジュー／リクール『脳と心』，ブーレッツ『20世紀ユダヤ思想家』1・3巻（共訳，以上みすず書房）ほか。

藤岡俊博（ふじおか・としひろ）

1979年生。東京大学大学院総合文化研究科博士課程修了。博士（学術）。滋賀大学経済学部准教授。フランス哲学，ヨーロッパ思想史。著書に『レヴィナスと「場所」の倫理』（東京大学出版会），訳書にブーレッツ『20世紀ユダヤ思想家』1・2巻（共訳，みすず書房），カイエ『功利的理性批判』（以文社）ほか。

レヴィナス著作集

1　捕囚手帳ほか未刊著作

戦争の惨禍を生き延び，全体性の暴力に抗して〈他者〉の倫理学を創出したユダヤ人哲学者レヴィナス。その思想の生成と展開を示す，戦前から戦後期に書かれた哲学的な覚え書きや小説作品，講演原稿などの未刊テクスト群を集成する著作集，待望の邦訳刊行。初巻には，捕虜収容所時代の手帳や論考をはじめ，『全体性と無限』準備期の哲学雑記を収録。　5200円

2　哲学コレージュ講演集

第二次大戦後のレヴィナスが，1947年から64年にかけてジャン・ヴァールの哲学コレージュで行った一連の講演原稿を初めて公刊。「発話と沈黙」「権力と起源」「糧」「分離」「隠喩」などからなる9本の講演は，それぞれが『実存から実存者へ』『全体性と無限』など主要著作と緊密につながっており，レヴィナス独自の思索過程を跡づける重要なテクストである。　4800円

3　エロス・文学・哲学

リトアニアに生まれた青年は，ロシア語で詩を書き，ドイツ語で哲学を学び，フランス語で小説を夢見た。遺された二つの哲学的小説の試み『エロス／悲しき豪奢』『ヴェプラー家の奥方』をはじめ，青年期〜壮年期レヴィナスの感性と経験，想像力を鮮やかに示す詩作品や創作ノートを初収録。ジャン＝リュック・ナンシーによる序が，テクストの意味と固有性を当時の文学状況のうちに位置づける。　5000円

（表示価格は税別です）